L'Hexagone, c'est la France

L'Hexagone, c'est la France

Jacques Poletti
Beverly Hills High School

Louise Lillard
California State University, Northridge

HOLT, RINEHART AND WINSTON

New York   Chicago   San Francisco   Philadelphia
Montreal   Toronto   London   Sydney
Tokyo   Mexico City   Rio de Janeiro   Madrid

Library of Congress Cataloging in Publication Data

Poletti, Jacques.
  L'Hexagone, c'est la France.

  English and French.
  1. French language—Readers.   2. French language—
Text-books for foreign speakers—English.   I. Lillard,
Louise.   II. Title.
PC2117.P56   1984   448.6'421   83-12898
ISBN 0-03-062021-X

Printed in the United States of America
Published simultaneously in Canada
4   5   6   7   090   9   8   7   6   5   4   3   2

CBS COLLEGE PUBLISHING
Holt, Rinehart and Winston
The Dryden Press
Saunders College Publishing

Acknowledgments

For the use of copyrighted material the authors are grateful to the following:

Photo, p. 1, Monique Manceau/Photo Researchers.
Drawing, p. 4, courtesy Sophie Poletti
Photo, p. 5, courtesy Jacques Poletti.
Cartoons, pp. 8 and 10, courtesy Sergio Aragones.

(continued on p. 287)

Contents

Preface

The enthusiastic assistance and approval that greeted our first efforts as small children learning to speak our native language provided immediate reinforcement and inspired us to new efforts to communicate. Confident and pleased with the success of these early attempts, we soon tried again and again, sure that whatever the results, help would be forthcoming and our efforts would be applauded and encouraged. It is in this supportive atmosphere that early speech patterns developed rapidly and happily without embarrassment, frustration, or inhibition.

Although these circumstances can never be completely duplicated years later when the older child begins the study of a second language, educators can still provide positive reinforcement of a pleasant experience. The toil and strain that many students experience in learning a strange language they did not hear in early childhood can only frustrate, inhibit, and discourage learning. There can be excitement—and therefore great motivation—in learning a second language, provided the learning process inspires confidence and encourages students to speak spontaneously. In order to achieve this, students must have easily available a variety of practical aids to relevant communication which encourage easy use of the language in meaningful, lifelike situations rather than through the recitation of isolated sounds and rules or memorization of isolated structures.

The primary aim of this text is to develop these communication skills in as enjoyable a manner as possible. Along with this aim—and an inseparable aspect of it—is the equally important objective of developing students' awareness of the similarities and differences between French and American cultures. Not only are such cultural comparisons fascinating in themselves, they are an indispensable part of the language learning process.

These goals are reflected in both the subject matter and the structure of this book. Each section is a self-contained unit with a single broad theme, and each is divided into several chapters, each with a subtheme. The individual chapters contain:

- Topical glosses (*Vocabulaire-Clé*).
- Additional vocabulary in footnotes.
- A basic text or a dialogue.
- One or more supplementary texts.

- *Notes culturelles* and *notes linguistiques*, which clarify and amplify the culturally significant vocabulary.
- A variety of practical exercises, some of which can be written.
- Suggested games, discussions, debates, or dramatizations, some of which can take the form of written compositions.
- Pictures, cartoons, and/or reproductions of documents relevant to the text(s).

Most of the texts are our own; a few are excerpts from the current French press or from interviews we conducted in France or from well-known literary works. They are meant to serve as models and to provide material for a variety of exercises aimed at developing communication skills. Their subject matter should appeal to students on a personal level while broadening their cultural perspective along with their vocabulary. We hope that they will spark lively discussions. In order to allow more time for active student participation, the texts are deliberately short and free of detailed explanations.

Although the dialogues and most of the texts are basic, some of the more difficult texts, like the appendices, can be considered supplementary or optional—to be used either as extra credit assignments or as sources of additional information on specific topics. If the course emphasis is on culture, these topics can be expanded through additional research, reading, oral reports, and other student activities.

Throughout the book we have tried to use language in a way that will be both instructive and engaging. In response to repeated student requests, current slang words and colloquial expressions have been included wherever possible. We have deliberately made wide use of cognates. Difficult vocabulary words are numbered and defined in topical glosses or footnotes; some are also marked with an asterisk, to be explained later in more detail in the *Notes culturelles/Notes linguistiques*. Whenever practical, definitions and explanations are given in French, but often in the interest of brevity they are in English.

It is not our aim in this text to encourage students to speak with formal academic or literary perfection. Instead, we seek to encourage colloquial pronunciation, everyday vocabulary and word usage, and conversational style. We want to help students to speak naturally and idiomatically at a level of fluency that is acceptable in France today. No grammar is presented in this book—not because we minimize the need for or the importance of grammar, but because many grammar outlines and review books are readily available. One such grammar review should be used in conjunction with this text.

The instructor will find that in both content and arrangement the text affords a great deal of flexibility. Since each chapter is self-sufficient, the text can be adapted to the schedules of a given unit, quarter, or semester. Depending on selection and emphasis it can become primarily a cultural or primarily a language text, or a combination of both. The variety of subjects, styles and levels of difficulty used throughout should meet the needs of a wide spectrum of students, from last-year honors level in high school to undergraduate university levels. Used in conjunction with a reference grammar, the complete text should also serve as adequate preparation for the Advanced Placement Language Exam.

Many able professionals and friends helped in the development of this text. We offer particular thanks to the following teachers who read the manuscript and made useful suggestions: Edward G. Brown, University of Arizona; Edmund T. Campion, University of Tennessee; John Klee, Foothill College; Margaret M. Marshall, Louisiana State University; Karen Wiley Sandler, University of Vermont. We are also grateful for the help we received from Albert Jekenta, Beverly Hills Schools; Richard Lillard; Hélène Poletti; and Pierrette Voldoire.

Los Angeles   J.P.
September 1983   L.L.

À l'Étudiant

Dans ces chapitres, nous allons faire connaissance avec une génération entière de Français (chapitres un à cinq), depuis le moment où ils sont nés, jusqu'à l'arrivée de la génération suivante.

Nous allons examiner les bons et les mauvais côtés de la vie « hexagonale » (chapitres six et sept). Enfin, dans la dernière partie, voici ce que nous allons faire:

- Rencontrer le « *Français moyen* » *par l'intermédiaire* de son *autocritique* (chapitre huit).   (mythical) average Frenchman / by means of his self-criticism

- Voir comment le milieu où vit ce Français moyen est un « melting-pot » (chapitre neuf); comment certains *faits* historiques ont contribué à ce *mélange* de races.   facts / mixture

- *Jeter un coup d'oeil* (chapitre dix) sur les *niveaux de langue*, c'est-à-dire sur la manière dont la langue a *évolué* avec les siècles et combien elle est parlée différemment suivant le milieu social, l'âge et la profession de celui qui la parle.   to cast a glance / levels of language / to change, be subjected to evolution

- Observer combien les Français, avec un F majuscule, aiment les *jeux de mots*, et à quel point le français, la langue, avec un *f* minuscule, *s'y prête* (chapitre onze).   play(s) on words / lends itself to

- Étudier *la carte linguistique* de la France, et voir qu'on y parle *également* de nombreuses autres langues locales. Étudier la carte du monde et voir qu'on parle encore français dans de nombreux pays. Nous allons nous arrêter, en dernier, dans un de ces pays, le Canada, et examiner notre ami et voisin, le Canadien français (chapitre douze).   the map of languages, dialects / also; equally

« **L'alphabétisation**[1] est impérative, exonérée et désacralisante... »
—Qu'est-ce que cela veut dire?
—Cela signifie que l'Instruction Publique est obligatoire,
  gratuite et laïque[2]
—En quelle langue?
—En hexagonal.
—Qu'est-ce que l'hexagonal?
—C'est la langue qu'on parle dans l'Hexagone.
—Qu'est-ce que l'Hexagone?
—C'est la France.

L'Hexagonal Tel Qu'on le Parle,
Robert Beauvais, Hachette, 1970

[1]**Alphabétisation** (n.f.) : from **alphabet.** *Here, fancy word for « education ».*
[2]**Gratuit(e) et laïque :** *free and lay (not religious).*

La Famille : du berceau au cercueil

1
Naître et grandir

Vocabulaire-Clé

un faire-part (de naissance)   *a (birth) announcement*
l'accouchement   *the delivery (of a child)*; **accoucher = mettre au
    monde**
venir / la venue au monde = naître / la naissance
la mairie   *town/city hall*
la ménagère   *housewife*
allaiter, donner le sein, donner à têter   *to breastfeed, to nurse (a
    baby)*; (**le sein** : *the breast*)
le biberon   *the (baby) bottle*
le berceau*   *the cradle*
la voiture d'enfant   *baby carriage*
la poussette   *stroller*
les couches de rechange   *change of diapers*
se mouiller, se salir   *to wet, to soil (here, diapers)*
la crèche* = la pouponnière : *day care center*
verser   *to pour; here, to issue funds*
les prestations   *allotments (du v.* **prêter** : *to lend)*
enceinte   *pregnant*
est prise en charge (par la Sécurité Sociale)   (SS) *takes charge of*
la prime   *bonus, (financial) incentive*
l'éducation   *upbringing, rearing, training (not necessarily school
    education)* (Faux amis**)
la puériculture   *rearing of children by professionals*

---

*Les mots ou les locutions marqués avec un astérisque sont expliqués dans les « Notes cultur-
elles » ou « Notes linguistiques ».

Faux amis = *false cognates*, c'est-à-dire des mots français qui ressemblent aux mots anglais,
mais qui ont un sens différent. Ex. : **rester** = *to remain, not to rest.* Voir Appendice 2, p. 260.

Pratique

Trouvez le mot qui correspond aux définitions.

1. On s'en sert pour promener un bébé (2 réponses).
2. C'est une bouteille de lait pour le bébé.
3. C'est le premier endroit où le bébé dort.
4. On s'y marie et on y déclare la naissance des enfants.
5. C'est une annonce de mariage, de naissance, etc.

Dans l'espace en blanc, mettez le mot correct.

6. La maman a apporté des _____ pour changer son bébé.
7. Ce sont les parents qui s'occupent en premier de _____ de leurs enfants.
8. Dans les transports publics, on laisse volontiers sa place à une femme _____ .
9. La jeune maman met son bébé à _____ quand elle va travailler.
10. Pour travailler dans un établissement où on s'occupe d'enfants il faut faire des études de _____ .

> Bonjour :
> Je m'appelle Françoise.
> Je suis née le 25 Juin.
> Je pèse 3 kg 820. Maman va bien,
> Papa aussi. Sophie et Albert,
> ma sœur et mon frère, sont ravis.
> Françoise

Un faire-part de naissance maison.*

Grâce à ce *faire-part*,** nous faisons la connaissance de Françoise. Nous allons suivre sa vie depuis sa naissance jusqu'à l'époque où elle va devenir maman, elle aussi. Nous verrons donc de près toute une génération de Martin.

**Les mots nouveaux français en italique sont définis dans le « Vocabulaire-Clé ».

À l'hôpital

UNE JEUNE MAMAN : Qu'il est joli, votre bébé, c'est une fille ou un garçon?

MADAME MARTIN : C'est une fille. N'est-ce pas que tu es une jolie fille, mon bébé?

UNE JEUNE MAMAN : Vous savez déjà comment vous allez l'appeler?

MADAME MARTIN : Oui, nous avons choisi « Françoise ».

UNE JEUNE MAMAN : Quand est-elle née?

MADAME MARTIN : Elle est *venue au monde* avant-hier, pendant la nuit.

UNE JEUNE MAMAN : *L'accouchement* s'est bien passé?

MADAME MARTIN : Très bien, mais il faut vous dire que c'est notre troisième. Et pour vous, cela a été long?

UNE JEUNE MAMAN : Oh oui! Pour moi, cela a été très long. Mais c'est un gros garçon, mon René... et c'est notre premier.

La naissance d'un bébé est un événement important. La famille du nouveau-né essaie souvent de créer *un faire-part de naissance* original et plein d'humour, pour envoyer à la famille et aux amis.

Par exemple :

- Coucou! C'est moi, Andrée Denise Chaverne. Je suis arrivée le 6 août.
- J'ai fini par venir au monde. Ça fait longtemps qu'on m'attendait... Signé (avec l'aide de papa) : Antoine Lucien Aumont. Le 17 janvier.
- Il y a de la joie chez les Bonnard. Il paraît que c'est à cause de mon arrivée le 1er mai, Fête du Travail. Signé : Joëlle.

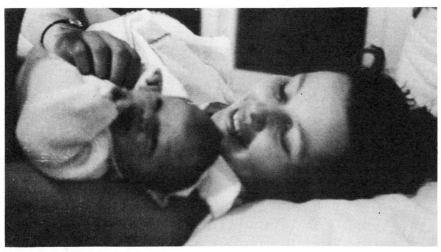

Françoise à l'âge de... quelques minutes.

Les docteurs français Lamaze et Leboyer ont une grande influence sur l'accouchement depuis le milieu des années 50. Ils ont développé les méthodes modernes, dites « naturelles », d'accouchement (d'origine russe).

Les parents apprennent et savent exactement ce qui se passe avant et pendant la naissance.

Sous l'oeil du père, la mère fait des exercices pour se développer les muscles d'une manière appropriée.

Le bébé naît, en principe, plus facilement. Ce n'est pas exactement une naissance « sans douleur », mais la mère est préparée, donc moins angoissée.[1]

Le père participe aussi, comme moniteur, aux exercices et à la naissance elle-même. La joie de voir apparaître le bébé, en présence du père n'est donc plus une joie « secrète » pour la mère seule. C'est un événement familial vécu[2] par les deux parents.

En France, on doit « déclarer » la naissance dans les trois jours qui suivent. Pour cela, on va à la *mairie* du village ou de la ville. Là, un ou une secrétaire, que l'on appelle officier d'état civil, écrit sur un grand livre, le registre des naissances.

Voilà ce que M. Martin, le papa de la petite Françoise, a déclaré :

Le (date de naissance)	*21 Avril 1958* ,
à (heure de naissance)	*1 h 30 du matin* ,
est né(e) (prenoms du bébé)	*Françoise Marie* ,
de (nom du père)	*Jean-Luc Martin* .
ne (date/lieu de naissance père)	*le 6 Juin 1920, à Paris* .
profession du père	*Professeur* , et de
	Lesage, Andrée .
profession de la mère	*ménagère* , son épouse.
domiciliés (adresse des parents)	*1, Rue du Grand Condé, Paris VI*
Le (date de la declaration)	*22 Avril 1958* ,
à (heure de la declaration)	*9 heures* ,
sur la déclaration du	*père* , qui.
	(nom de la personne faisant la déclaration)
lecture faite,* a signé avec nous.	
officier d'état civil.	

[1] **angoissé(e) :** (cognate of *anguished*) anxious, distressed.
[2] **vécu :** (*lit., lived*); experienced.

En général, on garde de moins en moins les mamans à l'hôpital après la naissance. En France, on les garde quand même[3] plus longtemps qu'aux États-Unis. Les premiers mois, si c'est possible, la mère *allaite* son bébé. On dit aussi qu'elle lui *donne le sein*. Tous les médecins du monde sont d'accord pour dire que c'est ce qu'il y a de mieux pour les nouveaux-nés. Si ce n'est pas possible, on nourrit le bébé au *biberon*. En France, on attend cinq à six mois avant de donner de la nourriture semi-liquide, telle que des purées de fruits, de légumes et de viandes. Autrefois on attendait un an, et aux États-Unis, au contraire, on commençait à donner « de la nourriture en purée » dès[4] l'âge de trois semaines. Maintenant, les deux pays se rencontrent à mi-chemin[5] comme cela arrive bien souvent.

Enfin, au bout d'une semaine environ, la maman de la petite Françoise rentre de l'hôpital avec son bébé, et c'est la grande fête dans la famille: la famille s'agrandit. Le bébé a sa chambre à elle; on y voit de nouveaux meubles : *un berceau,** une chaise d'enfant pour plus tard et une table pour la changer. Au-dessus du berceau, il y a un hochet[6] fixe qui fait du bruit quand le bébé le tape. Quand le berceau sera trop petit, on mettra la petite Françoise dans un lit d'enfant, qui durera plusieurs années.

(*Chez les Martin, au retour de l'hôpital*)

MONSIEUR MARTIN : Nos amis les Letourneur nous ont prêté leur *voiture d'enfant* et leur *poussette*, puisque nous n'avons plus celles d'Albert.

MADAME MARTIN : Bien sûr, il n'en a plus besoin, maintenant, à trois ans...

MONSIEUR MARTIN : Tu vas pouvoir promener Mademoiselle pendant les beaux jours. Heureusement que nous avions acheté des quantités de *couches de rechange* pour changer Françoise quand *elle se mouille* ou qu'elle *se salit*.

MADAME MARTIN : (*portant Françoise dans ses bras*) Quand on devient parents il faut penser à tout. Alors, mon bébé, tu as faim? C'est à peu près l'heure... (*Elle s'assied pour lui* donner à têter). Quel plaisir d'être de nouveau chez soi!

(*La mère de Madame Martin arrive avec Sophie qui a cinq ans, et Albert, qui en a trois.*)

[3]**quand même :** *nevertheless, just the same.*

[4]**dès (l'âge de) :** *from (the age of)... on.*

[5]**se rencontrer à mi-chemin :** *to compromise, to meet halfway.*

[6]**le hochet = premier jouet des bébés :** *rattle.*

ALBERT : (*embrassant sa maman*) Dis, pourquoi elle n'a pas de cheveux, Françoise?

MADAME MARTIN : Laisse-leur le temps de pousser. Toi non plus tu n'avais pas beaucoup de cheveux quand tu es né.

SOPHIE : Je pourrai porter ma petite soeur, moi aussi, quand elle aura fini de têter?

MADAME MARTIN : Oui, si tu fais bien attention.

ALBERT : Et moi aussi, dis?

MONSIEUR MARTIN : Oui, toi aussi, mais laissez Françoise et maman en paix tous les deux. Soyez sages et allez jouer dans votre chambre. Maman est fatiguée... Attention quand vous embrassez votre petite soeur... Elle est toute petite. Un bébé, c'est fragile. Bon, partez, maintenant!

GRAND-MÈRE : Allez, venez, les enfants. Nous allons jouer dans la chambre...

Bientôt Françoise mangera seule sur sa chaise haute; enfin, quand elle sera suffisamment grande, elle viendra prendre sa place autour de la table.

Dis, Maman! Pourquoi elle n'a pas de cheveux, Françoise?

Si la maman travaillait dans un bureau ou dans l'industrie avant la naissance, et si elle se remet à[7] travailler au bout de quelques mois après son congé de maternité,[8]* elle amène son bébé (ou poupon) à *la crèche** que l'on appelle aussi *la pouponnière.**

Les bonnes manières

Les Français aiment que leurs bébés soient « propres »[9]* très tôt. Ils le sont en général avant douze mois, date à laquelle ils commencent en général à marcher. C'est peut-être la première « bonne manière » que les parents enseignent à leurs enfants. Peut-être est-ce aussi parce que cela rend la vie beaucoup plus simple à la maman, quand elle n'a plus à changer les couches du bébé.

Pour les petits ou pour les grands, les bonnes manières ne sont pas toujours les mêmes dans tous les pays. Par exemple, les parents français apprennent à leurs petits à garder les deux mains sur la table quand ils mangent. Les parents anglo-saxons, eux, insistent pour que la main qui ne sert pas[10] c'est-à-dire qui n'utilise ni le couteau, ni la fourchette, soit posée sur les genoux[11] (sans faire de plaisanterie[12] au sujet de « ses propres genoux »).

La plupart du temps les enfants apprennent à couper leur viande avec le couteau dans la main droite, et à porter leur viande à la bouche avec la fourchette dans la main gauche, qu'ils ne changent pas de main.

On apprend, bien sûr, à faire dire « s'il vous plaît » et « merci » aux enfants. On leur répète « demande la permission avant de te servir de quelque chose ». On leur demande aussi : « laisse ta place »* assise à une dame, une personne âgée, etc., dans un lieu public.

On leur demande également d'éviter tout bruit malvenu[13] venant du corps. Quand les petits ont sommeil, il doivent bailler[14] silencieusement, et se mettre la main devant la bouche. Plus tard, on leur demandera de cacher un baillement[14] en présence d'invités, pour ne pas montrer qu'ils s'ennuient.[15]

---

[7]**se remettre à = recommencer à :** *to resume.*

[8]**le congé (de maternité) :** *holiday; (maternity) leave.*

[9]**propre* :** *clean; (of babies) toilet-trained* (Faux amis, p. 263).

[10]**qui ne sert pas :** *which is not being used.*

[11]**sur les genoux :** *on (your) lap; pooped, tired out (slang).*

[12]**la plaisanterie :** *joke, funny story* (Faux amis, p. 263).

[13]**éviter tout bruit malvenu :** *to avoid any ill-advised, uncouth noise.*

[14]**bailler / un baillement :** *(to) yawn.*

[15]**s'ennuyer :** *to be bored;* **ennuyer :** *to bore, to annoy.*

Les enfants français sont en général moins turbulents[16] que leurs équi-valents américains, plus timides et moins dégourdis.[17]

Les dix commandements du petit

Il existe de nombreuses interjections que les parents répètent fréquemment pour demander à leurs enfants qu'ils fassent ou ne fassent pas ceci ou cela. En voilà les exemples les plus fréquents :

Sois sage! (Sois bien sage avec/chez Madame Lebrun!)   *Be good!*
   Tiens-toi tranquille! Arrête de bouger (quand je te mets ton chan-dail!)   *Stop that wiggling! Keep still!*
   Mange ta soupe! (tes légumes, ta viande, ton poulet, tes frites, etc.)
   Tais-toi! Ça suffit comme ça!   *Hush! That's enough!*
   Ne touche pas (à) ça! Laisse-ça tranquille! Tu vas finir par casser ce machin!*   *Leave that alone! You'll end up breaking that thing.*

Les enfants français sont en général moins turbulents que leurs équi-valents américains, plus timides et moins dégourdis.

---

[16]**turbulent :** *rowdy, boisterous.*
[17]**dégourdi :** « *with it* », *confident, precocious, knowing (your) way around.*

Dis « pardon » à la dame! (à Madame, au monsieur, à Monsieur).

Tu vas te taire!   *Will you be quiet!*

Dis merci! (Qu'est-ce qu'on dit?)

Donne la main! (Tend la main à M. Durand!) Donne-moi la main pour traverser (la rue)!   *Give me your hand to cross (the street).*

Lave-toi les mains avant de manger!

Marche plus vite, voyons! Tu as fini de traîner?   *Hurry up! You're dragging behind!*

Arrête de faire du bruit! Tu (ne) peux pas faire plus de bruit? (en jouant, en t'amusant, en travaillant, en mangeant, etc.)   *Don't make so much noise!*

Ne fais pas le/la bête* / le bêta!   *Don't act silly!*

La nouvelle génération de parents est plus tolérante et a tendance à moins interdire.[18]* En général, les parents français sont plus stricts que les parents américains, mais comme bien souvent, la différence entre les deux diminue.

Compréhension du vocabulaire

1. Comment appelle-t-on l'acte de mettre un enfant au monde?
2. Donnez un synonyme de *la naissance*.
3. Expliquez ce qu'est *un hochet*.
4. Donnez un synonyme de *bébé*.
5. Quand est-ce qu'on *baille*?
6. Expliquez le mot *sage*, quand il s'applique à un enfant.
7. Que veut dire *turbulent*?
8. Expliquez le mot *dégourdi*.
9. Quand dit-on « tais-toi » à un enfant?
10. Quand est-ce qu'un enfant « traîne »?

Compréhension du texte

1. Est-il avantageux pour la maman d'allaiter son bébé? Pourquoi?
2. Quel pays, la France ou les États-Unis, garde les mamans le plus longtemps à l'hôpital?
3. Après combien de temps Madame Martin rentre-t-elle de l'hôpital?
4. Quelle drôle de question est-ce qu'Albert, le petit frère, pose à sa maman?
5. Donnez deux exemples de différences entre les bonnes manières à table aux États-Unis et en France.

---

[18]**interdire :** *to forbid, prohibit.*

Notes linguistiques

maison : veut dire, bien sûr : **fait à la maison.** On emploie **maison** en général pour un gâteau, un pâté, des confiseries, c'est-à-dire des chocolats, des caramels, etc., à base de sucre.

Maison est aussi un mot populaire qui veut dire : soigné, excellent. On dit aussi **Chapeau!** (Bravo!) : Je tire mon chapeau devant votre « chef-d'oeuvre ».

Exemple :

● Elle nous a fait une tarte maison! Ah, qu'elle est délicieuse; chapeau!

Le mot **maison** se retrouve dans un grand nombre d'expressions où il prend un sens différent de « domicile » qu'il a dans, par exemple, à la maison, ou chez soi.

Voyons-en les principales :

● On dit d'une maison où on est bien reçu, où on se sent comme chez soi : c'est la maison du bon Dieu.
● Si la femme ne travaille pas en dehors de la maison, si c'est la femme du foyer, elle fera tout pour être une excellente maîtresse de maison. Elle sait bien tenir sa maison.
● Une maison de famille est une tradition bien française. On l'appelle aussi une pension. C'est, le plus souvent, un petit hôtel où tous les clients ont le même menu. Les pensions sont moins chères que les hôtels puisque le chef sait combien de personnes y mangeront, à midi ou le soir, et fera un menu unique.
● La Maison de la Culture est un foyer culturel, une sorte de bibliothèque, salle de réunion et de conférences, destinée surtout aux jeunes.
● « La maison ne fait pas de crédit » se lit dans un magasin où il faut payer comptant ou *cash*.
● Il (elle) fait la jeune fille de la maison : il (elle) fait le service, et sert les invités.
● Les gens de maison sont les domestiques : la bonne, le valet de chambre, la femme de ménage (qui vient quelques heures pour aider à faire le nettoyage).

lecture faite : C'est une abréviation de **une fois la lecture faite :** quand on a fini de lire. Ex. : Lecture faite, il a posé son journal et est parti travailler. On retrouve cette formule contenant un participe passé dans un certain nombre d'expressions très françaises :

● **marché conclu :** quand on a décidé de faire des affaires ensemble— action terminée… marché conclu, ils se sont quittés contents de leur journée. (Une fois que leur marché a été conclu…)
● **son journal lu :** quand il a fini de lire son journal… Son journal lu, il va se coucher.

- **la chose faite,** après, elle n'a rien regretté.
- **renseignements pris,** il a su trouver son livre à la bibliothèque.
- **leur repas terminé, ma toilette faite,** etc.

On peut aussi trouver des expressions contenant un participe présent qui exprime une action en cours.

- **chemin faisant :** en marchant, en roulant en auto, etc., en route… chemin faisant, ils ont regardé tous les magasins.
- **le cas échéant :** (du verbe **échoir,** recevoir un héritage) si cela doit arriver; si le cas se présente.

propre : a de nombreux sens en français. Remarquons aussi que l'adjectif peut se placer avant ou après le nom. Examinons les exemples suivants:

- Il vient de prendre un bain. Il est propre (*clean*).
- Il faut toujours employer le mot propre (*proper, correct*).
- Le sens propre et le sens figuré (*literal and figurative meanings*).
- Je dois lui remettre cette lettre en main propre; je ne dois la remettre à personne d'autre.
- Elle s'est fait cette robe de sa propre main (*very own*). Personne ne l'a aidée.
- La solitude est propre à la méditation (*conducive to*).
- C'est un propre à rien (*good for nothing*).
- Il a beaucoup d'amour propre. (*His feelings are easily hurt.*)

place : C'est un mot qui cause de fréquentes fautes. On emploie le mot **place** en français pour deux sens bien définis, qui ne sont pas exactement les mêmes en anglais :

- Mon père a loué cinq places pour aller voir Marcel Marceau en famille.
- L'été, il est préférable de louer (de retenir) sa place à l'avance.
- L'Arc de Triomphe de l'Étoile est situé au milieu de la place du même nom, la Place de l'Étoile. Son nom officiel est Place du Général de Gaulle, mais les Parisiens continuent à l'appeler « l'Étoile », par habitude.
- Il n'y a pas assez de place pour deux voitures dans le garage.

ATTENTION! **L'endroit** s'emploie pour les autres sens de place (*place,* en anglais). Ex. : Je connais un endroit où on fait d'excellentes glaces (Faux amis, p. 196).

Voici d'autres expressions contenant le mot **place :**

- Qui va à la chasse perd sa place : proverbe qui signifie que l'on risque d'être remplacé, quand on n'est pas sur place (*on the spot*). *Literally: Whoever goes hunting loses his place.*
- À votre place, je n'accepterais pas. Si j'étais à votre place. *If I were you…*

le machin : C'est un mot que l'on emploie pour parler d'un objet sans le nommer, sans dire son nom. On dit aussi **un truc. Machin** ou **Truc** (sans article) indique une personne dont on ne trouve pas le nom: *what's his name.* Le nom **gadget** s'utilise aussi en français pour désigner un objet qui n'est pas très utile, mais qu'on vend parce que c'est la mode.

la bête—l'accent circonflexe et certains accents aigus : « Ne fais pas le bête! » s'adresse à un garçon. C'est un adjectif employé comme nom. Pour une petite fille on dirait **la bête.** Dans ce cas, **bête** signifie « sans intelligence, sans réflexion ou sans attention ». On dit fréquemment :

- Qu'il est bête!
- Ce problème est bête comme chou.
- Ton amie Simone est bête comme ses pieds, etc.

    Bêta a à peu près le même sens :

- Gros bêta, va!

    Ce sont des expressions du français familier, peu méchantes.
    L'origine en est le nom *la bête,* qui vient du latin *bestia,* que nous retrouvons dans l'adjectif anglais *bestial* ou *beastly.* Il y a quatre ou cinq cents ans, le mot s'écrivait *la beste;* puis le *s* a été placé par dessus le *e—la bête—*et le son du « s » disparaissant avec les années et l'usage. Les moines qui recopiaient les livres à la main, sur des parchemins (*sheepskins*) ne se souvenaient plus du sens de *s.* Le *s* a été coupé en deux, et sa moitié supérieure est restée et est devenue l'accent circonflexe. Le mot anglais dérivé du latin ou du français-normand garde son *s* :

- la fête : *feast;* la pâte : *paste;* la forêt : *the forest.*

    Quelque chose de similaire est arrivé au « é ». C'est quelquefois la barre du « é » qui est restée :

- un estranger → un étranger → un étranger : *a stranger.* En anglais, le *e* a disparu.

    Voyons quelques autres exemples :

- une escole → une école → une école : *a school*
- estonner → étonner → étonner : *to astonish*

    Le *s* reste quelquefois dans l'adjectif : la saison l'été donne l'adjectif estival; la bête, bestial, etc.
    Le **dé-** devient souvent *dis-* en anglais :

- découvrir : *discover;* le dédain : *disdain;* le dégoût : *disgust,* etc.

Compréhension des notes linguistiques

1. Faites une phrase où le mot *maison* = *soigné* (sens familier).
2. Faites une phrase où le mot *chapeau!* = *bravo!* (sens familier).
3. Donnez un synonyme de *maîtresse de maison*.
4. Trouvez le mot qui a le même sens que *maison de famille*.
5. Que dit-on d'une personne invitée qui aide, par exemple, à servir un repas?
6. Que signifie *marché conclu*? De quoi est-ce l'abréviation?
7. Donnez trois exemples où *propre* a un sens différent.
8. Utilisez le nom *la place* dans trois phrases où il n'a pas le sens de *un endroit*.
9. Donnez un synonyme de *un machin*.
10. Quel est l'équivalent de *you're silly!*, en français?

Notes culturelles

le berceau : Ce nom a les deux mêmes sens, propre et figuré, que l'équivalent anglais *cradle*. On dit:

- Le berceau est souvent peint en rose pour les filles; en bleu pour les garçons.
- La France est souvent considérée comme le berceau de l'automobile et de l'aviation.

On appelle aussi « un moïse » un berceau fait d'une corbeille capitonnée (a *bassinette or padded basket*). D'après la Bible, Moïse avait été placé dans une corbeille qui flottait sur le Nil.

le congé de maternité : *La Sécurité Sociale* est un organisme d'État qui aide les Français depuis leur naissance. La Sécurité Sociale et *la Caisse d'Allocations Familiales,* autre organisme d'État qui intervient après la naissance du bébé, fonctionnent ensemble pour *verser* aux chefs de famille des *prestations* ou *versements* : ce sont des sommes d'argent destinées à les aider à faire face aux suppléments de dépenses que représentent la naissance et l'entretien (*support and care*) d'un enfant.

L'État contribue donc financièrement à aider la natalité (*birthrate*). Pendant la période où la mère est *enceinte*, c'est-à-dire où elle « attend » son bébé, elle *est prise en charge* par la Sécurité Sociale, appelée familièrement la Sécu, et, plus tard, par les Allocations Familiales. Elle doit se présenter tous les trois mois à un contrôle médical (*checkup*). Le docteur l'examine pour s'assurer que tout va bien.

La future maman a droit à un congé de maternité, c'est-à-dire qu'elle s'arrête de travailler, mais est quand même payée. Ce congé doit être signé par le médecin.

Au moment de la naissance, les parents touchent des primes de naissance et d'allaitement. Si, pour une raison ou pour une autre, la mère ne peut pas s'occuper des enfants, si elle est très malade, ou si elle doit s'absenter pur une urgence, on peut appeler une Travailleuse Familiale à domicile, fournie par la Sécurité Sociale, Cette personne qualifiée vient s'occuper des enfants à la maison.

Si la maman, le papa, ou les deux, travaillent dans une grande enterprise, ils ont le droit de prendre un Congé d'Education d'une année pour élever leur bébé, sans perdre leur emploi.

la crèche ou la pouponnière : On sait que le mot **crèche** désigne la scène de la nativité du Christ. Le nom est resté pour une institution municipale indispensable aux mères qui veulent travailler. On peut y mener ses enfants, depuis l'âge de quelques semaines jusqu'à trois ans, tous les jours de la semaine, de 8h à 6 h du soir. Les crèches, créées il y a longtemps par des religieuses, sont gratuites. Un personnel spécialisé en *puériculture*, c'est-à-dire dans la manière d'élever les enfants, nourrit les petits, les change, les garde propres et joue avec eux dans des locaux adéquats.

Enfants et leur maîtresse dans un jardin d'enfants.

interdire / interdiction : C'est le verbe officiel pour **défendre,** c'est-à-dire le contraire de **permettre** ou d'**autoriser.** Regardons les exemples suivants :

- « Interdiction de stationner » est le contraire de « parking autorisé » (voir photos).
- Défense de fumer.
- « Défense d'afficher » se dit quand il est interdit de mettre des affiches ou posters sur les murs.

Les signaux internationaux de la route.

À Paris, les touristes étrangers étaient toujours très amusés et surpris par l'interdiction suivante, peinte sur les murs de l'ancienne Chambre des Députés, appelée maintenant l'Assemblée Nationale ou *House of Representatives* française :

DEFENSE D'URINER
Loi du 17 Janvier 1921

En 1968, pendant la révolte des étudiants (voir p. 40) on pouvait voir des jeunes gens qui portaient des pancartes (*signs*), disant: IL EST INTERDIT D'INTERDIRE.

Les signaux internationaux de la route sont employés dans tous les pays du monde, sauf aux États-Unis, à cause du fait que les États-Unis ont souvent des codes de la route différents pour chaque état. Ces signaux sont divisés en trois groupes, suivant leur forme géométrique. Ils représentent tous des dessins ou idéogrammes que tout le monde peut comprendre :

- des panneaux ou signaux carrés, qui indiquent l'autorisation
- des panneaux ronds, qui veulent dire interdiction ou obligation
- des panneaux triangulaires, qui expriment le danger

À propos de la circulation ou du trafic—avec un seul *f* en français—il existe une différence fondamentale entre les **feux** du trafic et les *traffic lights* américains. Nous savons tous qu'un changement de système de conduite peut causer de la surprise ou même un accident. Il semble donc utile d'examiner le système des feux français.

feux tricolores

On peut voir, sur les deux photos, que le feu (rouge) arrête l'auto. Le signal se trouve entre l'auto et le passage pour piétons (photo du haut). Le signal lumineux (le feu) est encerclé sur les deux photos, pour bien montrer sa place, qui surprend les Américains.

Les couleurs sont les mêmes, dans le même ordre :

- vert, en bas, pour « aller »
- jaune, au milieu, pour « attention, vous devez vous arrêter »
- rouge, en haut, pour « interdiction de passer »

Ce qui change est l'emplacement du feu, l'endroit où le feu est placé, pour indiquer le croisement, l'intersection. En France, le poteau (*post*) du feu est situé au niveau du passage-piétons pour les gens qui traversent la rue à pied. Aux États-Unis, le feu est placé de l'autre côté de la rue, d'où il est facile à voir. En France, il faut regarder complètement à droite pour voir changer la couleur du feu (voir photo, p. 18).

Compréhension des notes culturelles

1. Expliquez le nom *le moïse*, synonyme de *le berceau*, et son origine.
2. Quelles sont les deux organismes d'État qui aident les futurs parents financièrement? Donnez votre opinion sur l'intérêt qu'ils présentent.
3. Trouvez deux autres exemples d' « avantages sociaux » à la disposition de la mère ou des parents français après une naissance.
4. D'après ce que vous avez lu, comparez la situation d'une mère américaine et d'une mère française envoyant son bébé à la crèche quand elle recommence à travailler après son congé de maternité.
5. Expliquez le slogan de 1968 : « Il est interdit d'interdire ».
6. Parlez des différences et des ressemblances entre les signaux de trafic français et américains. Pourquoi les États-Unis n'emploient-ils pas les signaux internationaux?

Situation / Dramatisation

1. Vous êtes un jeune père qui vient d'avoir un enfant; ou vous êtes la soeur d'une jeune mère. Vous allez déclarer la naissance. Servez-vous du vocabulaire de ce chapitre pour expliquer tout ce que vous faites, et où vous le faites. Un(e) autre étudiant(e) tiendra le rôle du ou de la secrétaire qui enregistre la naissance.
2. Deux étudiants vont discuter des avantages et des inconvénients de la méthode Lamaze : l'un(e) pour, l'autre contre.
3. Deux étudiant(e)s vont composer un faire-part de naissance original et le lire à la classe.
4. Deux étudiant(e)s vont « jouer » au parent et à l'enfant, et utiliser le plus possible de réprimandes (les dix commandements du petit).
5. Parlez de votre opinion personnelle au sujet de « la femme qui travaille à la maison », ou de « la femme qui travaille ».
6. Vous êtes un jeune papa ou une jeune maman, invité(e) chez des amis et vous préparez la liste des objets dont vous avez besoin pour la soirée, afin que votre bébé ne manque de rien. Expliquez ce que vous allez emporter.

2
Étudier

Vocabulaire-Clé

l'école maternelle   *nursery school*
l'instituteur/trice = le/la maître/sse   *elementary teacher*
un(e) écolier(ère); un(e) élève; un(e) étudiant(e)   *student (from elementary school to university)*
la récréation   *school recess*
la rentrée scolaire   *return to school (in the fall)*
le lycée = école secondaire, principalement dans les grandes villes
la moyenne*   *grade average* **(en France : 10 sur 20)**
le censeur = directeur d'école
le bulletin trimestriel   *quarter report card*
redoubler   *to repeat (a class)*
suivre des cours   *to take classes*
poursuivre ses études   *to continue one's studies*
les matières/cours obligatoires   *compulsory subjects*
la rédaction, la composition, la dissertation   *a written assignment (from elementary composition to essay writing)*
passer le baccalauréat (le bachot, le bac)*   *to take the national education exam (not « to pass » : Faux ami)*
échouer à, être recalé à = ne pas réussir à   *to fail*
les candidats reçus = ceux qui ont réussi   *those who passed;* **la réussite**   *success*
le repêchage   *repeat exam (du v.* **repêcher** *: to fish again)*
assister à   *to attend (not « to assist » : Faux ami)*
les droits d'inscription   *registration fees;* **se faire inscrire**   *to register*
la fac(ulté)   *school (within a university); ex.:* **la faculté de lettres, de sciences, etc.** (Faux ami)

Pratique

Trouvez le mot qui correspond aux définitions.

1. Une feuille de papier que les parents reçoivent tous les trois mois, et qui leur donne les notes d'école de leurs enfants.
2. L'examen qu'on passe quand on a environ dix-huit ans.
3. C'est la première école où vont les très jeunes enfants.
4. C'est la somme que l'on paie pour se faire inscrire (par exemple à l'université).
5. Ce sont tous les trois des noms qui finissent en -*ion* (donc féminins) qui indiquent un travail écrit (description ou discussion).
6. Ce sont les sujets que l'on est forcé d'étudier.
7. Il ou elle enseigne dans une école élémentaire (plusieurs réponses).
8. Ce nom désigne (nomme) un directeur d'école.

Dans l'espace en blanc, mettez le mot correct.

9. Les écoliers jouent dans la cour de l'école pendant _____ .
10. Pierre _____ à tous ses cours : il n'est jamais absent.
11. Nos parents nous disent que nous allons _____ (à) notre examen parce que nous n'avons pas travaillé cette année.
12. Suzanne étudie pour être médecin. Elle va tous les jours à _____ de médecine.
13. Quand on a fait une mauvaise année scolaire, on doit _____ sa classe : on ne peut pas passer en classe supérieure.
14. Les parents d'Annette vont aller habiter à Paris. Annette doit maintenant _____ dans la capitale.

> Nous allons suivre la petite Françoise depuis l'âge de deux ans jusqu'au moment où elle va finir ses études et où elle va commencer à gagner sa vie. Cette « promenade » au milieu des diverses écoles et établissements d'enseignement, va couvrir vingt années environ.

On trouvera, à la fin du livre, un appendice traitant de questions techniques et statistiques sur l'Education Nationale en France. Les étudiants qui s'y intéresseraient pourront consulter ces pages supplémentaires.

> C'est le deuxième anniversaire de Françoise. C'est une petite fille adorable. Son grand frère Albert doit être complètement rassuré : elle a de magnifiques cheveux châtain[1] clair. Sa chevelure[1] est longue et frisée. Ses yeux sont bleus-verts et très grands.

---

[1]**les cheveux châtain clair = la chevelure châtain clair :** *auburn hair.*

LA FAMILLE : Joyeux an-niversai-ai-re... (*sur l'air de « Happy Birth-day », comme on chante de plus en plus souvent en France*).

MME MARTIN : Souffle, ma chérie! (Elle l'aide à souffler.)

LA FAMILLE : Bravo!

ALBERT : Françoise va pouvoir aller à *l'école maternelle*, alors?

MME MARTIN : Mais oui. C'est aujourd'hui samedi, je vais l'y emmener dès lundi. J'ai déjà parlé à *sa maîtresse*, Mademoiselle Garnier. C'est elle qui s'était aussi occupée de toi, Albert; tu t'en souviens?

ALBERT : Oh, oui... je l'aime bien, elle! C'est une gentille *institutrice*. Elle m'a pris par la main, le premier jour... Et puis j'étais son meilleur garçon, elle me l'a dit, un jour.

M. MARTIN : Alors, ouvre tes cadeaux, Françoise!

SOPHIE : Oh! La belle boîte de peinture. Je suis jalouse!

GRAND-MÈRE : Voilà! Nous allons avoir une *écolière* de plus dans la famille.

La Maternelle (2 000 000* d'enfants)

Le lundi suivant, Françoise serre fort la main de sa maman, en entrant dans l'école maternelle voisine. Elle a un peu peur le premier jour mais Mlle Garnier est si affectueuse que cela la rassure vite. Françoise va

Une école maternelle des environs de Paris (Meudon).

donc s'ajouter[2] aux onze millions d'écoliers, élèves et étudiants de l'Hexagone. Parmi[3] eux, 65% des enfants de trois ans vont à la maternelle, et pratiquement 100% des jeunes de cinq ans. L'école est obligatoire de six à seize ans, comme aux États-Unis.

À l'âge de deux ou trois ans, Françoise paraît maladroite[4]* et lente. Elle apprend par l'exercice. Il faut respecter son univers et le rythme de sa vie. Ses intérêts ne sont pas les nôtres. Elle ne connaît pas la frontière entre le réel et l'imaginaire. Sa notion de vérité est mal établie. Pour la « socialiser » il faut lui donner le sens des responsabilités. Après quelques semaines difficiles, Françoise aime bien son école. Elle y apprend à vivre avec des enfants autres que ses frère et sœur, et elle s'y plaît.[5]* Quand sa maman ne peut pas venir la chercher, c'est son papa qui s'en charge.[6]*

Françoise serre fort la main de sa maman.

[2]**s'ajouter :** *to be added;* **ajouter :** *to add.*
[3]**parmi :** *among.*
[4]**maladroit(e)* :** *clumsy, awkward.*
[5]**se plaire :** *to like (it)* (voir p. 77).
[6]**se charger de :** *to take charge of* (voir p. 76).

On sait, de nos jours,[7] que chaque enfant est unique. Il lui faut être éduqué physiquement, manuellement, au niveau de la sensibilité[8] musicale, etc. C'est ce que fait l'école maternelle.

Celle-ci est ouverte aux enfants à partir de deux ans, jusqu'à six, à la discrétion des familles. C'est une école municipale. Elle assure la transition entre le milieu familial et le milieu scolaire. Elle prépare l'écolier de demain à prendre le repas de midi en dehors de la maison, à se reposer après le repas, à jouer pendant les heures de *récréation*. Les écoliers y apprennent les soins[9] de propreté, l'habillage, le déshabillage, la sieste en groupe, etc.

À l'école maternelle, comme à la maison, l'enfant doit vivre dans un climat homogène. Dans l'une comme dans l'autre, il lui faut un décor agréable et un équilibre. Dans les deux, il doit faire des exercices et des jeux, et écouter des contes,[10] qui aident à développer sa curiosité.

À la maison comme à l'école, on doit enrichir son éducation morale par l'exemple et la sanction naturelle, c'est-à-dire la réparation du tort[11] qui a été fait. Enfin, la maison et l'école aident à développer la créativité de l'enfant.

L'École primaire (4 000 000 d'écoliers)

Françoise a cinq ans et trois mois pour *la rentrée scolaire* de septembre. Voici la conversation qu'elle a avec sa maman, en allant pour la première fois à sa nouvelle école primaire, juste en face de sa maison.

FRANÇOISE : Je suis contente que ce soit la rentrée des classes.

MME MARTIN : Tant mieux, ma chérie.

FRANÇOISE : Dis, Maman, où est-ce que je vais, à l'école élémentaire ou à l'école primaire?

MME MARTIN : Mais c'est la même chose, Françoise.

FRANÇOISE : Ah bon. Et alors, je rentre en quelle année?

MME MARTIN : Tu entres en cours préparatoire. C'est la 11e.

FRANÇOISE : Et après?

MME MARTIN : L'année prochaine, tu seras en cours élémentaire, pendant deux ans, c'est-à-dire pendant la 10e et la 9e.

FRANÇOISE : Et ensuite?

---

[7]**de nos jours :** *nowadays.*

[8]**la sensibilité :** *sensitivity;* **sensible :** *sensitive* (Faux ami).

[9]**le(s) soin(s) :** *care* (sing.); *treatment* (pl.).

[10]**un conte :** *story;* **conte de fée :** *fairy tale.*

[11]**le tort :** *the wrong.*

MME MARTIN : Ensuite, et bien tu entreras en cours moyen, et tu y passeras deux ans, en 8ᵉ et en 7ᵉ.

FRANÇOISE : Et puis... ?

MME MARTIN : Oh, écoute, nous voilà arrivées. En 7ᵉ, tu auras fini ton école primaire... Nous reprendrons cette conversation plus tard. Tu es dans la classe de Mme Lefèvre, salle 18... Je crois que c'est à droite. Je vais te laisser à la porte... Bonjour Madame... voici Françoise, Madame. Au revoir, mon lapin[12]... J'espère que tu as tout le nécessaire dans ton cartable.[13] Je serai à la sortie pour te chercher. Écoute bien tout ce que dit la maîtresse!

Il est amusant de constater[14] qu'en France, et en Europe en général, les classes se numérotent[15] de la douzième, classe des tout petits, à la première, et à la terminale, où l'on arrive à 18 ans, si tout marche bien.

C'est l'éducation publique qui concerne[16]* la plus grande partie de tous les jeunes Français. Il existe aussi des écoles et universités catholiques

Élèves de l'école primaire dans leur classe.

[12]**mon lapin :** *my rabbit, term of endearment.*

[13]**le cartable :** *bookbag, satchel.*

[14]**constater :** *to realize, to note.*

[15]**se numéroter :** *to be numbered;* **numéroter :** *to number.*

privées et payantes, mais qui ont le même programme que les écoles publiques, et les mêmes examens. On compte près de 2 000 000 d'élèves
dans les écoles privées, en majorité catholiques.

—*Dire qu'avec la pierre de tous ces piédestaux là on aurait pu bâtir une bonne douzaine
d'écoles primaires.*
Dessin de Daumier (1808–1879) : « To think that with the stone of all these ped-
estals (for statues), one could have built a good dozen elementary schools ».

[16]**concerner* :** *to involve, to interest.*

Le Ministère de l'Éducation Nationale est le seul à contrôler tous les examens et tous les diplômes décernés[17] en France. Les programmes, livres scolaires, directives, sont les mêmes dans toute la France. Un certain jour, s'il le désire, le Ministre de l'Éducation peut prendre le téléphone et donner un coup de fil[18] à un de ses chefs de service et savoir où en sont tous les élèves de France, de 7ème, par exemple, en histoire, géographie, etc.

L'École secondaire

À onze ans, Françoise ressemble à un cabri[19] monté sur de longues jambes minces. Elle commence déjà à s'intéresser à ses vêtements, mais pas encore aux garçons, comme la plupart de[20] ses compagnes. Sa maman dit « qu'il en est beaucoup mieux ainsi[21]... qu'elle a bien le temps, qu'elle doit se concentrer sur ses études... que le secondaire, ça commence à être sérieux ».

Drôles de « filles » ces jeunes Parisiennes!!!

[17]**décerner :** *to award.*
[18]**un coup de fil = coup de téléphone :** *phone call.*
[19]**un cabri :** *a kid* (young goat).
[20]**la plupart du/des :** *most of the.*
[21]**Il en est beaucoup mieux ainsi :** *It's better this way.*

Sur ce fac-similé de lettre, remarquez les timbres commémorant le cente-
naire de l'école publique, gratuite, obligatoire, et laïque.

Françoise est très fière de quitter l'école des « petits » pour entrer
dans celle des « grands ». Mais cette école est à un quart d'heure de
sa maison, à pied. Quand elle sera en retard, elle devra prendre l'autobus, pour aller à son *lycée*.

Les lycées sont des établissements anciens, fondés par Napoléon en
1802. On les trouve dans les grandes villes. Dans les villages et petites
villes, l'équivalent du lycée s'appelle un C.E.S. ou Collège d'Enseignement
Secondaire, mais il ne va que jusqu'à la 3e (1er cycle). Le lycée couvre le
1er cycle et le second cycle (2e, 1ère et terminale). Il a souvent une cote
plus élevée[22] que le C.E.S. Le lycée donne un enseignement général, long,
classique, moderne ou technique.

Françoise travaille assez bien pendant ses sept années de secondaire.
Elle passe toujours dans la classe supérieure, parce qu'elle a *une moyenne** de plus de dix (sur vingt). Voici comment on note:

- 17 à 20 — excellent
- 15 et 16 — bien
- 12 à 15 — assez bien
- 11 — moyen
- 10 — passable
- 0 à 9 — insuffisant

---

[22]**une cote plus élevée :** *more prestige, class.*

NOM __GASPAR__ - ANNÉE SCOLAIRE __1981-1982__ - CLASSE DE __5CA__ - __3e__ TRIMESTRE

COMPOSITIONS			DISCIPLINES	NOTES DE CLASSE		APPRÉCIATIONS DES PROFESSEURS
EFFEC-TIF	NOTE	PLACE		CONDUITE	TRAVAIL	
			PHILOSOPHIE			
	13,5		COMPOSITION FRANÇAISE			- Une réflexion plus profonde
	14		ORTHOGRAPHE GRAMMAIRE			dans l'expression écrite.
			RÉCITATION			Travail très satisfaisant.
			VERSION LATINE			
			THÈME LATIN			
			GREC			
	14		HISTOIRE			Bien.
			GÉOGRAPHIE			
	16,5		LANGUE VIVANTE I			Résultats satisfaisants
			LANGUE VIVANTE II			
	13,5		MATHÉMATIQUES			Bon trimestre
			PHYSIQUE			
			CHIMIE			
	14		SCIENCES NATURELLES			Bon travail
	12		DESSIN			AB - un peu de superficialité
			ÉDUCATION MUSICALE			c'est bien - Mais Isabelle ne fournit pas toujours autant qu'il le faudrait.
	12		TRAVAUX MANUELS COUTURE			N. Mun
			ÉDUCATION PHYSIQUE			
			ÉTUDE			

TABLEAU D'HONNEUR **OUI - NON**	ADMIS DANS LA CLASSE SUPÉRIEURE __4°__	CACHET DE L'ÉTABLISSEMENT
CONSEIL DE DISCIPLINE	AUTORISÉ A REDOUBLER	
	DEVRA SUBIR UN EXAMEN DE PASSAGE EN	
ENCOURAGEMENTS FÉLICITATIONS	EN CAS { A L'EXAMEN DE PASSAGE { SERA } AUTORISÉ A REDOUBLER	
AVERTISSEMENT BLÂME	D'ÉCHEC { AU BACCALAURÉAT { NE SERA PAS }	
	NE SERA PAS REPRIS - DOIT ENVISAGER UNE AUTRE ORIENTATION SCOLAIRE	

Carnet de note trimestriel d'une élève de cinquième (*7th grade*).

La rentrée scolaire au Lycée Honoré de Balzac.

(À la sortie du lycée, le jour de la rentrée)

MÉLANIE : Salut, Françoise! Tu rentres en combien?

FRANÇOISE : Bonjour, Mélanie! Moi, je rentre en terminale... et toi?

MÉLANIE : Moi aussi, ma vieille.[23] Je vais faire le bac(calauréat) C. Et toi?

FRANÇOISE : Moi, non. Je (ne)[24] suis pas assez forte en math. Je vais faire le bac philo(sophie), tout simplement, parce que je (ne) suis pas mauvaise en anglais ni en allemand.

MÉLANIE : Dis donc, je te vois déjà partir en voyage dans des pays exotiques, non?

FRANÇOISE : Non... tu sais, il faut d'abord finir le secondaire.

MÉLANIE : À qui le dis-tu![25] Le censeur m'a déjà attrapée en train de fumer, alors tu vois... Il n'a pas l'air facile, pour un directeur qui commence... Par contre, la nouvelle surveillante générale[26] a l'air très gentille. Il y a aussi un jeune surveillant*[26] très beau garçon. Et oui, j'étais forcée de le remarquer : c'est lui qui remplace notre prof d'algèbre qui n'est pas encore arrivée. Les pauvres surveillants et surveillantes... Ils n'ont pas toujours la vie belle!

[23]**mon vieux / ma vieille :** Terme amical pour un(e) ami(e). (*Does not mean « old ».*)

[24]**Ne** ne se prononce pas en conversation rapide.

[25]**À qui le dis-tu! :** *You're telling me!*

[26]**un(e) surveillant(e) :** *study-hall teacher;* **surveillant général :** *assistant principal.*

Voici l'équivalent d'un *dime store,* au mois de septembre, prêt pour les ventes d'articles scolaires, pour la rentrée des classes.

FRANÇOISE : Ça c'est sûr. Mais, tu sais, nous non plus... On travaille dur pour avoir un *bulletin trimestriel* correct. On se tue pour passer en classe supérieure et pour ne pas *redoubler.* J'ai une correspondante en Californie, à qui j'écris pour améliorer mon anglais... Eh bien, elle dit qu'ils n'ont pas de moyenne à maintenir... Et puis ils ont un choix énorme de *cours à suivre,* eux. Moi, je serais ravie de poursuivre mes études là-bas, à Los Angeles.

Il n'est plus vrai que les jeunes Françaises et Français n'ont pas beaucoup de choix pour leurs études. Il est exact qu'en 6e et en 4e, ils n'ont que le choix de langues étrangères. Mais, vers quinze ans, en seconde, un « smorgasbord » complet du genre d'*études qu'ils veulent poursuivre* s'offre à eux.

Comme tout le monde, les jeunes doivent suivre les cours de *matières obligatoires*—cours d'histoire, de géographie, d'algèbre, de géométrie, de physique et de chimie, de sciences naturelles, de langues étrangères ou de latin ou grec anciens, de français, puis de littérature française. Ils écriront des *rédactions,* des *compositions,* et, finalement des *dissertations,* longtemps considérées comme l'art, par excellence, de s'exprimer par écrit.

Quel que soit leur choix,[27] ils doivent *passer le baccalauréat** vers 18 ans. Pour tous, qu'ils s'y préparent sérieusement ou pas, c'est un cauche-

---

[27]**Quel que soit leur choix :** *whatever their choice may/might be.*

mar.[28] Depuis la seconde, pendant toute la première et toute la terminale, c'est la préoccupation principale de l'étudiant. Le baccalauréat, appelé familièrement le bachot,* ou tout simplement le bac,* est un examen difficile qui a été fréquemment modifié, particulièrement au cours des dernières années.

> Si Françoise *échoue* la première fois, si elle *est recalée* du premier coup, elle devra le repasser l'année suivante, parce qu'il n'existe plus qu'une session par an, en juin.
>
> Pauvre Françoise! (Et pauvres candidats dans toute la France!) Il faut attendre deux longues semaines environ pour avoir les résultats. Un beau matin, le coeur battant, on parcourt[29] rapidement les listes en ordre alphabétique des *candidats reçus*, ceux qui *ont réussi*. Quelle joie d'y trouver son nom!
>
> Françoise va passer de bonnes vacances, après avoir réussi à la partie orale qui suit *la réussite* à l'écrit. L'oral sert de *repêchage* aux candidats qui sont légèrement au-dessous de la moyenne de dix en certaines matières (ou sujets). Pour Françoise, il n'y avait pas à décider si, oui ou non, elle allait continuer ses études ou se mettre à travailler. Depuis un an, elle savait qu'elle irait à l'université. Mais c'est au cours des vacances qui ont suivi son bac qu'elle a décidé de faire de la linguistique. Elle a pris cette décision parce qu'elle était forte en langues, que les langues lui plaisaient et qu'elle était récompensée par d'excellentes notes en anglais et en allemand. C'est grâce à elles qu'elle a obtenu une mention BIEN au bac.

Dans chaque classe du secondaire, il existe ce que l'on appelle un « conseil de classe ». Il y a des différences assez grandes avec le système américain qui consiste à élire un *president of the freshman, sophomore, junior, and senior classes.* Les conseils de classe représentent un groupe plus petit : celui, par exemple, de la classe de 32 élèves de 3e de Madame Dufour, professeur de français. Les deux délégués élus par les étudiants *assisteront aux* réunions de professeurs et présenteront les opinions de leurs camarades, en espérant que les décisions finales des professeurs en tiendront compte.[30]

Tout comme l'accroissement[31] considérable du nombre des étudiants, les conseils de classe sont un des résultats des événements de mai 1968*, nom que l'on donne à la révolte des étudiants.

[28]**un cauchemar :** *nightmare.*

[29]**parcourir :** *to skim, read quickly; to travel along, through.*

[30]**tenir compte de :** *to take . . . into account.*

[31]**un accroissement :** *an increase* (de **croître = grandir**).

Les professeurs du secondaire sont en général mieux considérés et respectés que leurs collègues aux U.S.A., bien qu'ils ne soient pas beaucoup mieux rémunérés.

Si Françoise « avait l'air d'un cabri » quand elle est entrée en 6ᵉ, vous vous doutez[32] qu'elle a beaucoup changé. À la fin de ses études secondaires elle est plus grande que la moyenne des jeunes Françaises. Elle mesure 1m70 ou 5′8″. Par coïncidence, c'est pratiquement la même taille[33] que Linda, sa correspondante californienne. Françoise suit la mode comme la plupart de ses amies. Sa soeur aînée, Sophie, qui finit ses études de styliste,[34] la conseille et l'aide à faire des robes à la dernière mode.

Elle fait beaucoup de sport et ne se maquille[35] presque pas. Elle a surtout beaucoup de charme, parce qu'elle sourit très souvent, et qu'elle a une voix douce et harmonieuse. Elle a eu 18 ans quelques semaines après son succès au bachot.

L'Enseignement supérieur

Françoise et ses parents n'ont pas à se soucier du[36] problème financier pour ses futures études, parce que celles-ci sont presque gratuites. Il faut simplement payer *les droits d'inscription à la faculté*. La somme totale n'est que de quelques centaines de francs (quelques dizaines[37] de dollars) y compris[38] la cotisation de la Sécurité Sociale, qui couvre aussi les étudiants pour les maladies, l'hospitalisation et les accidents.

Voilà donc Françoise à la fac! Elle vient de *s'y faire inscrire*. Françoise se dépêche d'écrire à son amie Linda, la Californienne, pour lui raconter sa première journée à la fac.

Ma chère Linda,
Je t'écris, installée dans un grand amphithéâtre. Il y a plusieurs centaines d'étudiants pour écouter un cours magistral. C'est ce que vous appelez *a lecture,* en anglais. Il y a tellement d'étudiants que

---

[32]**se douter de :** *to suspect, half expect.*

[33]**la taille :** *size; in other contexts, the waist.*

[34]**un(e) styliste :** *fashion designer.*

[35]**se maquiller :** *to apply or use makeup.*

[36]**se soucier de :** *to worry about.*

[37]**une dizaine :** *ten or so;* **-aine** ending **= plus ou moins.** On peut ajouter **-aine** après 6, 8, 10, 12, 15, 20, 30, 40, 50, 60, 100 (une centaine).

[38]**y compris :** *including.*

nous n'avons pas tous un siège.[39] *Imagine that!* Certains sont assis à même le plancher,[40] car l'amphithéâtre est plein à craquer.[41] J'espère que vous n'avez pas cela à UCLA.

À ce sujet, je te remercie beaucoup de m'avoir envoyé le beau T-shirt marqué UCLA. Je le mets avec mes nouveaux blue-jeans.

Le professeur vient de rentrer et le cours va commencer. Je t'écrirai plus longtemps la semaine prochaine pour te donner des détails. Écris-moi vite. *Your friend,*

Fran

La France compte près de 900 000 étudiants dans ses universités. Ce *nombre est tellement élevé qu'il est supérieur au total des étudiants dans les universités d'Allemagne, d'Italie et d'Angleterre reunies*. Il faut noter en plus que ces trois pays ont chacun une population supérieure à celle de la France.

Il n'y a pas de *campus* à proprement parler, en France, mais une série de bâtiments, certains modernes, d'autres anciens. Beaucoup d'étudiants habitent toujours avec leur famille, les dortoirs[42] ou les chambres d'étudiants étant réservés à ceux qui viennent d'une autre ville ou d'un autre pays. Le besoin de se séparer de sa famille n'existe peut-être pas d'une manière aussi forte en France, les jeunes Français semblant avoir moins le désir d'affirmer leur indépendance du milieu familial.

En général, les années à l'université ne sont pas toujours très agréables. Le plus souvent, ce ne sont pas les meilleures années de la vie. Il faut beaucoup étudier si l'on veut passer en classe supérieure. Nous avons déjà vu que les études sont presque gratuites. Heureusement, l'obligation de travailler en faisant ses études n'existe donc pas. Cela serait presqu'impossible pour un étudiant sérieux, à cause des programmes chargés[43] (voir page 76).

Françoise profitera de son indépendance d'une autre manière. Comme tous les étudiants du supérieur, c'est elle qui décidera quand elle doit assister à ses cours. En effet, la présence au cours n'est pas obligatoire; elle est, en fait, encore plus « relaxe » qu'aux États-Unis. Il faut seulement réussir à l'examen de fin de semestre, quelquefois très difficile. Pas de *term papers!* Pas d'examens de mi-semestre! Pas de devoirs à

---

[39]**un siège :** *seat.*

[40]**à même le plancher :** *even on the floor.*

[41]**plein à craquer :** *filled to the breaking point; jampacked.*

[42]**un dortoir :** *dormitory.*

[43]**chargé :** *heavy, loaded (program)* (voir p. 76).

rendre. Françoise assistera régulièrement aux cours de phonétique, de sémantique, de linguistique générale, parmi d'autres, où elle entendra quelquefois des professeurs célèbres.

Il n'existe pas de vie sociale organisée par l'université. Pas de sports! Pas de match contre une université rivale. Pas de *cheerleaders*, pas de *pompom girls*! Pas d'orchestre ou de *school spirit*! Pas de *sorority* ou de *fraternity*! Quelle différence avec ce que Linda lui raconte dans ses lettres, au sujet de sa vie à U.C.L.A.

La vie sociale de Françoise marche au ralenti.[44] Le peu qu'elle a consiste en rencontres avec des copains[45] de fac qu'elle a plaisir à rencontrer dans des cafés (voir Notes culturelles, p. 174), pour d'interminables discussions souvent très dogmatiques. Elle aime aussi aller voir des films importants avec la même bande de copains, films suivis d'autres interminables discussions : quand on a vingt ans, on prend son cinéma au sérieux.

Quelquefois, à Pâques, Françoise va même faire du ski avec son ami préféré pendant les vacances universitaires qui sont plus longues qu'aux États-Unis.

Un des cafés les plus connus de Paris. Là se rencontre l'élite intellectuelle du Quartier latin, et même de tout Paris.

[44]**marcher au ralenti :** *to idle; here, her social life does not amount to much.*
[45]**un copain / une copine :** *friend, pal.*

Compréhension du texte

1. (Plusieurs étudiants peuvent y participer.) Quelle conclusion sociologique et politique tirez-vous du fait que presque 100% des jeunes Français de cinq ans sont dans une école maternelle municipale?
2. Expliquez le raisonnement qui fait numéroter les écoles françaises de la 12e à la première et à la terminale, et le système américain qui les numérote de *1st grade* à *12th grade*.
3. Expliquez ce que sont, d'après vous, les avantages et les inconvénients de la standardisation des cours donnés dans les écoles françaises. Préférez-vous l'indépendance des états américains au point de vue de l'éducation (et, à l'intérieur de chaque état, l'indépendance des *school districts*)?
4. Donnez votre opinion sur le contrôle absolu que le ministère de l'Éducation Nationale exerce sur tout ce qui est écoles, en France.
5. En France, les élèves du secondaire doivent étudier presque tous les sujets que l'on appelle *academic subjects* en anglais. Croyez-vous que cette masse de connaissances prépare mieux pour le choix d'une profession? Pouvez-vous trouver des avantages et des inconvénients à cette philosophie de l'éducation?

Notes linguistiques

maladroit(e)/adroit(e) : Ces mots viennent de l'adjectif **droit** (*straight*). Une vieille superstition faisait croire que tout ce qui était fait par la main droite était adroit et tout ce qui ne l'était pas, maladroit ou gauche. Les mots ont été adoptés par la langue anglaise.

- Il est assez adroit pour savoir garder le silence. (Ici, *adroit* signifie : intelligent, habile.)
- Suzanne est tellement maladroite qu'elle casse toujours quelque chose (= malhabile).
- Ce professeur a l'air (paraît) timide et gauche. Peut-être est-ce parce qu'il est jeune et enseigne seulement depuis peu de temps.
- À Paris le quartier des universités se trouve sur la rive gauche (la Seine coule d'est en ouest et la rive gauche est au sud de la Seine).

concerner : Les expressions qui viennent du verbe **concerner** sont différentes en français et en anglais et causent de nombreuses fautes de la part de ceux dont l'anglais est la langue natale. Examinons donc les divers usages de ce verbe.

Le verbe **concerner** est un verbe transitif direct qui peut avoir plusieurs sens différents; *il n'est jamais pronominal en français*.

Sens de **se rapporter à, parler de** :

- Dans ce magasin, on vend tout ce qui concerne les jardins.

Sens de **s'adresser à** :

- Voici un article de journal vous concernant (ou concernant vos activités).

Sens de *as far as . . . is/are concerned* :

- En ce qui me concerne, je comprends bien la situation.

Sens de **être intéressé** (par quelque chose) :

- Yvette se sent concernée par ses nouveaux cours. (C'est **se sentir** ici qui est pronominal : Elle se sent bien, après son opération.)

ATTENTION : L'idée d'intérêt existe, mais *pas l'idée d'anxiété, de peur,* que l'on trouve dans *We are all concerned about nuclear technology* : La technologie nucléaire nous préoccupe tous.

2.000.000 : Les scientifiques n'ont aucune difficulté à se comprendre, le langage des mathématiques étant universel et le système métrique étant employé depuis des dizaines d'années par les ingénieurs de tous les pays. Il existe pourtant quelques différences essentielles de ponctuation et de signes. Par exemple :

- Deux millions s'écrit 2.000.000 ou 2 000 000 au lieu de 2,000,000.
- 2,4 s'écrit 2.4 en anglais.
- En France, un milliard est mille millions (1 000 000 000).
- Le chiffre **un** et le chiffre **sept** se font comme ceci : 1, 7.
- Le signe #, en français, signifie « très voisin de ». Par exemple, 114,96836 # 115.
- La division française se fait comme ceci :

$$
\begin{array}{r|l}
576 & 6 \\
\hline
36 & 96 \\
0 &
\end{array}
$$

(576 divisé par 6 égalent 96; *short division*)

Voici ce que l'on dit pour faire la division : Six ne va pas dans 5. On prend 57. Combien de fois (est-ce que) 6 va dans 57? 9 fois. 9 fois 6 (9 × 6) égalent = 54. 57 moins 54 (57 − 54), reste 3. J'abaisse le 6. Trente-six. Combien de fois 6 dans 36? 6 fois. 6 fois 6 font 36. 36 moins 36 égale zéro. Je pose le zéro.

Compréhension du vocabulaire des notes linguistiques

1. Donnez un synonyme de *maladroit*.
2. Expliquez le sens de *gauche* lorsque sa traduction est aussi « gauche », en anglais.
3. Expliquez le sens de *concerner* dans : C'est autour de Toulouse que se sont groupés toutes les industries, et les services qui *concernent* la construction aéronautique.

4. Faites une phrase où le sens français du verbe *concerner* est « as far as we are concerned ».

5. Dites d'une autre manière : *Il est concerné* par les nouvelles de la télé(vision).

Notes culturelles

l'argot scolaire habituel—les surveillants : Les surveillants sont en général des étudiants universitaires qui ont trouvé un travail de surveillance scolaire, pendant lequel ils espèrent pouvoir étudier pour passer un examen ou un concours. Ils sont peu payés et leur tâche est ingrate (*unattractive*). Dans les écoles, les étudiants du secondaire les appellent les pions (*the pawns*); mais, dans cet emploi, cela ne signifie pas les pièces d'un jeu d'échec (*a chess game*), mais un mot habituel du langage familier scolaire. Voici d'autres exemples de cet argot d'étudiants, ou d'abréviations habituelles, pour ceux que cela amuserait :

- le bahut : *the chest* (*furniture*); en argot : le lycée
- la colle : *the glue;* en argot : *detention, punishment*
- le provo : le proviseur
- le surgé : le surveillant-général
- le prof : le professeur
- la géo : la géographie
- les sciences nat : les sciences naturelles
- les manips : manipulations : *lab work*
- la gym : l'éducation physique en général
- bosser : travailler, étudier
- boulonner : travailler, étudier
- un problo : un problème
- une sèche : *a cheat note;* une cigarette
- une grosse tête = un type calé : quelqu'un qui en sait beaucoup
- planer (*to soar*) = nager (*to swim*) : ne pas comprendre une question
- accoucher (*to give birth*) = arriver = atterrir (*to land*) : trouver la réponse
- faire péter un cours = sécher une classe : ne pas y assister; *to cut*
- craquer : perdre le contrôle à un examen; *to crack up*
- se planter (à un examen) = queuter = rater (un examen) : échouer à un examen
- être vache : *to be tough* : Le prof de maths est drôlement vache (*real tough*)
- être minable = être un minus, un cancre (mot classique) : *to be a dunce*
- il est calé, elle est fortiche : ils en savent beaucoup sur un certain sujet

« Craquer » à un examen.

Ces expressions ne sont pas particulièrement choquantes, même pour des parents conservateurs.

la moyenne : C'est un nom qui est très utilisé en France, non seulement par les étudiants, puisqu'ils doivent tous l'obtenir, mais aussi, comme nous allons le voir, par les adultes.

　　Au moins jusqu'au bachot, la moyenne c'est donc 10 sur 20. Lorsqu'on n'a pas la moyenne, on redouble. Voici d'autres expressions contenant *moyen/moyenne,* adjectifs ou noms :

- Dans ce livre, nous allons voir de près le Français Moyen (voir chap. 8).
- Nous sommes allés de Paris à Lyon, dans notre Renault, et nous avons fait une moyenne de 95 kilomètres à l'heure (environ 60 *MPH*). Pas mal, hein?
- J'avais le choix entre trois dictionnaires. J'ai choisi le moyen.
- Il y a, en moyenne, trente accidents mortels chaque fin de semaine, en France.

ATTENTION : Le nom **le moyen** a aussi plusieurs sens :

- Pour lui, tous les moyens sont bons pour arriver au résultat.
- Les Durand ont *de très gros moyens* = ils sont riches.
- Quand on a une tâche compliquée, un travail difficile, il faut employer les grands moyens.

le baccalauréat : C'est un très vieux mot qui vient du latin *bacca lauri,* c'est-à-dire baie de laurier (*laurel berry* ou, en cuisine, *bay leaf*). Un lauréat est quelqu'un qui a gagné des « lauriers » (*laurels*). Nous savons que c'est l'examen que les futurs bacheliers passent à la fin de la terminale. Le baccalauréat, que l'on appelle familièrement **le bachot,** ou **le bac,** comprend deux jours d'épreuves écrites. Sans entrer dans les détails, voici les épreuves d'un examen du baccalauréat A (philo-lettres) que Françoise a passé (voir sujets, Appendice 1) :

- Le premier matin, une dissertation de philosophie de quatre heures.
- Le premier après-midi, trois heures de sciences.
- Le matin du deuxième jour, quatre heures de géométrie et d'algèbre.
- Le second après-midi, trois heures d'examens de langues : anglais première langue, latin ou allemand deuxième langue, par exemple.

Ceux qui n'ont pas la moyenne doivent repasser leur bac au mois de juin de l'année suivante. Les parents les mettent souvent dans ce que l'on appelle des *boîtes à bachot.* Boîte = *box,* mais ici, en argot boîte = *school or place of work.* Ce sont des écoles privées très strictes.

Le baccalauréat, devenu *bachillerato* en espagnol et *Habitur* en allemand, est tellement codifié que tous les bureaux d'équivalence de diplômes dans les universités américaines lui donnent l'équivalent de *sophomore standing.* Le contraire n'est pas toujours vrai. En effet, il existe souvent des différences considérables entre les *high-school diplomas* de divers états, ou de divers *school districts,* à l'intérieur d'un même état.

Voici, à titre de renseignements, la liste de toutes les options pour le bac, autre changement causé par les événements de mai 1968 :

- Bac A : philo-lettres (7 options)
- Bac B : sciences économiques et sociales
- Bac C : maths et sciences physiques
- Bac D : sciences naturelles
- Bac D' : sciences agronomiques et techniques
- Bac E : maths et sciences techniques
- Bac F : section industrielle (7 options)
- Bac G : section économique (3 options)
- Bac H : informatique : *computer science*
- Bac TI : bac de technicien

les événements de mai 1968 : La situation des universités françaises à cette époque était très délicate à cause du trop grand nombre d'étudiants, et des conditions très difficiles où se trouvaient ceux-ci pour suivre des cours dans des amphithéâtres archipleins. La bureaucratie considérable contribuait aussi au mécontentement général.

En mai 1968, un étudiant allemand extrémiste de gauche, Daniel

En France, les pharmacies servent de poste de premier secours (*first aid station*). C'est pour cela que le pharmacien, au centre du dessin, sourit parce qu'il va avoir beaucoup de travail, quand les étudiants et la police vont se battre.

Cohn-Bendit, surnommé Dany le Rouge parce qu'il était roux (*red-headed*), a poussé les étudiants parisiens à se révolter. C'est ce qu'ils ont fait, pendant presque deux mois.

Par sympathie, les ouvriers se sont aussi mis en grève, c'est-à-dire qu'ils ont arrêté le travail et occupé les usines telles que Renault, tout comme les étudiants avaient occupé la Sorbonne. Le mouvement s'est étendu à toute la France, à toutes les universités et écoles secondaires, et à toutes les fabriques et manufactures. La production de la France s'est complètement arrêtée, dans tous les secteurs, toutes les sortes de fabrication. Les transports, les postes, rien ne marchait. Les combats étaient journaliers, c'est-à-dire qu'ils avaient lieu tous les jours, entre la police et les manifestants étudiants. Les rues étaient barricadées et il n'y avait pas de circulation. Quand la police attaquait les barricades les étudiants lançaient des pavés (*paving stones*).

Depuis ce jour, il n'y a plus de pavés dans le Quartier latin (quartier de la première université d'Europe, fondée en 1253) parce qu'on les a tous enlevés, par précaution. La police répondait en envoyant des grenades lacrymogènes (*tear gas*) et en chargeant les manifestants avec leurs matraques (*clubs*). Il y a eu trois morts et des milliers de blessés avant que les grèves et les manifestations ne finissent, aussi bien dans les universités que dans les usines.

Dans les laboratoires des universités, les destructions ont été très importantes (voir p. 101). Les étudiants ont cependant obtenu gain de cause, c'est-à-dire qu'ils ont gagné des réformes considérables qui ont amélioré leurs conditions d'étude et de travail. Leurs revendications (ce qu'ils réclamaient, ce qu'ils voulaient obtenir), ils les ont en majeure partie obtenues. Cette révolution a coûté au pays 100 milliards de francs (*20 million dollars* de l'époque) ou toutes les réserves d'or dont la France disposait à cette époque.

Les événements ont pratiquement causé le départ du Président de Gaulle quand il a perdu un référendum, l'année suivante, en 1969. Au moment du référendum, le slogan de ses adversaires était : « Dix ans, ça suffit! »

Compréhension des notes culturelles

1. Expliquez ce qu'est un surveillant à un(e) ami(e) qui vous le demande.
2. *La moyenne* est un nom dont la signification est très importante pour beaucoup. Pourquoi est-elle vitale pour l'étudiant (et pour l'automobiliste) français?
3. Un(e) étudiant(e) pose des questions appropriées et un(e) autre explique en quoi consiste le baccalauréat (à quel âge on le passe, combien de temps il dure, les sujets examinés, etc.).
4. Expliquez la cause, l'importance et les résultats des événements de mai 68. Ne croyait-on pas que ces événements allaient se passer à Berkeley ou dans une autre université américaine? Expliquez les ressemblances avec le *Free Speech mouvement* aux États-Unis.

Situation / Dramatisation

1. (Deux participants) Vous êtes un(e) étudiant(e) de terminale qui vient de passer le bac. Vous parlez au téléphone à un(e) ami(e) de votre classe et vous expliquez ce que vous allez faire—si vous réussissez : vos projets; réaction des parents; etc.—si vous échouez : où vous étudierez l'année prochaîne; réaction des parents; etc.
2. (Deux participants) L'un(e) de vous vient de passer un été dans une université française; l'autre préfère rester dans une université américaine. Les deux vont comparer les deux systèmes, leurs avantages et leur inconvénients.
3. (Toute la classe peut y participer.) Quelle image de la France est-ce que son système éducatif donne? (Par exemple, les maternelles et universités gratuites, ou presque; la rigidité des programmes; les grandes différences de difficultés entre les baccalauréats, permettant, en principe, à tous de réussir.)

3
Gagner sa vie

Vocabulaire-Clé

gagner sa vie   *to earn a living*
ça y est (idiom)   *(it's) done!, that's it!*
un chômeur / demandeur d'emploi   *an unemployed person / job seeker*
remplir une demande d'emploi   *to fill out a job application*
un stagiaire   *a trainee*
présenter sa candidature   *to apply (for a job); to be a candidate*
les candidat(e)s retenu(e)s   *the selected candidates (lit., retained)*
faire la journée continue   *to work (i.e., 9 to 5:30, with a short lunch hour)*
la carrière   *career*
travailler plein temps / à temps plein/complet   *to work full time*
le travail à mi-temps / à temps partiel   *part-time work*
une grande entreprise   *a large firm*
les impôts ou impositions (sur les salaires) : *taxes (on salary to be paid by the employer)*
(s')ouvrir un compte en banque   *to open a bank account*
la caisse d'épargne   *state-run savings bank*
l'informatique   *data processing*
la feuille de paie   *paycheck data; here, paycheck*
cotiser   *to pay dues, or (here) to pay Social Security contributions*
le fisc = le bureau des impôts / taxes   *French IRS*
la retraite   *retirement*
appartenir à un syndicat / être syndiqué   *to belong to a union*
faire la grève   *to strike*

Pratique

Trouvez le mot qui correspond aux définitions.

1. Ne pas s'arrêter deux heures pour déjeuner, de midi à 2 heures.
2. L'établissement où on dépose l'argent qu'on a économisé.
3. Une personne qui apprend sa profession en travaillant dans une firme.
4. Quelqu'un qui est sans travail.
5. Ce sont les taxes sur le salaire que l'on paie à l'État.
6. S'arrêter de travailler pour des travailleurs qui ne sont pas contents.

Dans l'espace en blanc, mettez le mot correct.

7. Quand on cherche du travail, on _____ dans des firmes, en espérant être accepté.
8. Quelqu'un qui travaille quatre heures par jour a un emploi _____ .
9. À 60 ou 65 ans, on est heureux de prendre _____ .
10. _____ d'un diplomate l'oblige à vivre à l'étranger.
11. _____ offre souvent plus de possibilités d'emploi qu'une petite.
12. Même les étudiants doivent _____ à la Sécurité Sociale pour en avoir les avantages.

Nous voilà en juin, deux ans plus tard. Françoise a obtenu sa licence en linguistique. Elle est prête à faire face au marché du travail pour trouver un job. Au lieu d'être calme et heureuse d'avoir complété dix-sept années d'études, elle se sent angoissée parce que, comme la plupart d'entre nous, elle doit....

Gagner sa vie

Dans la chambre de Françoise, au mois de juillet. Il est dix heures du matin, le lendemain du jour où Françoise a obtenu son diplôme de linguistique. Madame Martin frappe à la porte de la chambre de Françoise.

(*Voix de Françoise*) Oui!... Entre...

MADAME MARTIN : Bonjour, Mademoiselle la licenciée! Je t'ai réveillée?

FRANÇOISE : Non, pas du tout, j'étais en train de réfléchir à mon avenir. J'ai beau me dire[1] que cette fois *ça y est*, que j'ai finalement terminé dix-sept ans d'études, je n'arrive pas à imaginer que je ne vais plus jamais avoir à étudier.

(*Madame Martin, pensant que la conversation va être longue, s'assied sur le bord du lit de Françoise, encore couchée.*)

[1] **avoir beau** (+ inf.) : *to . . . in vain.*

MADAME MARTIN : Tu sais que nous descendons dans le midi[2] dans deux semaines. Cette année, tu vas avoir de vraies vacances, n'est-ce pas?

FRANÇOISE : Oui, mais au lieu d'être rassurée d'avoir maintenant le diplôme que je voulais, je m'inquiète. Une licence, ça sert à quoi, dis-moi, à notre époque? Avec tous *les chômeurs* qu'il y a...

MADAME MARTIN : Allons, c'est seulement hier que tu l'as reçu, ce diplôme. Qu'est-ce qui te presse?[3] Tu as un logement, ici, chez nous, pour aussi longtemps que tu le désires. Tu es la seule à notre charge, et la seule qui soit encore chez nous. Nous ne sommes pas du tout désireux de te voir travailler immédiatement, ou de te voir partir d'ici.

FRANÇOISE : Je te remercie. Je m'en doute bien[4]... mais, malgré tout,[5] je veux absolument gagner ma vie le plus tôt possible, pour me prouver que je suis capable de le faire.

MADAME MARTIN : Je te comprends. C'est tout en ton honneur.[6] Mais nous pouvons en reparler après les vacances, tu ne crois pas?

FRANÇOISE : Écoute... Je ne suis pas certaine comment on s'y prend,[7] mais je suppose que la première chose à faire c'est de décider ce que l'on voudrait faire. Moi, je voudrais le faire immédiatement... sans attendre le retour de vacances. Après avoir décidé, je vais lire les petites annonces[8] et commencer à *remplir les demandes d'emploi*. Si je reçois une offre d'emploi, je passerai de meilleures vacances sachant que quelque chose m'attend au retour. Sinon, j'aurai la conscience tranquille d'avoir essayé. Qu'en dis-tu?

MADAME MARTIN : Ma chérie, j'admire ton raisonnement, et je suis sûre que ton père l'appréciera aussi. Nous avons de la chance d'avoir trois enfants qui, bien que très différents, ont tous les pieds bien sur terre.

FRANÇOISE : C'est parce que nos parents ont su bien nous élever!

Qu'est-ce que Françoise voudrait faire, au juste?[9] Voici ce qu'elle a écrit sur un papier, pour l'aider a répondre aux questions des employeurs éventuels :

[2]**descendre dans le midi :** *to go down to southern France.*

[3]**Qu'est-ce qui te presse? :** *What's your hurry?*

[4]**s'en douter (bien) :** *to be (well) aware of.*

[5]**malgré tout :** *in spite of everything.*

[6]**tout en ton honneur :** *very much to your credit.*

[7]**s'y prendre :** *to go about it.*

[8]**les petites annonces :** *classifieds, want-ads.*

[9]**au juste = exactement.**

Atouts[10]

- Possède[11] bien l'anglais, assez bien l'allemand.
- Créativité artistique et littéraire. Initiative.
- Faculté d'adaptation rapide à toute nouvelle situation.

Françoise, qui est essentiellement calme, modeste, mais sûre d'elle, sourit quand elle pense avoir mentionné tous les atouts dont elle est consciente. Elle oublie cependant son air ouvert, le fait qu'elle est belle et dynamique, et son sourire engageant. Est-ce que tout cela la mènera loin?

Voici la liste des possibilités qu'elle a établie. Toutes ont un point en commun : la nécessité de connaître des langues étrangères.

- Hôtesse de l'air?
- Traductrice* simultanée?
- *Stagiaire* dans l'administration hôtelière?
- Stagiaire pour une (compagnie) multinationale de publicité?
- Relations publiques pour une multinationale anglaise ou américaine?
- Continuer ses études pour obtenir un doctorat? NON, NON, NON!

Elle veut gagner sa vie *maintenant*. Après tout, Albert, son frère aîné, et Sophie, l'aînée des trois, ont eu le même problème et ont pris la même décision.

Les jours passent. Françoise a maintenant déposé un dossier dans une douzaine d'agences spécialisées. Elle a préparé un curriculum vitae en français (*résumé* en anglais). Elle a dit où et quand elle était née, donné tous les détails sur ses études, son éducation, sa spécialisation et ses aspirations, c'est-à-dire ce qu'elle désirerait faire comme travail. Elle n'a pas eu à écrire où elle avait déjà travaillé puisque c'était son premier emploi.

Elle a aussi *présenté sa candidature* dans huit entreprises, sociétés, compagnies et firmes où elle a une chance de trouver un emploi. Elle se sent peu douée[12] pour le commerce ou l'industrie. Son bagage universitaire[13] est limité. La linguistique, la sémantique, ne sont pas des clés qui ouvrent toutes les portes du marché du travail. Et pourtant, un lundi de juillet, elle a reçu dans le courrier[14] une lettre qui a transformé sa vie. Elle l'a ouverte le coeur battant.[15]

Comme on peut le voir, cette lettre vient d'une agence de publicité où Françoise avait fait une demande. Elle tenait la lettre à la main,

---

[10]**un atout :** *good points, credits; lit., a trump card.*

[11]**posséder :** *to possess;* ici, **bien connaître un sujet.**

[12]**doué :** *bright, gifted, made for.*

[13]**le bagage universitaire :** *university training;* **les bagages :** *luggage.*

[14]**le courrier :** *mail.*

[15]**le coeur battant :** *(with) heart pounding.*

pour son entrevue. Un des nombreux tests qu'on lui a demandés consistait à traduire les mots que le chef du personnel lui avait encerclés sur la lettre.

Il est ironique que le seul mot inconnu de Françoise ait été en français : « SARL ». On lui a expliqué que cela s'écrivait normalement S.A.R.L. et voulait dire « Société à responsabilité limitée ». Elle l'a traduit correctement par son équivalent, plus ou moins, une « *corporation* », en anglais (Faux amis, p. 260). Elle a même écrit, dessous, « Inc. ». Cela a plu à son examinateur.

Voici donc la lettre,* annotée par Françoise :

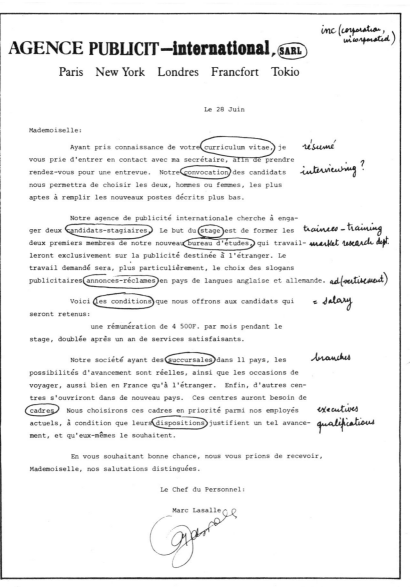

inc (corporation, incorporated)

AGENCE PUBLICIT—international, SARL

Paris   New York   Londres   Francfort   Tokio

Le 28 Juin

Mademoiselle:

Ayant pris connaissance de votre curriculum vitae, je *résumé*
vous prie d'entrer en contact avec ma secrétaire, afin de prendre
rendez-vous pour une entrevue. Notre convocation des candidats *interviewing ?*
nous permettra de choisir les deux, hommes ou femmes, les plus
aptes à remplir les nouveaux postes décrits plus bas.

Notre agence de publicité internationale cherche à enga-
ger deux candidats-stagiaires. Le but du stage est de former les *trainees – training*
deux premiers membres de notre nouveau bureau d'études, qui travail- *market research dept.*
leront exclusivement sur la publicité destinée à l'étranger. Le
travail demandé sera, plus particulièrement, le choix des slogans
publicitaires annonces-réclames en pays de langues anglaise et allemande. *ad(vertisement)*

Voici les conditions que nous offrons aux candidats qui *= salary*
seront retenus:
une rémunération de 4 500F. par mois pendant le
stage, doublée après un an de services satisfaisants.

Notre société ayant des succursales dans 11 pays, les *branches*
possibilités d'avancement sont réelles, ainsi que les occasions de
voyager, aussi bien en France qu'à l'étranger. Enfin, d'autres centres s'ouvriront dans de nouveau pays. Ces centres auront besoin de
cadres. Nous choisirons ces cadres en priorité parmi nos employés *executives*
actuels, à condition que leurs dispositions justifient un tel avance- *qualifications*
ment, et qu'eux-mêmes le souhaitent.

En vous souhaitant bonne chance, nous vous prions de recevoir,
Mademoiselle, nos salutations distinguées.

Le Chef du Personnel:

Marc Lasalle

(Chez les Martin, à midi, Monsieur Martin rentre avec le courrier)

MONSIEUR MARTIN : Françoise! J'ai une surprise pour toi!

FRANÇOISE : (Voyant la lettre) Oh! Une réponse? Vite... Fais voir![16] (Lisant rapidement) Oh chic![17] Regardez... une agence de publicité me demande de me présenter pour choisir deux candidats pour des postes à remplir. Mon Dieu! Finies, les vacances... si seulement j'étais acceptée!

MADAME MARTIN : Nous sommes ravis pour toi. Mais, tu sais... ce n'est qu'une première entrevue, sans garantie. Ne t'emballe pas![18] Enfin, c'est déjà quelque chose de positif.

MONSIEUR MARTIN : (Lisant la lettre) Je vois que l'anglais et l'allemand sont requis. Tu as donc ta chance. Et bien, bonne chance, ma fille!

FRANÇOISE : Je vais leur téléphoner tout de suite après déjeuner. Venez vite manger. C'est moi qui ai préparé le repas. Tu m'en diras des nouvelles,[19] Papa!

Pratique : Conversation

1. Annoncez une bonne nouvelle inattendue.
2. Montrez votre impatience et aussi votre joie en utilisant des exclamations idiomatiques.
3. Faites des phrases commençant avec « Si seulement... » Continuez avec « On m'acceptait pour ce travail... Il faisait beau ce week-end... J'avais fini mes études... » etc. Finissez les phrases avec imagination et sérieux.
4. Trouvez au moins trois occasions où vous employez : « Ne t'emballe pas! »
5. Employez « Tu m'en diras des nouvelles... » dans trois circonstances appropriées où vous annoncez une bonne surprise.

Douze jours plus tard... vous l'avez peut-être deviné[20] : Françoise est une des deux *candidates retenues* pour les deux emplois qui s'ouvrent, et c'est ce qu'une deuxième lettre lui annonce. Inutile de dire que Françoise est ravie de son succès, d'avoir été acceptée, de savoir qu'un gagne-pain[21] l'attend à son retour de vacances, en septembre. Son an-

---

[16]**Fais voir! :** *Let (me) see!*

[17]**Oh chic! = Bravo! :** exclamation de plaisir (*in this context, does not mean « fashionable »*).

[18]**s'emballer :** *to get excited; lit., to run away (a horse).*

[19]**Tu m'en diras des nouvelles :** *You're in for a treat.*

[20]**deviner :** *to guess.*

[21]**un gagne-pain :** *lit., bread-earning job; a job.*

goisse a disparu; sa confiance est revenue. Elle est fière d'avoir été choisie, fière d'être une des deux sélectionnées sur vingt-huit *demandeurs,* ou candidats présentés.

Les vacances ont été excellentes, le temps superbe, les lieux enchanteurs et l'esprit de Françoise tranquilisé par sa réussite. Une fois les vacances finies, Françoise, toute bronzée,[22] se présente à son travail. C'est un moment mémorable. L'agence de publicité se trouve au 11e étage d'un bâtiment moderne comme la firme elle-même. Du bureau, on a une belle vue sur la ville au-dessous. Il n'y a pas de coupure[23] pour le déjeûner, entre midi et deux heures, comme dans beaucoup de bureaux, de commerces et d'industries en France. Les étrangers sont surpris de trouver cette coupure encore fréquente qui ralentit la vie commerciale et industrielle.

Françoise *fait donc la journée continue.* Elle arrive au travail à 8h30 et en sort à 17h (voir p. 169). Elle prend environ trois quarts d'heure pour son repas de midi dans la cantine[24] de sa compagnie qui occupe trois étages du bâtiment. Elle n'observe pas d'horaire fixe[25] pour le déjeûner, ses heures de travail étant assez flexibles. Comme tous, elle aime bien prendre plusieurs pauses-café[26] dans la journée. Le métro-boulot-dodo* lui semble très supportable.[27] Elle trouve même son travail absorbant et ses journées passent vite. Dieu merci, sa nouvelle *carrière* lui plaît, même pendant son stage qui va bientôt finir, et pendant lequel elle apprend beaucoup. Elle dit toujours que si son travail était ennuyeux, elle ne pourrait pas le garder.

La Profession

Le mot général pour désigner le genre de travail que l'on fait est **la profession.** La carte d'identité que tous les Français doivent posséder montre le nom, le prénom, la date et le lieu de naissance, la profession et le domicile de l'individu. (Pour une liste des professions, voir Appendice 3, p. 265.)

---

[22]**bronzé :** *suntanned.*

[23]**la coupure :** break; *midday closing (of offices, factories).*

[24]**la cantine :** *cafeteria.*

[25]**un horaire fixe :** *fixed schedule.*

[26]**la pause-café :** *coffee break.*

[27]**supportable :** *bearable* (de **supporter :** *to bear*).

Vocabulaire utile sur le travail

- Un métier demande surtout un travail manuel.
- Un(e) apprenti(e) est une jeune personne qui apprend son métier.
- Un(e) patron(ne) est le propriétaire d'un commerce, ou le directeur d'un bureau.
- Un(e) dactylo(graphe) est un(e) employé(e) de bureau qui tape les lettres à la machine.
- Un atelier est un endroit où l'on fabrique, répare, ou transforme quelque chose. Il est petit ou moyen. Exemple : un atelier de réparation de télévisions.
- Une fabrique (de jouets, par exemple) est de dimension moyenne.
- Une usine* / une manufacture sont au contraire grandes ou très grandes.
- La boîte : familier pour l'endroit où l'on travaille.

En France, il y a peu de très *grandes entreprises*. Peut-être est-ce parce que *les impôts sur les salaires** sont très élevés (pour 1 000F de salaire, un patron paie presque 500F d'impôt pour chaque employé ou ouvrier).

Application du vocabulaire

1. Les _____ d'automobiles Peugeot sont dans l'est de la France.
2. _____ de réparation d'appareils de photo où travaille Étienne est petit, mais bien équipé.
3. On demande _____ qui tape 60 mots/minute à la machine.
4. Sa soeur vient d'avoir un bébé. Elle ne veut pas travailler plein temps; elle veut seulement un petit travail _____ .
5. Sophie a commencé comme _____ dans la firme de haute couture où elle a acquis la pratique du dessin de mode.

> Six mois plus tard, en février, le stage de Françoise est fini. Elle reçoit maintenant une rémunération* honorable. Comme elle vit encore chez ses parents, elle n'a pas les problèmes matériels qu'on a quand on vit seul dans un appartement, ou dans une maison à soi. Françoise sourit car elle vient de s'*ouvrir un compte en banque*, pour s'acheter ce qu'elle veut et payer par chèques.* Cela évite de se promener[28] avec de l'argent comptant*[29] sur soi, ce qui est toujours dangereux. Elle s'est aussi ouvert un compte à *la caisse d'épargne* (voir Notes culturelles, p. 173).
>
> Pour se rendre à[30] son travail et en revenir, elle prend le métro (voir p. 54). Le matin, elle lit le courrier qui la concerne. Elle a une entrevue journalière* avec son chef de service, un charmant garçon. Il

---

[28]**se promener :** *here, to walk around.*

[29]**l'argent comptant* :** *cash (money).*

[30]**se rendre à = aller à.**

Caisse d'épargne d'un quartier parisien. Remarquez le pourcentage d'intérêt à 8,5%.

lit, et approuve toujours, ce qu'elle a écrit la veille.[31] Pour l'anniversaire de son entrée dans la compagnie, il lui a donné des blocs de papier à lettres où était imprimé, en anglais : *From the desk of Françoise, copywriter.* Le travail de Françoise consiste à faire la composition publicitaire destinée aux pays de langues anglaise et allemande.

Quelquefois, elle rend visite au bureau *d'informatique* (voir p. 271) de sa firme, où elle laisse des listes de mots à classer. Pendant son stage, elle a appris à se servir d'une machine à copier du type Xérox et elle utilise souvent une calculatrice[32] de bureau.

Françoise compare quelquefois son travail avec celui de son frère Albert, et avec celui de sa soeur aînée, Sophie. Albert travaille comme arpenteur[33] pour un promoteur immobilier.[34] Lui, qui aime circuler à vélomoteur,[35] il est à son aise.[36] On lui rembourse ses déplacements au kilomètre.[37] Il établit des plans de terrain et, depuis deux ans déjà,

---

[31]**la veille = le jour avant.**

[32]**une calculatrice :** *calculator.*

[33]**un arpenteur :** *land surveyor.*

[34]**un promoteur immobilier :** *real estate developer.*

[35]**un vélomoteur :** *moped.*

[36]**(être) à son aise :** (*to feel*) *comfortable.*

[37]**rembourser les déplacements au km :** *to reimburse for mileage.*

a des responsabilités importantes dans sa firme. *Sa feuille de paie mensuelle** n'est pas merveilleuse, mais il est content parce qu'il aime travailler au grand air, à l'extérieur.

À cause de son talent, Sophie, l'aînée des trois, a été placée par son école d'arts appliqués chez un dessinateur de mode connu où maintenant, après cinq ans d'excellents résultats, elle a été nommée chef-styliste.

À vingt-six ans, Sophie a la grande responsabilité de superviser les dessins de la mode nouvelle pour la saison, d'interpréter les nouvelles tendances saisonnières de la haute couture. Elle a beaucoup de chic et son patron lui dit souvent qu'elle ira loin dans la mode.

Comme tous les salariés, les trois *cotisent* à la Sécurité Sociale, et paient leurs impôts au *fisc*... Françoise pour la première fois de sa vie. Elle a été très étonnée d'apprendre par Linda, sa correspondante, qu'aux États-Unis on prélève[38] les impôts du chèque de paie, car cela ne se fait pas en France. L'employeur cotise à égalité avec l'employé, et à la soixantaine, la Sécurité Sociale garantit *une retraite* qui représente 50 à 70% du salaire maximum.

Hi Linda,

Bien reçu ta lettre annonçant que UCLA t'avait engagée comme technicienne dans le département de biologie de l'hôpital. Congratulations! Moi aussi, j'ai eu de la chance et j'ai trouvé un emploi qui a l'air intéressant dans une agence de publicité internationale. I am very excited about it (comme tu dirais)! Dans ma dernière lettre, je te disais que tout salarié a le droit à cinq semaines de vacances en France. Je lis que tu n'en reviens pas.[39] Ne sois pas jalouse; après tout, tu as le beau soleil californien, et beaucoup de week-ends de trois jours, dis-tu, pour en profiter.

Tu m'écrivais que ton père ingénieur avait encore changé d'emploi. C'est difficile à concevoir, avec la mentalité française. Quand il s'agit[40] d'emploi ou de domicile, les Français en changent rarement. Mais, s'ils veulent améliorer leur situation sans changer de poste, ils suivent un recyclage[41] qui permet d'apprendre de nouvelles techniques, des méthodes plus modernes.

---

[38]**prélever :** *to withhold.*

[39]**ne pas en revenir** (toujours nég.) : *to be unable to get over something; to marvel at.*

[40]**il s'agit de :** *it's a matter of.*

[41]**le recyclage :** *in-service (re)training.*

Oui, nous avons aussi beaucoup de chômeurs ici. Mais il y a toujours ceux qui travaillent au noir,[42] et qui faussent les statistiques du chômage.

Je lis que, toi aussi, tu as passé de bonnes vacances, puisque tu n'as pas commencé ton travail avant la fin août. Parle-moi en details de ton voyage à Hawaii. Tu en as de la chance, ma vieille!

Je t'écrirai la prochaine lettre sur le papier de ma boîte (je veux dire de l'agence où je travaille). Explique-moi en quoi consiste ton travail de technicienne. Portes-tu une blouse (Faux amis, p. 260) blanche? Un uniforme? Ne me dis pas que tu mets des souris à mort! Écris vite.

Je t'embrasse. Your ecstatic friend,

Fran

Des trois enfants de la famille, Albert est le seul à *appartenir à un syndicat*. Une grande partie des travailleurs, et des employés *sont syndiqués*. En fait, il existe des groupements de défense pour toutes les professions, même celle de fermier. Les commerçants de petites et moyennes entreprises et les chefs des grandes entreprises ont aussi leur syndicat patronal. Les syndicats protégeant les intérêts des salariés sont surtout de gauche ou d'extrême gauche. Ils défendent les travailleurs en ce qui concerne les conditions de travail; sa durée—de trente-neuf heures par semaine, maintenant; un salaire minimum, le S.M.I.C. (salaire minimum industriel et commercial); même paie pour les femmes que pour les hommes, à travail égal.[43]

Le Conseil National du Patronat Français, le C.N.P.F., est un organisme qui correspond à l'*American Association of Manufacturers*, et protège les prix de vente, contrôle l'embauche et la débauche[44] (en temps de crise), les investissements, etc.—tous les problèmes des dirigeants d'entreprises.

Les contrats collectifs, version française du *collective bargaining*, représentent les accords entre syndicats et patronat. Quand ces accords cessent d'exister, il y a rupture et les ouvriers ou employés *font* (*la*) *grève*, qui peut durer quelques heures seulement ou plusieurs semaines.

---

[42]**travailler au noir :** *to moonlight.*

[43]**à travail égal :** *for equal work.*

[44]**l'embauche et la débauche :** *hiring and firing.*

Notes linguistiques

journalier / hebdomadaire / mensuel / annuel :

- Un voyage journalier est un voyage que l'on fait tous les jours. Journalier = quotidien.
- Un quotidien = un journal (*daily paper*).
- Un repos hebdomadaire est un repos que l'on prend chaque semaine.
- Un salaire mensuel est un salaire que l'on touche tous les mois.
- Les vacances annuelles, chères aux Français, sont les vacances que l'on prend chaque année.

métro-boulot-dodo : Le **métro**(politain) est le nom du système de trains souterrains. La France a installé des métros à Paris, Montréal, Mexico City, Santiago, Sao Paulo, Caracas, Le Caire, Tel Aviv (dans 36 villes de 23 pays). Les métros roulent sur des pneus (*tires*).

- Le **boulot** est le mot d'argot pour le travail.
- Le mot **dodo** vient du verbe **dormir.** En jargon d'enfants ou de parents parlant à leurs enfants, **le dodo** signifie « le sommeil ». Des milliers de fois, les parents disent à leurs enfants « Fais vite dodo, maintenant! », quand les enfants cherchent toutes les excuses du monde pour ne pas dormir. **Métro-boulot-dodo** est une formule pessimiste qui exprime la monotonie de la semaine de travail; pas de temps pour penser, pour s'exprimer. C'est la contrainte de la vie mécanique de robot que mène l'homme moderne.

Une « rame » de métro parisien (5 voitures, en général) sur pneu(matique)s, silencieux et confortables.

Station de métro du Louvre. Remarquez la statue égyptienne, à gauche. Les décorations rappellent que nous sommes près du musée.

La statue égyptienne à la station de métro du Louvre.

Entrée ou bouche de métro, à Paris.

traductrice—le masculin et le féminin des noms de professions : Le féminin des noms de professions obéit à des règles variées, comme le montre la liste des professions (voir Appendice 3, p. 265).

Il existe un certain nombre de noms de professions qui n'ont pas de féminin. À l'époque où ces noms sont entrés dans la langue, ces professions étaient probablement occupées uniquement par des hommes.

- le docteur
- le facteur (qui distribue les lettres)
- le juge
- le professeur

Par exemple, on écrit de la manière suivante à une femme docteur : Madame le Docteur Danielle Saut (cérémonieux)
Docteur Danielle Saut (normal)

Compréhension des notes linguistiques

1. « Time Magazine», aux États-Unis, et « l'Express », en France, sont des revues _____ . Elle paraissent toutes les _____ .
2. Mon père prend ses cinq semaines de vacances _____ du 1ᵉʳ juillet au 7 août.
3. Tu es payé tous les mois? Oui, je reçois mon chèque _____ le 1ᵉʳ de chaque mois.
4. On appelle un journal comme *Le Monde* (ou le *New York Times*) un _____ .
5. Quand Françoise était petite, sa mère lui disait toujours : « Dépêche-toi de _____ _____ ! Il est tard. »
6. Sophie prend tous les jours _____ pour aller travailler.
7. Un des mots d'argot pour le travail est _____ .
8. Qu'écririez-vous sur l'enveloppe d'une lettre adressée à Madame Louise Pascal, médecin de profession?
   (a) d'une manière cérémonieuse (Vous ne la connaissez pas.)
   (b) d'une manière normale (C'est une de vos amies.)

Notes culturelles

mademoiselle—règles épistolaires : Les Français suivent des règles assez strictes quand il s'agit d'écrire des lettres, quand il faut faire de la correspondance. Ces règles sont différentes de celles en vigueur (*in use*) aux États-Unis et justifient qu'on en parle ici. Commençons par l'enveloppe :

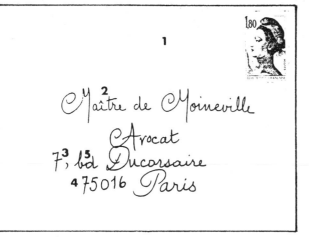

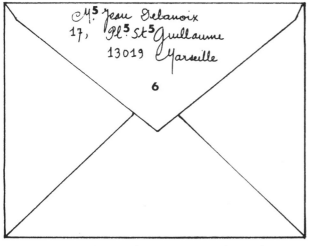

1 Les enveloppes françaises sont plus carrées que les américaines.

2 Il ne faut pas abréger (*abbreviate*) Monsieur, Madame, Mademoiselle ou Maître (pour un juge ou un avocat).

3 Après le numéro, de la rue, on place une virgule.

4 75016 est le Code Postal pour le département (Seine) par ordre alphabétique. 16 est le numéro de l'arrondissement de Paris.

5 Pour les abréviations, on n'utilise un point que si l'abréviation se termine par une lettre différente de celle qui termine le mot nonabrégé. Exemples: Madame = Mme Saint = St Boulevard = Bd mais: Monsieur = M. Avenue = Av. Place = Pl.

6 Le Français, aimant l'anonymité, ne met pas souvent son adresse de retour. Quand il la met, c'est au dos de l'enveloppe.

Pour la lettre elle-même, voici les règles :

- Lettre d'affaires : Monsieur; Madame; Mademoiselle. On met rarement **cher** devant. *On ne met jamais le nom de famille.*
- Lettre ordinaire : On met **cher (chère)** si on connait déjà la personne. *On ne met jamais le nom de famille.*
- Lettre amicale : Chère Andrée, Cher André, Chère amie, Cher ami.
- Pour la formule de politesse (*complimentary close*) les formules sont nombreuses et élaborées. Ex. : Je vous prie de recevoir, Madame la Directrice, l'expression de mes sentiments distingués (officiel ou poli); Je t'envoie mes pensées les plus amicales; Ton amie; Très sincèrement; Bien à toi, etc. (lettres amicales).

Quelques exemples de lettres

● Lettre d'affaires ou lettre officielle :

> *Monsieur (Madame, Mademoiselle, Monsieur le Directeur, Madame la Présidente, etc.)*

....
....
....

Veuillez recevoir, Monsieur, l'assurance de ma haute considération.

● Lettre ordinaire :

> *Mon cher collègue (Cher confrère, Chère Madame, etc.) (Personne que l'on connaît déjà)*

....
....
....

Recevez, cher collègue, l'expression de mes meilleurs sentiments.

● Lettre amicale :

> *Mon vieux Paul (Salut Suzanne, Bonjour les amis, Bonjour, tous, etc.)*

....
....
....

Reçois, mon vieux Paul, mes amitiés les plus sincères.

Quelqu'un qui a habité pendant longtemps dans les deux pays vous dira que les Français écrivent plus de lettres amicales que les Américains (et donnent moins de coups de téléphone). Par contre, ils ne sont jamais pressés pour répondre aux lettres d'affaires.

la rémunération—le salaire et tous ses synonymes : Napoléon reprochait aux Anglais d'être une nation de marchands (*shopkeepers*). Peut-être exprimait-il le fait que les Français sont gênés (*embarrassed*) quand ils parlent d'argent ou de commerce. *I'll buy you a drink!* devient « Je vous offre un verre! » en France. « Acheter » quelqu'un est une grave accusation pour la personne « achetée » et pour « l'acheteur ». Pour *He was bought off*, on dirait « On l'a acheté » (« Il s'est laissé acheter »).

Le Français prouve sa gêne pour les questions financières en utilisant dix-neuf noms différents pour indiquer une rémunération, suivant le métier ou la profession. Par exemple, on parle d'un cachet pour un artiste, d'honoraires (masc. pl.) pour un médecin et un avocat, et de la solde du soldat. Et il reste encore quinze noms! Peut-être est-ce aussi une manière de différencier les divers niveaux sociaux.

le franc : On remarque qu'il y a un espace en blanc ou un point pour séparer les chiffres par groupe de trois. En anglais on place une virgule (voir p. 37). Le dollar et le franc ont été établis à l'origine, à valeur égale, et divisés tous les deux en 100 centimes ou *cents*. À cause des guerres, des dévaluations, etc., le franc a perdu une grande partie de sa valeur. En 1958, un dollar valait 500 francs. Le président de Gaulle a décidé de couper deux zéros à toutes les sommes. Un franc ancien est donc devenu un centime nouveau (ou un franc nouveau = 100 anciens francs). Les Français ont mis longtemps à s'habituer aux nouveaux francs. Le franc (et le dollar) varient continuellement. Les extrêmes ont été de \$1 = 3,95F (en 1979, valeur maximale du franc) à \$1 = 8,25F (en 1983, après une deuxième dévaluation du franc).

les grandes usines d'automobiles : Avant la guerre de 1939, la France comptait des douzaines de marques de voitures. Certaines étaient très luxueuses et prestigieuses. Par exemple, Bugatti, Hispano-Suiza, Talbot, etc. Vers 1950, il n'en restait plus qu'une douzaine, et en 1980 plus que deux groupes de constructeurs.

Le premier groupe est celui de la *Régie Nationale des Usines Renault*. Son fondateur, Louis Renault, a commencé à construire des autos en 1898. En Europe, Renault est le plus grand constructeur et exportateur de voitures. C'est un monopole d'État, qui a des usines dans 16 pays du monde. Renault a acheté une partie des usines de camions américains Mac Trucks et la moitié d'American Motors. AMC fabrique des voitures « Alliance », de conception française et Renault vend des Jeeps.

Le groupe P.S.A. : Peugeot-Citroen-Talbot, est le deuxième. Peugeot a racheté Citroën, Chrysler-Angleterre, -Allemagne et -France, et fabrique des moteurs pour les voitures Chrysler-USA. Peugeot est une vieille entreprise familiale, comme Michelin, deuxième constructeur de pneus du monde. Peugeot fabrique aussi des vélomoteurs, des bicyclettes et des outils.

Une usine du nord de la France fabrique des moteurs Peugeot-Renault-Volvo. Depuis 1974, la France fabrique et exporte le plus grand nombre d'autos en Europe, avec 51% de sa production, soit environ 1 800 000 autos exportées, surtout vers l'Afrique. Peu sont importées aux États-Unis, environ 150 000 par an.

La Renault Fuego, Turbo ou pas Turbo?

La Peugeot 505, celui des deux modèles de Peugeot qui se vend le mieux aux États-Unis.

Voiture Citroën CX. C'est la plus luxeuse des voitures françaises, qui sont en général petites et sobres. Cette voiture vaut environ $15 000. Citroën est connu pour sa fabrication de voitures d'avant-garde. La suspension oléo-pneumatique (des « gros » modèles de Citroën) est la plus confortable de toutes les voitures (*self-leveling hydropneumatic suspension*).

l'argent comptant—les chèques : On dit : Je vais vous payer **comptant** ou **en argent comptant,** ou **en (argent) liquide** ou **en espèces.** Cela correspond à l'anglais, *to pay cash,* c'est-à-dire avec des billets de banque (*in bills*) ou des pièces (*in coins*).

Le contraire de payer comptant est **payer par chèques bancaires** ou **par chèques postaux.** (Pour chèques postaux, voir Notes culturelles, p. 171.) Comme les chèques et coutumes bancaires français sont très différents des américains, nous allons les examiner.

1. **B.P.F.** (Bon pour francs) indique la somme en chiffres (*numbers*).
2. **Payez contre ce chèque** (la somme de…) indique la somme à payer, mais en lettres.
3. **Non-endossable** signifie « cannot be endorsed » : on ne peut que le déposer. (Remarquez comment ces mots s'écrivent différemment en anglais et en français.)
4. **À** (l'ordre de) indique le destinataire (*the payee*). Remarquez qu'en France la somme s'écrit *avant* le déstinataire, contrairement aux habitudes américaines.
5. **À**… (ville où on fait le chèque); **le**… (date où on le fait)

Un chèque barré. Depuis quelques années, on n'utilise plus que cela.

6. L'identification du chèque, en bas, et l'identification du compte en banque sont faites pour le système d'ordinateurs Bull, système français différent du système américain.

7. Un chèque barré // signifie : pour dépôt seulement.

Voici quelques expressions concernant les chèques :

- **faire/signer** un chèque
- **déposer un chèque** à sa banque
- **toucher un chèque :** *to cash a check*
- **un chèque au porteur :** *to the bearer*
- **un chèque sans provision :** *with insufficient funds*

Les banques françaises sont accommodantes si l'on est à découvert (*with insufficient funds*) pour une petite somme. Il faut, bien sûr, être connu de la banque, et que cela n'arrive pas souvent. Dans ce cas, on n'est pas « puni » par une amende (*charge, penalty, fine*). Par contre, on est très sévère pour les chèques postaux sans provision, et on risque la prison.

Toutes les grandes banques françaises ont été nationalisées en 1981. Il est peu connu que plusieurs banques françaises sont parfois, suivant la valeur du franc, les premières du monde, temporairement devant la Bank of America. Les plus connues sont : la Banque Nationale de Paris, le Crédit Agricole, le Crédit Lyonnais.

Compréhension des notes culturelles

1. Adressez l'enveloppe d'une lettre au directeur de l'Automobile Club de Lyon, M. Lucien Ferrant, qui habite 112, avenue Molière, dans le 6e arrondissement de Lyon (dont le no. de département est 69).

2. Écrivez-lui une lettre lui demandant pourquoi vous n'avez pas encore recu votre carte de membre.

3. Expliquez pourquoi les Français ont dix-neuf synonymes de rémunération, en utilisant l'explication qui vous paraît la plus plausible.

4. Vous venez de passer l'été en France et vous avez gardé l'habitude de « penser » en francs. Vous voilà de retour aux États-Unis. Vous êtes dans un supermarché et comptez mentalement ce que vous pourriez acheter avec un billet de 50F, de 100F, de 500F. Dites combien de marchandise (en $) vous pouvez mettre dans votre charriot, dans les trois cas.

5. Nommez les deux plus grands constructeurs de voitures françaises et leurs accords avec des compagnies américaines.

6. Citez des différences importantes entre les habitudes françaises et américaines concernant les chèques et règles bancaires dans les deux pays.

7. Vous êtes « François » ou « Françoise » et vous écrivez une lettre de demande d'emploi.

8. Écrivez une courte lettre à un(e) ami(e) intime.

9. Écrivez à l'Hôtel du Grand Confort, situé dans le 6e arrondissement à Paris, au no. 6 de la rue Bonaparte. N'oubliez pas le nom du pays. Vous demandez que l'on vous retienne (réserve) une chambre. Donnez tous les détails (salle de bains, dates, etc.).

Situation / Dramatisation

1. Vous êtes des jeunes Français à la terrasse d'un café. En groupe, discutez des avantages et des inconvénients que Françoise aurait trouvés, si elle avait continué ses études pour obtenir son doctorat en linguistique (les débouchés (*openings*) étant aussi problématiques dans les deux pays).

2. Comme Françoise, faites une liste de professions éventuelles selon vos goûts (*according to your tastes*) et vos aptitudes. Dites pourquoi vous en éliminez.

3. Toujours à la terrasse d'un café, vous discutez des avantages et des inconvénients de la journée continue et du long déjeûner français (et de sa coupure de midi à 2 heures).

4. Parlez du chômage et du travail au noir, en France. Cette situation existe-t-elle aux États-Unis?

5. Trois d'entre vous vont jouer le rôle d'Albert, de Sophie et de Françoise qui déjeunent ensemble et parlent de leur travail.

6. Deux d'entre vous vont prendre la place de Linda et de Françoise et parler des vacances en France et aux États-Unis.

7. En groupe, toujours au café, vous discutez des avantages et des inconvénients de la mère-ménagère et de la mère qui travaille.

8. De nouveau, un groupe mixte franco-américain discute le pour et le contre de la Sécurité Sociale en France, des assurances médicales privées (aux U.S.), des impôts prélevés sur le chèque de paie, etc.

9. Vous êtes Françoise ou François. Vous arrivez dans une agence de publicité avec la lettre de Françoise, et vous avez une entrevue avec le directeur du personnel (un(e) autre étudiant (e)). À vous la parole!

4

Choisir une compagne / un compagnon

Vocabulaire-Clé

trouver l'âme soeur   lit., to find a soul sister; to find a soul mate

trouver chaussure à son pied   (the shoe that fits) : to find the right one

les sorties   going out, search for companionship, dating

faire la cour   to court

un(e) petit(e) ami(e)   boyfriend, girlfriend

draguer   acceptable slang for : to chase the opposite sex

la pilule   the pill

l'avortement   abortion

les fiançailles   engagement; **la bague de f—**   engagement ring

le voyage de noces   honeymoon (trip)

la lune de miel   honeymoon

le célibataire   bachelor; **la célibataire**   single (unmarried) woman

le trousseau   (old-fash.) linen and clothes provided by the bride

la dot   (old-fash.) dowry

le régime de la séparation de biens   separate property agreement

la demoiselle d'honneur   maid of honor

le garçon d'honneur   the best man

une alliance   wedding ring; an alliance

l'époux / l'épouse   spouse, m. & f.

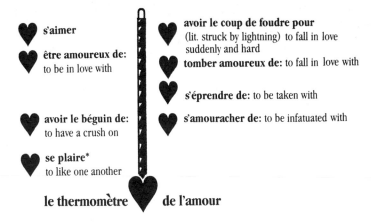

♥ s'aimer

♥ être amoureux de:
to be in love with

♥ avoir le béguin de:
to have a crush on

♥ se plaire*
to like one another

♥ avoir le coup de foudre pour
(lit. struck by lightning) to fall in love
suddenly and hard

♥ tomber amoureux de: to fall in love with

♥ s'éprendre de: to be taken with

♥ s'amouracher de: to be infatuated with

le thermomètre ♥ de l'amour

Pratique

Trouvez le mot qui correspond aux définitions.

1. Personne non-mariée.
2. Les jeunes mariés y partent pour être seuls dans une belle région.
3. Verbe familier qui signifie « chasser le sexe opposé ».
4. Ce que les époux se mettent l'un l'autre au doigt; symbole de l'union.
5. La personne la plus intime de chacun des époux. (2 réponses)
6. Un des équivalents de *boy/girl friend*. (2 réponses)
7. Expressions idiomatiques signifiant « trouver la compagne / le compagnon idéal(e) ». (2 réponses)

(*Sur le boulevard St.-Michel, quartier des étudiants*)

JEUNE HOMME (*marchant derrière une jeune fille*) : Bonjour!

LA JEUNE FILLE : (*Elle ne fait pas attention à lui.*)...

LUI : Allons, Mademoiselle, arrêtez-vous de me suivre comme ca!

ELLE : Tiens, c'est votre technique de faire rire?

LUI : Oui, mais ça ne « marche » pas bien en marchant. En métro, les résultats sont meilleurs... Vous êtes étudiante?

ELLE : Oui, pourquoi? J'ai l'air d'une touriste?

LUI : Non, mais...

ELLE : Je profite d'une heure sans cours pour me promener au lieu de déjeûner.

LUI : Alors faisons la pause. Voulez-vous prendre un verre avec moi?

ELLE : Donnez-moi encore cent mètres pour me décider. Généralement, je ne parle à personne dans la rue.

LUI : Mais nous sommes sur un boulevard!

ELLE : Vous êtes un rigolo, vous... Don Juan...

Allons, Mademoiselle! Arrêtez-vous de me... suivre comme ça!

À vingt-deux ans, Françoise est bien tournée.[1] Comme elle est grande, elle porte des souliers plats, sans talons. Elle s'habille d'une manière simple mais chic. Pour garder sa ligne, pour rester svelte, elle fait beaucoup de natation[2] à la piscine voisine. Pourtant, elle passe souvent les week-ends avec sa famille sans sortir le soir avec des jeunes gens de son âge. Ses parents s'en inquiètent[3] un peu et se demandent pourquoi Sophie, leur fille aînée, plus petite et plus boulotte[4] que Françoise, avait tant de succès auprès du[5] sexe masculin avant de se marier*. Il est difficile pour les parents de juger et de comparer deux filles, mais il leur semble que Françoise, celle des deux qui paraît avoir le plus de charme, est moins populaire auprès des garçons.

Voici la conversation de Monsieur et Madame Martin à ce sujet :

MONSIEUR MARTIN : Quand je pense que Françoise a vingt-deux ans et qu'elle sort si peu, je me demande pourquoi! Non pas que je me plaigne[6]... mais, c'est plutôt rare de nos jours, tu ne crois pas?

MADAME MARTIN : Oui, bien sûr. Personnellement, je suis enchantée d'avoir notre « petite dernière » avec nous presque tous les soirs.

[1]**être bien tournée :** *to have a good figure*; lit., *to be turned on a lathe.*

[2]**la natation :** *swimming*; **nager :** *to swim.*

[3]**s'inquiéter de :** *to worry about.*

[4]**boulotte :** *chubby, roly-poly.*

[5]**auprès de :** *with*; lit., *by the side of.*

[6]**non pas que je me plaigne :** *not that I (should) complain* (subjonctif); **se plaindre :** *to complain.*

Il me semble que ce qu'elle veut, dans la vie, c'est trouver, avant tout, une situation qui lui permette de voyager, de connaître des gens et des pays nouveaux. Il me semble que, pour elle, cela passe avant le mariage. Nous en avons parlé plusieurs fois, au cours des années, et je la comprends. C'est le temps, la vie, qui se chargeront de* lui trouver *l'âme soeur.*

MONSIEUR MARTIN : Je suppose... Elle a toujours l'air d'être heureuse. Mais, au fond,[7] elle est renfermée[8]... C'est l'inverse de Sophie, qui a eu beaucoup de liaisons passagères.[9] Enfin, un jour viendra où elle *trouvera bien chaussure à son pied.*

Le père ne croyait pas si bien dire.[10] Après un peu plus d'une année dans son agence de publicité, voilà Françoise qui commence à sortir avec un jeune homme de vingt-huit ans, son chef de service, dont elle disait toujours du bien à ses parents. Ils se plaisent* visiblement beaucoup, car le nom du jeune homme, Jean-Marie, revient de plus en plus dans la conversation familiale, autour de la table du dîner. Jean-Marie est venu dîner un soir; il a fait très bonne impression. « Il est très sympathique et possède d'excellentes manières » dit le père de Françoise. « Il est aussi beau garçon qu'intelligent, ce qui ne gâte rien[11] » ajoute sa mère. Voilà donc la famille bien prédisposée à accueillir[12] le nouveau venu. C'est une bonne chose.

Voilà maintenant plusieurs mois qu'ils sortent ensemble. Dans le pays des frères Lumière,* nous avons vu que le cinéma prend une place importante; nos deux jeunes y vont souvent ensemble. Françoise et Jean-Marie sont également allés faire du ski entre Noël et le Jour de l'An, prenant soin[13] d'être de retour chez eux pour les deux fêtes de famille. Leurs parents ont beaucoup apprécié ce geste. Jean-Marie a été invité à passer la journée de Noël en famille chez Françoise. Les parents respectifs ont eu la même idée, de s'envoyer des cartes de voeux[14]* pour le Nouvel An,* et de s'inviter réciproquement. Ils ont donc compris que Françoise et Jean-Marie ne s'étaient pas seulement *amourachés,* mais qu'ils étaient vraiment *amoureux* l'un de l'autre.

---

[7]**au fond :** *after all; lit., at the bottom.*

[8]**renfermé(e) :** *uncommunicative.*

[9]**une liaison passagère :** *a fling.*

[10]**il ne croyait pas si bien dire :** *he didn't know how right he was.*

[11]**ce qui ne gâte rien :** *which doesn't hurt anything.*

[12]**accueillir :** *to greet, to welcome.*

[13]**prendre soin de :** *to be careful to; to take care.*

[14]**une carte de voeux* :** *greeting card.*

Les Sorties

Les *sorties** garçons-filles, les relations entre les deux sexes, changent rapidement avec le temps. Voici, par exemple, un extrait de « Le Rouge et le Noir », grand roman du XIXe siècle, écrit par Stendahl en 1830. Nous pouvons voir la différence frappante[15] entre cette scène « timide » et une scène d'amour explicite dans un film contemporain. Nous trouvons très violente la réaction de la jeune femme, pour une « avance » aussi modeste.

(Un jeune précepteur, Julien Sorel, tombe amoureux de la maîtresse de maison, Mme de Rênal. En l'absence de M. de Rênal, il lui *fait la cour* d'une manière maintenant dépassée.[16] Il est tard et la nuit est tombée.) :

(Julien) étendit la main et prit celle de Mme de Rênal, qui la retira aussitôt. Julien, sans trop savoir ce qu'il faisait, la saisit de nouveau... on fit un dernier effort pour la lui ôter, mais enfin cette main lui resta... Son âme fut inondée de bonheur. Pour que Mme Derville ne s'aperçût de rien, il se crut obligé de parler; sa voix alors était éclatante et forte. Celle de Mme de Rênal, au contraire, trahissait[17] tant d'émotion que son amie la crut malade et lui proposa de rentrer... Mme de Rênal, qui se levait déjà, se rassit, en disant d'une voix mourante : —Je me sens, à la vérité, un peu malade, mais le grand air[18] me fera du bien...

Les Américains et les Français ont leur propres coutumes[19] dans le domaine des relations sentimentales.

À commencer par l'âge : les jeunes Français et Françaises atteignent[20] l'âge de la puberté nettement plus tardivement[21] que les Américains qui sont plus précoces quant à la maturité physique.

Ensuite, les écoles françaises ne sont pas toutes mixtes (garçons/filles) comme elles le sont aux États-Unis. Beaucoup le sont seulement à partir de la seconde, c'est-à-dire vers 15–16 ans. De plus, le travail scolaire, les devoirs et les leçons ne permettent pas beaucoup de sorties. Les « slumber parties » non seulement n'existent pas, en France, mais il n'y a même pas d'expressions pour traduire l'anglais. Enfin, les sorties coûtent cher. Le standing

---

[15]**frappant(e) :** *striking, lit. & fig.*

[16]**dépassé(e) :** *passé, old-fashioned;* **dépasser :** *to pass.*

[17]**trahir :** *to betray.*

[18]**le grand air :** *open air.*

[19]**la coutume :** *custom, mores.*

[20]**atteindre :** *to attain, to reach.*

[21]**nettement plus tardivement :** *considerably later.*

IDYLLE—*Ma soeur n'y est pas.*

de vie des Français et celui des Américains sont approximativement identiques, mais les jeunes Français reçoivent moins d'argent de poche[22] que
les jeunes Américains. Enfin, écoliers et étudiants ne travaillent pas, comme
aux États-Unis. Il n'y a ni des « paper routes » ni leur équivalent en français,
et pas de gazons à tondre,[23] dans l'Hexagone, pas d'autos à laver, peu de
baby sitting.

Il n'y a pas, non plus, de rencontres organisées pour que les jeunes
fassent connaissance.[24] À l'école, rien ne permet de trouver un(e) *petit(e)*
ami(e) dans des réunions telles que les danses ou les pièces de théâtre de
l'école, puisque les écoles, en France, nous l'avons vu, n'ont pratiquement
pas de vie sociale, pas de matchs ni de rencontres sportives. Écoliers ou
étudiants, les jeunes Français sont donc abandonnés à leur initiative personnelle, à un choix beaucoup plus limité de « partenaires » à *draguer.*

Entre seize et dix-huit ans, les jeunes Français aiment organiser des
parties, qu'ils appellent des (sur)boums, où l'on danse le rock, à la maison,
souvent sous la surveillance des parents concernés. Les rencontres dans les
cafés sont aussi une occasion de flirter, mais en général ce sont des groupes
qui se donnent rendez-vous. Oui, il arrive assez souvent aux jeunes de
boire, par exemple, de la bière dans les bistros. Pour des raisons de finances, d'esthétique, et peut-être même de moralité, on les voit rarement

[22]**l'argent de poche :** *pocket money, allowance.*

[23]**le gazon à tondre :** *the lawn to mow.*

[24]**fassent (faire) connaissance :** *to get acquainted.*

En France, il n'y a pas de gazons à tondre.

ivres.[25] Le fait de s'enivrer[25] en France, est plutôt considéré comme un « accident » et n'est pratiquement jamais « prémédité ». Les restrictions à la vente d'alcool ou de boissons alcoolisées aux mineurs existent aussi en France, mais ont rarement besoin d'être mises en vigueur;[26] les enfants peuvent acheter du vin dans un magasin. De plus, les jeunes, surtout les sportifs, préfèrent boire du Coca, des jus de fruits ou autres boissons non-alcoolisées.

Les autos sont moins importantes à l'âge scolaire, en France. Par contre, les motocyclettes et les vélomoteurs le sont beaucoup plus. Vers 16–18 ans, de très nombreux jeunes gens viennent à l'école en deux roues.[27] Si Jeanne *s'éprend de* Jean, il y a plus de chances que ce soit à cause de sa

---

[25]**s'enivrer = devenir ivre :** *to get drunk.*
[26]**être mis en vigueur :** *to be enforced.*
[27]**en deux roues :** *on bicycle / moped / motorcycle; on a two-wheeler.*

Le lycéen, la lycéene en « deux roues ».

personalité ou de son aspect physique qu'à cause de sa grosse moto Honda. Si Jean *a le béguin de* Jeanne, c'est probablement parce qu'elle est sympa(thique), tendre et caressante.[28] En fait, ces trois adjectifs sont probablement les premiers sur la liste des qualités les plus recherchées—chez les garçons aussi bien que chez les filles.

Si la mère américaine dit à sa fille : « *You are much too young to go steady* », la mère française donnera un conseil opposé à sa fille « Pourquoi prends-tu rendez-vous avec Jean? Je te croyais contente de sortir avec Paul! »

Les expressions *a blind date* ou *I'll fix you up with a date* sont des expressions inconcevables pour un esprit français, comme l'étaient les *drive-ins* de la période de *American Graffiti*.

La révolution sexuelle des années 60-70 affecte aussi les Français(es). *La pilule* s'obtient sur autorisation du médecin et ne nécessite pas l'auto-

---

[28]**sympa(thique), tendre, caressant :** *pleasant, sweet, affectionate.*

risation des parents. *L'avortement* (voir p. 139) et la pilule sont légaux et remboursés par la Sécurité Sociale. De nos jours, la pilule a un effet tranquilisant : elle procure une plus grande liberté à la femme qui, ainsi, n'a plus à s'inquiéter de tomber enceinte accidentellement.

Enfin, on peut observer qu'en France on se marie moins jeune qu'aux États-Unis. Très peu d'étudiants se marient, par exemple. Sauf de rares exceptions, les deux amoureux attendent d'être capables de subvenir[29] complètement à tous leurs besoins financiers, à toutes leurs obligations militaires, universitaires, etc., avant de se marier.

Compréhension du vocabulaire

Dans la liste de 13 mots ou expressions à droite trouvez les synonymes qui sont corrects pour chaque expression ou mot à gauche.

1. après tout	bien tournée
2. nager	faire de la natation
3. rencontrer des garçons ou filles	s'inquiéter
4. rester svelte	se plaindre
5. trop boire	garder sa ligne
6. une surprise-partie	au fond
7. exprimer le fait que l'on n'est pas content	renfermé(e)
	faire la cour
8. (une jeune fille) bien faite	s'aimer
9. flirter	sortir
10. se plaire beaucoup (pour un jeune homme et une jeune fille)	une surboum
	la coutume
	s'enivrer

Compréhension des idées

11. Pourquoi est-ce que M. Martin s'inquiète pour sa fille? Quelle explication est-ce que Madame Martin lui donne?

12. De qui Françoise est-elle tombée amoureuse? Est-ce unilatéral? Qu'en pensent les parents de Françoise?

13. Les relations entre Jean-Marie et Françoise sont-elles très différentes de celles de deux jeunes Américains? Commentez.

14. Comment est-ce que nos deux jeunes gens montrent leur attachement à leurs familles quand ils vont faire du ski, par exemple? Expliquez pourquoi leurs familles apprécient ce geste.

15. Que pensez-vous de la scène d'amour entre Julien Sorel et Mme de Rênal? Quels sont les éléments universels et ceux qui sont passés?

16. Citez plusieurs exemples dans le texte, montrant qu'il est plus facile aux jeunes Américains qu'aux Français d'avoir une vie sociale bien remplie.

[29]**subvenir à :** *to provide for.*

Françoise et Jean-Marie sont maintenant fiancés. Il est visible qu'*ils s'aiment*. Françoise n'a voulu ni *fiançailles* officielles, ni *bague de fiançailles*. Elle et Jean-Marie ont décidé que, au lieu de dépenser de fortes sommes pour ces deux « symboles conventionnels », ils préféreraient réserver leurs finances pour *un voyage de noces*, une merveilleuse *lune de miel* à Tahiti et Bora-Bora, dont l'exotisme les tente tous les deux.

Le fiancé passe de nombreuses soirées, et même des week-ends, avec Françoise; la plupart du temps, en présence de la famille de sa fiancée. Il dort dans l'ancienne chambre de Sophie, qui a été redécorée pour lui. Jean-Marie Duval invite aussi Françoise dans sa famille. Quelquefois, ils vont tous dans la maison de campagne, ou seconde résidence des Duval, où Françoise peut passer la nuit dans la chambre d'amis[30] de l'ancienne ferme, en pleine nature, dans un cadre[31] merveilleux.

Leurs rapports sont discrets, comme l'est l'attitude des deux familles. Leur intimité, leur « privacy », comme l'appelle Françoise qui aime montrer qu'elle possède bien la langue anglaise, est respectée de tous. Tous les deux travaillent dans une agence de publicité—la même—mais ils *ne font pas de publicité* pour les moments qu'ils passent ensemble.

Déjà les familles préparent la cérémonie du mariage. Tous sont d'accord pour une cérémonie modeste. Pas de « shower » pour Françoise; ce n'est pas la coutume en France. Seul Jean-Marie est invité dans un café avec ses camarades de travail hommes, pour célébrer l'enterrement de sa vie de garçon,[32] c'est-à-dire la fin de sa vie de *célibataire*.

Pas de grand banquet. Nos deux jeunes ont des goûts simples. Ce ne sont pas des marginaux,[33] mais ils n'attachent pas d'importance aux conventions de la grosse bourgeoisie.[34] Pas de *trousseau*, pas de *dot*. Cela ne se fait plus. Françoise et Jean-Marie établiront un contrat pour se marier sous *le régime de la séparation des biens*. C'est une habitude très courante[35] en France.

Sophie a aidé sa soeur à choisir un modèle de robe de mariée[36] parmi ceux qu'elle a dessinés elle-même. C'est une robe gris-pastel, en tissu[37] très léger : le mariage aura lieu début juillet. Jean-Marie, lui,

[30]**la chambre d'amis :** *guest room.*

[31]**le cadre :** *surrounding, atmosphere; lit., the frame.*

[32]**l'enterrement de la vie de garçon :** *the end of bachelor life.*

[33]**marginal/marginaux :** *nonconformist(s), in the margin of society.*

[34]**la grosse bourgeoisie :** *upper middle class.*

[35]**courant(e) :** *current, common.*

[36]**la robe de mariée :** *bridal gown.*

[37]**le tissu :** *material, cloth.*

portera un complet trois pièces mi-saison,[38] exactement de la même couleur grise, et il le mettra, plus tard, pour aller au bureau.

Françoise n'ayant qu'une soeur déjà mariée, a invité Linda, la Californienne célibataire, à être sa *demoiselle d'honneur.* Le jeune frère de Jean-Marie, qui est aussi célibataire, sera *le garçon d'honneur.* Comme leur nom l'indique, le garçon et la demoiselle d'honneur ne peuvent pas être de jeunes personnes mariées.

Le grand jour est arrivé! L'auto qui va emmener les jeunes mariés est propre comme un sou neuf,[39] ainsi que les autos des invités, bien sûr. Les résidences sont décorées de fleurs. Les familles sont sur leur trente-et-un.[40] Jean-Marie l'a vérifié plusieurs fois : il a bien les deux *alliances* dans sa poche de veste.

D'abord, il y a la cérémonie civile à la mairie de l'arrondissement[41] où habite Françoise. Ensuite, le mariage religieux à l'église proche de chez les Martin. Enfin, le *lunch,* où les invités sont seulement les familles directes de chacun des deux *époux,* oncles, tantes et cousins germains,[42] et aussi les amis intimes des deux jeunes mariés.

Françoise et Jean-Marie remettent à plus tard[43] l'examen des cadeaux de mariage déjà arrivés, car il en arrivera encore pendant plusieurs semaines. La réception terminée, la grosse Peugeot de M. Duval père les conduit à l'aéroport de Roissy. Linda les accompagne aussi à l'aéroport. Après le long voyage Los Angeles-Paris, elle fait tout pour rester le plus longtemps possible avec son amie qui s'appelle maintenant Madame Françoise Duval. Linda va reprendre l'avion pour Londres, où elle va passer quelques jours chez ses cousins anglais. La voiture du père de Jean-Marie est décorée de morceaux de tulle, aux poignées des portières,[44] à l'antenne radio, etc., comme c'est la coutume en France. Plusieurs autres voitures d'invités les suivent aussi, en klaxonnant[45] tout le long du parcours[46] jusqu'à l'aéroport, comme il se fait pour *une noce.* Il y a beaucoup de joie dans l'air et le champagne y est aussi pour quelque chose.[47]

Les jeunes mariés prennent un avion de l'U.T.A. (Union des Transports Aériens) qui les emmène d'abord à Papeete, où ils prendront un

---

[38]**le complet trois pièces mi-saison :** *light (between seasons) three-piece suit.*

[39]**propre comme un sou neuf :** *clean as a whistle (lit., as a new coin).*

[40]**être sur son trente-et-un :** *to be in one's Sunday best.*

[41]**l'arrondissement :** *section of a city; municipal subdivision.*

[42]**le cousin / la cousine germain(e) :** *first cousin.*

[43]**remettre à plus tard :** *to put off, delay, postpone.*

[44]**les poignées des portières :** *(car) door handles.*

[45]**klaxonner :** *to honk.*

[46]**le parcours :** *distance covered.*

[47]**y être pour quelque chose :** *to have (a lot) to do with.*

Mariage religieux.

plus petit avion pour Bora-Bora. En embrassant sa belle-fille[48] au moment de la séparation, M. Duval plaisante :[49] « Don't be bored in Bora-Bora! » pour calmer son émotion, et peut-être aussi montrer qu'il sait parler anglais.

Dix jours après, c'est le retour. Les jeunes époux vont venir habiter dans l'appartement familial de Françoise, jusqu'au moment où leur appartement, acheté sur plan[50] sera complètement terminé, dans un an environ. Il est situé dans la banlieue[51] ouest.

Il n'est pas rare que de jeunes époux habitent chez leurs parents ou beaux-parents. C'est un des moyens d'économiser assez d'argent pour pouvoir s'acheter son propre logement.[52]

S'il doit y avoir une « arrivée » chez le jeune couple, si la famille doit s'agrandir, la maman de Françoise pourra aider sa fille, chez elle, jusqu'au départ pour l'hôpital.

Et le cycle complet d'une génération sera fermé.

[48]**la belle-fille :** *daughter-in-law.*

[49]**plaisanter :** *to joke, pun.*

[50]**acheter sur plan :** *to buy before construction, in the blueprint stage.*

[51]**la banlieue :** *the suburb(s).*

[52]**le logement :** *housing, lodging.*

Compréhension du vocabulaire

Dans l'espace en blanc, mettez le mot correct.

1. Françoise et Jean-Marie désirent faire un merveilleux _____ à Tahiti et Bora-Bora.
2. Quelqu'un qui est _____ n'est pas marié.
3. C'est Sophie, la soeur de Françoise, qui lui a dessiné sa _____ .
4. On dit de quelqu'un qui est particulièrement bien habillé qu'il est _____ .
5. Pendant la cérémonie du mariage, le jeune marié présente l' _____ qu'il va placer à un doigt de la main gauche de sa femme, et elle va faire la même chose à son mari.
6. Il y a deux cérémonies du mariage : l'une _____ et l'autre _____ .
7. Le chemin que l'on fait pour aller quelque part s'appelle _____ .
8. C'est la région autour d'une ville qu'on appelle _____ .
9. Françoise et Jean-Marie ont acheté un appartement sans l'avoir vu. C'est ce que l'on appelle un appartement _____ .
10. Le mot général pour « l'endroit où l'on habite » est _____ .

Compréhension du texte

11. Expliquez pourquoi Françoise et Jean-Marie ne veulent pas de grand mariage. Est-ce rare? Est-ce universel? Êtes-vous d'accord?
12. Comparez la période qui va des fiançailles au mariage, en France et aux États-Unis, d'après le texte, et donnez votre opinion personnelle sur les coutumes des deux pays.
13. Que pensez-vous des jeunes mariés qui habitent chez leurs parents? Quels en sont les avantages? Les inconvénients?

Notes linguistiques

charger / se charger de : Le verbe (transitif) **charger** signifie le plus souvent : *to load*. Il a beaucoup d'autres sens et dérivés.

- Dans le port de Bordeaux, un cargo charge une cargaison de vins à destination de New York. (On reconnaît trois fois la même racine— un cargo : le bateau où l'on charge; la cargaison : ce que l'on charge.)
- L'autobus décharge ses passagers à l'arrêt de la Rue de Rivoli.
- Attention le révolver est chargé!

- Tu as chargé l'appareil photo avec un film noir et blanc ou couleur?
- La police arrête une voiture qui est surchargée.
- Maman m'a chargé de te rappeler que c'est l'anniversaire de Papa (*to ask to*).
- Un chargé d'affaires est un diplomate qui représente temporairement son pays (*a person commissioned to*).
- Le taureau charge le toréador avec la force d'une locomotive (*charges*).

Voyons maintenant le sens pronominal normal de « prendre la responsabilité de » :

- La vie se chargera de lui apprendre ses responsabilités. *Life will (automatically) teach him his responsibilities.*
- Si vous vous chargez de faire le repas, moi *je me chargerai du* dessert.

*plaire / se plaire : Se plaire est la forme pronominale du verbe **plaire,** qui signifie *to please,* et qui est souvent utilisé pour exprimer l'idée de *to like,* mais où la structure est différente. Exemples :

- Cette eau de cologne plaît aux dames.
- Le film m'a beaucoup plu.
- Passe-moi le beurre, s'il te plaît!

Le verbe pronominal **se plaire** peut être, soit réfléchi :

- Mes amis se plaisent beaucoup au Club Méditerranée. (Le Club leur plaît individuellement; chacun s'y trouve bien.)

soit réciproque :

- André et Janine se sont tellement plu qu'ils se sont mariés en quelques mois. (L'un a plu à l'autre, et vice-versa.)

Le français possède le verbe **aimer** pour exprimer ce que *to like* et *to love* expriment. Le français réserve en général le verbe pour un sentiment fort, celui de l'amour. Pour diminuer la force de ce sentiment, on emploie quelquefois la préposition **à** :

- Il aime à se promener, le soir, le long des quais de la Seine.

On emploie aussi l'adverbe **bien** que, contrairement à la normale, diminue le sens d'aimer :

- Elle aime bien nager.

On peut dire aussi, pour exprimer la même idée :

- Il lui plaît de nager (impersonnel). Nager lui plaît.

*se marier / marier / le mariage / la noce / les noces : Étudions les exemples suivants :

- Jean-Marie et Françoise se sont mariés au début Juillet.
- Françoise s'est mariée avec son chef de service direct.

Nous voyons que le verbe **se marier avec** est un verbe pronominal, réciproque dans le premier exemple, et réfléchi dans le deuxième. Les personnes de langue anglaise ont l'habitude d'employer le verbe transitivement en anglais et font souvent la faute en français :

Dans l'exemple: Le maire les marie un samedi matin, le verbe **marier,** transitif, signifie : unir deux personnes.

ATTENTION : Le verbe **épouser** est aussi transitif et a le même sens que : se marier avec.

● Francoise a épousé Jean-Marie un an après l'avoir rencontré.

Le mariage a le même sens dans les deux langues. On dit :

● Faire un mariage de raison, d'intérêt, d'amour.

La noce / les noces et le mariage sont presque synonymes. **Se marier** et **mariage** s'emploient aussi au sens figuré :

● Ces couleurs se marient bien : vont bien ensemble.
● On parle du mariage de ces deux compagnies.
● **Faire la noce** veut aussi dire : *to go on a spree, binge.*

Compréhension des notes linguistiques

Dans l'espace en blanc, mettez le mot correct.

1. Mon frère se _____ à critiquer tous ses amis.
2. L'alcool et l'automobile se _____ avec beaucoup de risques.
3. Je n'ai pas le temps de mettre cette lettre à la poste. Demande à ton frère de se _____ d'aller à la poste.
4. Veux-tu m'aider à _____ la voiture de nos affaires de camping?
5. Eric est très content de ses cours d'art dramatique. Le théâtre lui _____ .
6. Dans le film, le jeune homme _____ la jeune fille deux jours après l'avoir connue, au grand scandale du prêtre qui les marie.
7. Nous avons vu un film de Tarzan où les éléphants _____ les ennemis de « l'homme de la jungle ».
8. Mon père nous dit qu'il _____ bien sa nouvelle auto : elle est jolie, rapide et économique.

Notes culturelles

*les frères Lumière et le cinéma : Auguste et Louis Lumière, le premier, industriel fabriquant de matériel photographique, et le deuxième, chimiste, sont les inventeurs du cinématographe. Ils ont fabriqué la première caméra de cinéma et le premier projecteur cinématographique à Lyon en 1885. En français, une caméra est automatiquement une caméra de cinéma. Pour la photographie, inventée par Nicéphore Niepce (1837) et Louis Daguerre (1839), on dit un appareil photo(graphique), pas une caméra.

Position réputée la plus commode pour avoir un joli portrait au Daguerréo-type.
Dessin de Daumier, se moquant des photographes, qui demandent de « ne pas bouger ».

On doit aussi aux frères Lumière le premier film de cinéma, que l'on peut encore voir dans les archives de films de presque tous les pays. Une des séquences du film avait été filmée dans une gare, et montrait une locomotive qui s'avançait rapidement vers les spectateurs, dans la salle de projection. Les spectateurs étaient pris de panique, car le cinéma était considéré, à ses débuts, comme de la magie, et l'assistance pensait qu'elle allait être écrasée (*crushed*) par la locomotive.

Auguste Lumière est aussi un des inventeurs de la photo en couleurs pour appareils photographiques à plaques (*the old plate-type cameras*). Quelle coïncidence que le nom de famille de ces deux hommes soit Lumière!

Le public pensait qu'il allait être écrasé par la locomotive.

les cartes de voeux : Voici encore une coutume qui diffère de la coutume américaine des cartes de Noël envoyées quelquefois bien avant le 25 décembre. Les Français ont, en général, relativement peu adopté cette coutume. Ils envoient, en majorité, des cartes qui présentent les voeux pour la nouvelle année, et ils se donnent libéralement tout le mois de janvier pour les écrire. Les cartes sont de dimensions inférieures aux cartes américaines. Elles existent aussi sous une forme très légère pour envoyer par avion à l'étranger.

Quand on envoie des cartes de Noël, en France, se sont des cartes à sujet religieux, puisque le pays est à majorité catholique. Les cartes du Jour de l'An ont des illustrations qui rappellent le passage de l'an nouveau, ou représentent des scènes d'hiver et des paysages de neige. Les cartes de voeux ou de souhaits de l'UNESCO se vendent beaucoup.

*les coutumes de Noël et du nouvel an : Le Père Noël est l'équivalent de Santa Claus. L'arbre de Noël est de plus en plus populaire, grâce à l'influence américaine. Mais la crèche, c'est-à-dire la scène de la Nativité, avec l'Enfant Jésus, Marie, Joseph, les Rois Mages (*The Three Wise Men*), l'âne, la vache et les moutons, reste une coutume bien francaise. On place l'Enfant Jésus dans la crèche, en revenant de la messe de minuit. Les santons de Provence sont des petites figurines en plâtre, qui sont peintes de couleurs vives, et qui représentent les personnages de la crèche, plus ceux de la vie rurale provençale : le maire, la marchande de poissons, etc. Un des santons est le « simple d'esprit du village » qui porte le nom provençal de « le ravi ».

Il existe à Lyon, toutes les années pour Noël, une « crèche vivante » dans la chapelle de l'Hôtel Dieu, un des plus vieux hôpitaux du monde; Rabelais y était médecin au XVIe siècle. Des hommes et femmes sont volontaires pour jouer les personnages immobiles et, à minuit, pendant la messe, on amène un bébé mâle, le dernier né du service d'accouchement, que l'on pose dans une mangeoire sans danger pour le bébé, dans des conditions de chaleur et d'hygiène satisfaisantes. On demande à la maman la permission de lui enlever son enfant pour une ou deux heures, et elle est le plus souvent très fière de le permettre.

Au lieu de chaussettes pendues devant la cheminée, les jeunes Français y placent leurs souliers ou chaussures. C'est là que sont déposées les étrennes, ou cadeaux, de Noël. Cela se fait dans la nuit du 24 au 25, après la messe de minuit, où se rendent de très nombreux Français, même s'ils ne sont pas très croyants ou pratiquants. Ils viennent surtout entendre les beaux cantiques de Noël, souvent connus dans les deux pays, puisque plusieurs sont des chants français : « Noël Nouvelet », « Il est né le Divin Enfant » (*Now is Born the Divine Christ Child*), « Minuit Chrétien » (*O, Holy Night*), « La Marche des Rois » de Bizet, etc.

En rentrant de l'église, on fait un réveillon en famille : c'est le repas que la mère prépare avec amour. Il commence vers une heure du matin, et se termine fréquemment au lever du soleil. On sert la dinde de Noël (*Christmas turkey*), originaire d'Amérique du Nord, avec des châtaignes (*chestnuts*). Pour dessert, on apporte la bûche de Noël (*the yule log*) et des papillotes, c'est-à-dire des chocolats ou pâtes de

Cartes typiques de voeux du Nouvel An en France.

fruits enveloppés dans de jolis papiers multicolores. À l'intérieur du papier, il y a un pétard (*firecracker*) qui explose quand deux personnes tirent chacune un bout de l'enveloppe en papier.

Dans l'Hexagone, on célèbre aussi l'Épiphanie, que l'on appelle plus fréquemment le Jour des Rois, ou *la Fête des Rois*. C'est la « Twelfth Day of Christmas » de la chanson. On fête cette journée en famille, un dimanche de préférence. On « tire les Rois » de l'intérieur d'un gâteau rond, et coupé en morceaux, et on place une fève (*a bean*) dans un des morceaux. La maîtresse de maison s'arrange pour que l'enfant le plus jeune trouve la fève. En fait, on utilise une petite statue en porcelaine, ou un petit objet plutôt qu'une fève. On couronne alors le petit garçon ou la petite fille d'une couronne dorée, et ils deviennent roi ou reine pour la journée.

les sorties—les relations sentimentales et amoureuses entre jeunes gens : Nous avons déjà examiné un certain nombre de différences entre les sorties dans l'Hexagone et *dating* aux États-Unis.

Les notes qui suivent voudraient être très contemporaines, et essaient de souligner d'autres différences entre les deux pays et leurs coutumes respectives.

Si ce n'est pas ma dernière dent qui s'en va, c'est que j'ai la fève.

Jeune « reine » et sa couronne, pour l'Épiphanie.

Nous savons déjà qu'il y a peu d'occasions pour les jeunes Français de rençontrer des membres du sexe opposé à des réunions organisées (matchs de football : *soccer,* ou de rugby américain : *football,*
etc.). Les rencontres au hasard de la rue ou des voyages prennent donc
plus d'importance en France.

Si un jeune homme rencontre une jeune fille à la bibliothèque
publique, par exemple, et qu'il la trouve charmante, il essaiera de lui
parler. Jusqu'ici, rien de typiquement français. Si la jeune fille accepte
de converser, le jeune homme lui proposera probablement d'aller prendre
quelque chose au café voisin ou de se promener au parc d'à côté. Si
elle ne refuse pas et s'ils s'entendent bien (*if they get along well*) elle
lui donnera son prénom, seulement, mais pas son nom de famille, ni
son adresse, ni son numéro de téléphone. Comment se reverront-ils?
Elle lui dira probablement qu'elle vient à la bibliothèque tous les mardis
et il saura qu'il peut l'y retrouver le mardi suivant.

Bien sûr les choses vont souvent bien plus vite de nos jours, mais
voilà la manière dont se conduit une « jeune fille rangée », ce que l'on
appelle aux États-Unis « a nice girl », d'une manière ironique ou sin-
cère.

Nous savons aussi que les jeunes préfèrent un(e) partenaire affectueux(se), tendre et caressant(e). Les caresses sont probablement le premier signe d'intérêt, de tendresse. Les jeunes amis ou « copains » s'embrassent sur les deux joues, par amitié, comme ils se serrent la main, avant de se séparer. Les baisers sur la bouche viennent plus tard, en France, où ils sont réservés aux amoureux. Enfin, différence marquée entre les deux pays, les jeunes amoureux n'hésitent pas à s'embrasser en public, dans la rue, dans l'autobus, dans les cafés, etc. Le public ne proteste généralement pas.

Compréhension des notes culturelles

A. Compréhension du vocabulaire

Trouvez le ou les mots correspondant aux définitions.

1. C'est l'appareil qui sert à faire des films super 8mm ou 16mm.
2. On l'utilise pour faire des photos.
3. C'est une carte que l'on envoie pour Noël, pour le Jour de l'An ou pour un anniversaire.
4. C'est le synonyme de *cadeaux de Noël.*
5. Le nom désigne les chansons religieuses (que l'on chante, à Noël, par exemple).
6. C'est un gros oiseau, d'origine d'Amérique du Nord, que l'on sert à table pour Noël.
7. La plupart des familles ont ce banquet qui suit la messe de minuit.
8. L'autre fête familiale, douze jours après Noël; on y sert un gros gâteau rond.
9. C'est, depuis peu, le sport le plus joué dans le monde (le sport favori en Europe).
10. Nom général que l'on donne aux activités des jeunes gens pour se rencontrer.

B. Compréhension de la culture

11. Que pensez-vous de la manière dont les jeunes Français se rencontrent? Ces coutumes vous paraissent-elles curieuses? Expliquez, en utilisant des exemples pris dans les Notes culturelles.
12. Expliquez pourquoi les jeunes Français sont « abandonnés à leur initiative personnelle » à la différence des jeunes Américains. Quelles sont les occasions de rencontres publiques qu'ont ces derniers et qui n'existent pas dans l'Hexagone?
13. Est-ce dangereux, d'après vous, de permettre aux moins de 18 ans de boire en public, en France? Expliquez.
14. Quand vous vous marierez, voudriez-vous avoir un mariage simple ou un grand mariage? Donnez vos raisons, pour ou contre.

Situation / Dramatisation

1. Vous êtes des parents. Vous parlez de vos enfants et dites si vous êtes contents de les voir en employant des expressions comme *s'amouracher, tomber amoureux, avoir le coup de foudre, être amoureux* ou *avoir le béguin.* Justifiez votre satisfaction ou votre déplaisir concernant leur vie sentimentale, en montrant que vous comprenez les nuances entre ces variations sur le thème de l'amour.

2. Vous êtes deux parents, l'un français et l'autre américain. Donnez vos attitudes respectives au sujet des sorties de votre fille.

3. Deux d'entre vous vont jouer le rôle de Françoise et de Jean-Marie. Vous êtes fiancés et faites des plans pour votre mariage à venir : cérémonies; invitations; réceptions / lunch; etc.

4. Vous êtes un étudiant français dans la rue ou dans un lieu public. Vous draguez une jeune fille (étudiante). Que lui dites-vous? Où lui proposez-vous d'aller? Comment allez-vous la revoir? Que vous répond-elle? Vous entendez-vous bien? Soyez original.

5
Le troisième âge

Vocabulaire-Clé

le troisième âge   *retirement age*
décéder; le décès, la disparition, la perte : euphémismes pour **mourir; la mort**
l'enterrement   *burial*
les funérailles   *funeral*
les pompes funèbres   *mortuary*
l'héritage   *inheritance*
le/la défunt(e)   *the defunct, deceased* = **le/la disparu(e); disparaître** *disappear*
de son vivant   *while alive*
la messe des morts   *memorial services, funeral mass*
le fourgon mortuaire   *the hearse*
le cercueil   *coffin*
le cortège   *burial procession*
porter le grand deuil   *to wear full mourning clothes (black)*
la succession   *the estate*
la veuve / le veuf   *the widow(er)*
un(e) aïeul(e) = **le grand-père / la grand-mère; Bon-Papa / Bonne-Maman** (*familial*)
le vieillard (touj. masc.) = **la personne âgée** (touj. fém.); **le vieux / la vieille** (familier)
la ride   *the wrinkle*
avoir/garder toute sa tête   *to have/keep one's mind intact*
le grand âge, l'âge avancé, le « bel » âge   euphémismes pour **la vieillesse**

Pratique

Trouvez les synonymes de :

1. mourir
2. le disparu
3. l'âge avancé (plusieurs réponses)

4. la personne âgée
5. la grand-mère

Trouvez le mot ou l'expression qui correspond aux définitions.

6. Le véhicule qui emporte le mort au cimetière.
7. La suite de voiture qui accompagne ce véhicule.
8. On la prend à soixante ou soixante-cinq ans.
9. La cérémonie religieuse qui précède l'enterrement.
10. L'argent ou les propriétés que la personne qui vient de mourir laisse à sa famille.

Dans l'espace en blanc, mettez le mot correct.

11. Ce sont _____ qui s'occupent des formalités du décès : cercueil, enterrement.
12. Même mort, le Dr. Albert Schweitzer est très connu dans le monde entier. _____ , il était médecin, musicien et grand humanitaire.
13. Ma voisine a perdu son mari depuis longtemps. Elle est _____ depuis vingt ans.
14. Un des premiers signes de vieillesse est la présence de _____ sur le visage.
15. Dans certains pays, on s'habille complètement en noir après la mort d'un membre proche de la famille. On _____ pendant un an.

Denis, le dernier-né des Duval, est né un peu plus d'un an après le mariage de Françoise et de Jean-Marie. Dix-huit mois plus tard, le père de Françoise est mort des suites* d'un infarctus.[1] Il avait moins de soixante ans. Cette mort prématurée a beaucoup affecté les deux familles. Le pauvre homme *est décédé* quelques années avant sa retraite. C'était un vrai drame familial, que tous les problèmes matériels de *l'enterrement* ont rendu encore plus affligeant.[2] C'est triste, *les funérailles!*

Jean-Marie s'est beaucoup dépensé pour aider sa belle-mère dans toutes les tâches poignantes : déclaration de *décès* à la mairie, arrangements avec *les pompes funèbres* avec l'église et, plus tard, les formalités de *l'héritage* chez le notaire.

[1] **des suites d'un infarctus :** *following a heart attack.*
[2] **affligeant :** *afflicting, sad.*

Humour « noir » français sur l'homme d'affaires (*businessman*).

Une fois de plus, nous allons voir que, jusque dans les formalités du décès, les différences entre les États-Unis et l'Hexagone sont très marquées, mais la différence diminue, comme nous l'avons souvent vu. Le plus souvent, le corps du *défunt* reste dans la chambre qu'il occupait *de son vivant*. Les membres de la famille se relaient pour veiller[3] le corps jusqu'à l'enterrement. Il y a *une messe des morts* à l'église, puis *le fourgon mortuaire* emmène *le cercueil* au cimetière. Les voitures des amis et de la famille suivent le fourgon *en cortège*. L'enterrement est très dramatique et lugubre. À tour de rôle la famille et les amis jettent une poignée de terre[4] sur le cercueil.

Souvent, toute la famille se réunit le jour même pour un grand repas où l'on essaie de se consoler comme on peut, soit dans un restaurant, à la ville ou à la campagne, ou encore dans la maison du défunt. En France, on se réunit autour d'une table bien garnie de victuailles[5] et de bonne bouteilles[6] en toutes occasions, même pour celles qui sont tristes.

On *porte* de moins en moins *le grand deuil*, ou même un brassard[7] noir comme le faisait la génération précédente. On a remplacé tout cela par un morceau de crêpe noir que l'on coud au revers[8] gauche de la veste ou du manteau. On a compris que porter un complet noir ou une robe

[3]**se relayer / à tour de rôle :** *to take turns;* **veiller :** *to wake (to sit with body).*
[4]**une poignée de terre :** *a fistful, handful of earth.*
[5]**(une table) garnie de victuailles :** *laden with food, victuals (vittles).*
[6]**de bonnes bouteilles = des vins fins :** *good quality wine.*
[7]**le brassard :** *armband.*
[8]**coudre au revers :** *to sew on the lapel.*

● Remerciements

M. et Mme Lucien Bouvier ; M. et Mme Roger Bousseau ; Mme Vve Claude Bouvier, très touchés par les nombreuses marques de sympathie qui leur ont été témoignées lors du décès de

Mme Vve Yvonne BOUVIER

remercient très sincèrement toutes les personnes qui se sont associées à leur deuil, avec une attention particulière pour le docteur Fleury, l'infirmier de Saint-Jacob, et Liliane Lambert, ainsi que le personnel de la D.C.A.N. du Mourillon.

C'est la coutume, en France, de remercier ceux qui ont donné des marques de sympathie à la famille du disparu (remerciements). (D'un journal du sud de la France)

noire ne signifiait pas nécessairement que l'on montrait du respect ou du chagrin[9] pour *le ou la disparu*(e). On s'est rendu compte que la disparition d'un être cher ne se porte pas comme ce complet ou cette robe noirs, mais se porte plutôt dans le coeur et dans la mémoire.

En quelques mois, avec l'aide du notaire, et de Jean-Marie, la mère de Françoise a pu régler[10] la plupart des questions d'assurance-vie, de Sécurité Sociale, *de succession*, que la mort de son mari avait posées. C'est alors que[11] Françoise et Jean-Marie ont proposé à *la veuve* de venir habiter chez eux, dans leur appartement neuf de la banlieue Ouest.

(*Dans l'appartement des Duval, trois mois après la mort de M. Martin, père de Françoise. Françoise et Jean-Marie sont en train de dîner.*)

FRANÇOISE : Dis, chéri, est-ce que tu crois qu'on pourrait demander à Maman de venir habiter chez nous? Je sais bien que les belles-mères sont les belles-mères, mais vous vous entendez bien, Maman et toi. Est-ce que tu aurais peur que nous perdions un peu de notre liberté?

JEAN-MARIE : (*Il ne répond pas.*)

FRANÇOISE : Je sais bien que nous ne sommes plus des jeunes-mariés...

JEAN-MARIE : Mais si, voyons... nous nous entendons comme des jeunes mariés, allons. Je réfléchissais, simplement. Bien sûr qu'on peut lui demander, mais il n'est pas sûr qu'elle accepte. Tu la connais mieux que moi.

[9]**le chagrin :** *sadness, grief.*

[10]**régler (une question, une affaire, un problème) :** *to settle.*

[11]**c'est alors que... :** *it is at this moment that...*

FRANÇOISE : Tu as raison, elle ne veut jamais gêner[12] les autres. Mais si je lui dis que... si elle vient, cela me permettra de reprendre ma carrière, alors là, peut-être...

JEAN-MARIE : Bonne idée! En lui faisant comprendre que si elle habitait avec nous, elle pourrait s'occuper de Denis....

(*On sonne à la porte d'entrée.*)

FRANÇOISE : Je parie[13] que c'est elle. Elle aime bien venir au moment où on change le petit pour le mettre au lit. Je vais lui ouvrir. Tu lui demandes, toi... elle acceptera plus facilement, venant de ta part.

JEAN-MARIE : D'accord. Avec plaisir.

(*Françoise va ouvrir la porte. Mme Martin entre; baisers, bonjours, etc.*)

JEAN-MARIE : Dites, Maman, Françoise et moi voudrions vous demander si vous consentiriez à venir habiter chez nous...

MME MARTIN : Vous n'y pensez pas![14] Vous n'avez que faire[15] d'une triste veuve dans votre logis, vous les jeunes. J'ai mon « chez-moi ». Il est même trop grand pour moi...

FRANÇOISE : Mais Maman, si tu venais, je pourrais reprendre le travail. Si tu acceptais de t'occuper du petit. . .

MME MARTIN : Ah! C'est différent, ça! Vous savez bien que je ne veux pas qu'on ait pitié de moi. Si, pourtant, cela pouvait vous rendre service... Oui, mais cela voudrait dire qu'il faut vendre mon appartement. Tirer un trait sur[16] trente ans de vie. Enfin, je vais y réfléchir. Je suis touchée par votre offre. Et puis qui refuserait de s'occuper d'un aussi adorable petit-fils?

Madame Martin a fini par accepter. Un jour donné,* un camion de déménagement[17] est venu apporter tout ce qui pouvait *tenir* dans l'appartement des jeunes Duval, un F4.* C'est Denis qui est content! Il va avoir deux ans et il appelle déjà sa grand-mère « Mamie » (« Mémé » est un peu « dépassé »). Sa Mamie est heureuse de se sentir utile. La perte de son mari lui avait donné un coup de vieux.[18] Le fait de vivre

---

[12]**gêner :** *to bother, to hinder.*

[13]**parier que :** to bet.

[14]**vous n'y pensez pas! :** *don't even think about it, it's out of the question.*

[15]**n'avoir que faire de :** *to have little use for.*

[16]**tirer un trait sur :** *to mark the end of (a unit of time).*

[17]**un camion de déménagement :** *a moving van.*

[18]**(donner / prendre) un coup de vieux :** *to cause (someone) to age suddenly.*

à nouveau en famille, et d'avoir des responsabilités l'a rajeunie.[19] Elle avait besoin de se sentir entourée et active. « C'est l'activité qui m'a sauvée! » dit-elle.

Cela fait trois mois maintenant que Françoise a repris ses activités. À son agence tout va bien. Elle a même retrouvé le poste qu'elle avait avant la naissance. Jean-Marie est maintenant sous-directeur de la publicité à l'étranger. Il voyage de temps en temps, et travaille de longues heures. Quand les deux rentrent à la maison, ils trouvent le dîner prêt pour quatre, la table mise, et la maison en ordre.

Le petit Denis est calme et affectueux, et vit continuellement dans une ambiance familiale où il obtient toute l'attention dont il a besoin. Mamie s'occupe de Denis à la perfection. Pendant toute la journée elle est seule avec lui, puisque ses parents font la journée continue. Elle le promène au parc quand il fait beau, joue avec lui, le nourrit le matin et à midi. Françoise a beau lui dire : « Laisse le ménage, Maman. La femme de ménage vient trois fois par semaine... Si tu continues à lui faire son travail, elle n'aura plus rien à faire. Tu crois que tu n'en fais pas déjà assez? »

En France, les grands-parents vivent plus souvent sous le même toit, celui de leurs enfants et petits-enfants, qu'aux États-Unis. La tendance diminue, mais reste quand même importante.* Pourquoi pas! Les personnes du troisième âge doivent avoir l'occasion de montrer qu'elles sont encore capables, qu'elles peuvent encore conseiller et agir[20] sagement. En contrepartie, les gens âgés ont le droit de vieillir sans crainte, au milieu de leur famille.

La Retraite

Suivant la profession, la retraite a lieu entre soixante et soixante-cinq ans, dans l'Hexagone. Comme ailleurs, les retraités touchent leur chèque de retraite tous les mois; c'est une somme indexée sur le coût de la vie. Il existe peu de « villages de retraités », comme on les trouve (surtout) en Californie, en Floride et en Arizona. C'est peut-être parce qu'il y a une forte proportion *d'aïeuls* qui vivent sous le même toit que leur progéniture, que leurs descendants.

---

[19]**rajeunir :** *to rejuvenate, to become young again.*
[20]**conseiller et agir :** *to advise and to act.*

Parc public similaire à celui où la mère de Françoise emmène Denis
« prendre l'air ».

Étant donné qu'[21] il est facile de marcher dans les rues des villes, on
y trouve beaucoup de *vieillards*. Il existe bien des maisons de retraite, ou
asiles de vieillards,[22] mais on suppose que seuls les vieux qui sont séniles—
ou sans enfants—y sont envoyés.

Pour les vieux qui habitent seuls, la vie est plus fragile et moins heureuse. Leurs facultés sont diminuées.[23] Leurs ressources financières ne sont
pas aussi importantes* qu'avant. Les vieux comptent sur l'État* pour améliorer leur situation (Faux amis, p. 262).

Compréhension du vocabulaire

Trouvez le mot qui correspond aux définitions.

  1. Une maladie de coeur fréquente.
  2. Faire quelque chose, chacun à son tour. (2 réponses)
  3. Ce que l'on mange et ce que l'on boit à un banquet. (2 réponses)
  4. Synonyme de *la tristesse*.
  5. Idiome qui signifie plus ou moins : *to have no use for*.
  6. Marquer la fin de quelque chose qu'on voudrait oublier.
  7. Un gros véhicule qui transporte les meubles d'une famille qui change
     d'adresse.
  8. Verbe qui signifie : faire paraître plus jeune.
  9. Maison où l'on garde les personnes âgées. (2 réponses)
10. Le fait que, chez les vieillards, *les sens ne sont pas aussi bons qu'avant*.

[21]**étant donné que :** *considering the fact that.*
[22]**une maison de retraite / un asile de vieillards :** *a home for the elderly.*
[23]**les facultés sont diminuées :** *the faculties have diminished.*

Compréhension du texte

11. Quels sont les services que Jean-Marie a rendus à sa belle-mère peu après le décès de M. Martin?

12. Quelles sont les coutumes qui vous paraissent différentes pour les funérailles françaises? Qu'est-ce qui reste universel?

13. Pourquoi Mme Martin hésite-t-elle pour venir habiter chez Françoise et Jean-Marie? Est-ce une raison matérielle? Un scrupule? Les deux? Expliquez.

14. Pour quelles raisons est-ce que les jeunes Duval veulent que Mme Martin vienne vivre auprès d'eux? Expliquez le point de vue des Duval. Est-il altruiste, ou au contraire intéressé, calculé? Ou les deux?

On respecte encore assez volontiers *les rides* en France, bien que les personnes âgées se plaignent toujours du contraire. Les vieux sont souvent vénérés[24] pour leurs idées. Une personne âgée *garde* fréquemment *toute sa tête* très longtemps. De nombreux penseurs publient leurs découvertes ou leurs idées nouvelles après avoir atteint le troisième âge.

Voici quelques euphémismes utiles que l'on utilise pour les vieillards:

- Il (elle) est arrivé(e) à un *grand âge*, un *âge avancé*, un *bel* âge!
- C'est le doyen (la doyenne)[25] de la famille. Comme c'est beau!

Ces expressions ont encore leur mérite sur le vieux continent. Heureusement! Il faut bien compenser pour le poids[26] de l'âge. Il faut bien faire oublier que la vue baisse,[27] que les vieillards se sentent diminués par les rhumatismes, l'arthrite, la surdité,[28] etc.

La perte de mémoire est la perte la plus tragique : devenir sénile ou gâteux[29] est très triste pour les proches,[30] pour ceux que l'on aime.

(*Sur un banc, dans un jardin public*)

PREMIER VIEUX : Alors, cher ami, comment vont vos rhumatismes aujourd'hui?

DEUXIÈME VIEUX : Ça va, ça va! Il ne faut pas trop en demander. Mais tout change avec le temps qu'il fait. Quand il va pleuvoir, je souffre... Mais, dites-moi, comment vont vos enfants et petits-enfants?

---

[24]**vénéré :** *venerated, respected.*

[25]**le doyen / la doyenne :** *the senior member; also, the dean of a university.*

[26]**le poids :** *the weight.*

[27]**la vue baisse :** *the eyesight diminishes.*

[28]**la surdité :** *deafness.*

[29]**(être, devenir) gâteux = sénile.**

[30]**les proches = (ceux qui sont) proches, près de vous :** *close relatives.*

—Merci, vous aussi et bonne guérison pour votre extinction de voix!

Quand on ne peut plus parler (*laryngitis*) on dit qu'on a une extinction de voix; c'est le cas du pauvre monsieur. La guérison est le fait de guérir (*recovery*).

—N'oublie pas de prendre ton repas pendant les médicaments.

Parc derrière l'église de Saint-Germain-des-Prés, ou les personnes âgées aiment aller prendre le soleil (quand il y en a).

PREMIER VIEUX : Oh, la petite famille va bien... Enfin, ma belle-fille est tombée malade la semaine dernière, mais elle va mieux maintenant.

DEUXIÈME VIEUX : Ça ne vous coûte pas trop d'habiter seul, dites-moi?

PREMIER VIEUX : Ah, il est difficile de s'y faire,[31] de vivre sans ses enfants, et, maintenant, sans mes petits-enfants!

DEUXIÈME VIEUX : Je vous comprends très bien. J'ai beaucoup de chance, moi, de vivre au milieu des miens, d'être un « grand-père à domicile! »

Alphonse Daudet, auteur français de la fin du XIXe siècle, nous donne le meilleur et le plus universel portrait de vieillards que l'on puisse trouver, dans son conte « Les Vieux ». C'est lui-même qui raconte comment un de ses amis, Maurice, journaliste parisien, lui a demandé de rendre visite à ses grands-parents qui vivent dans un petit village de Provence, non loin du moulin à vent*[32] où il (Daudet) habite, en Provence aussi. Daudet arrive à la maison des vieux à l'heure de la sieste « sacrée » des Provençaux, et les réveille brusquement :

[31]**se faire à :** *to get used to.*

[32]**un moulin à vent :** *a windmill.*

Couple de personnes agées de la campagne, comme on peut s'imaginer les deux vieux d'Alphonse Daudet.

Bonjour, braves gens,[33] je suis l'ami de Maurice.

Oh! alors, si vous l'aviez vu, le pauvre vieux, si vous l'aviez vu venir vers moi les bras tendus, m'embrasser, me serrer les mains, courir égaré[34] dans la chambre en faisant :

—Mon Dieu! mon Dieu!...

Toutes les rides de son visage riaient. Il était rouge, il bégayait[35] :

—Ah! monsieur... ah! monsieur...

puis il allait vers le fond[36] en appelant :

—Mamette!

Une porte qui s'ouvre, un trot de souris[37] dans le couloir... c'était Mamette. Rien de joli comme cette petite vieille... Chose attendrissante![38] ils se ressemblaient... il aurait pu s'appeler Mamette lui aussi. Seulement la vraie Mamette avait dû* beaucoup pleurer dans sa vie, et elle était encore plus ridée que l'autre...

—C'est l'ami de Maurice...

---

[33]**braves gens!** : *good people!*

[34]**égaré** : *lost;* **égarer** : *to misplace.*

[35]**bégayer** : *to stutter.*

[36]**vers le fond (de la pièce)** : *toward the far end (of the room).*

[37]**un trot de souris** : *an ever so light step; lit., the gait of a mouse.*

[38]**attendrissant** : *moving, touching.*

Aussitôt *la voilà qui tremble,* qui pleure, perd son mouchoir, qui devient rouge, toute rouge, encore plus rouge que lui... Ces vieux! ça n'a qu'une goutte[39] de sang dans les veines, et à la moindre émotion elle leur saute au visage...

Le vieux se rapprochait pour me dire :

—Parlez plus fort... Elle a l'oreille un peu dure.[40] Et elle de son côté :

—Un peu plus haut, je vous prie!... Il n'entend pas très bien...

(*Après une bonne visite, Daudet est prêt à partir.*)

Le vieux s'était levé en même temps que moi.

—Mamette, mon habit!... Je veux le (Daudet) conduire jusqu'à la place...

—Tu ne rentreras pas trop tard, n'est-ce pas?

Et lui d'un petit air malin*[41] :

—Hé! Hé!... je ne sais pas... peut-être...

Il existe en France un nombre élevé de personnes âgées—plus de 7.000.000—de soixante-cinq ans ou au-dessus. Cette « masse » n'est pas temporaire : elle est liée à une plus grande durée moyenne de la vie humaine. Son importance relative vient du fait que, avant 1946, la France avait une faible natalité. En mai-juin 1940, la France a perdu presque 800.000 hommes, et près de 2.000.000 de prisonniers de guerre sont restés en Allemagne jusqu'en 1945. L'année suivante a commencé une période de très forte natalité. Les Français, humiliés et choqués par la défaite, ont eu de nombreux enfants pour contribuer à repeupler[42] une nation qui avait perdu presque 5.000.000 d'hommes entre 1914–18 et 1939–45. « Si la France était forte, peut-être ne serait-elle pas envahie tous les vingt ans! » pensait-on à l'époque.

En France,

$$\text{l'année} \begin{cases} 1896 \\ 1946 \text{ il y avait} \\ 1982 \end{cases} \begin{cases} 40.300.000 \\ 40.300.000 \\ 54.000.000 \end{cases} \text{d'habitants,}$$

ou $\dfrac{\text{Aucune augmentation en 50 ans}}{\text{13,7 millions de *plus* en 36 ans}}$

Les sondages d'opinion[43] montrent que, maintenant, la France considère l'Allemagne comme sa meilleure amie et cliente, non seulement dans

---

[39]**une goutte :** *a drop.*

[40]**avoir l'oreille dure / être dur d'oreille = ne pas bien entendre.**

[41]**d'un petit air malin :** *with a mischievous attitude.*

[42]**repeupler :** *to repopulate (i.e., a country).*

[43]**les sondages d'opinion :** *polls, (nationwide) statistical survey.*

le *Marché commun*,* mais dans le monde. La paix règne entre les deux nations voisines depuis bientôt quarante ans. On a remarqué, parallèlement, que cette natalité a baissé considérablement pendant les années 70. Il n'y a cependant rien, en France, qui corresponde au mouvement « zero population growth ».

> Vieillir, ce n'est pas ce que l'on croit. Somme toute,[44] on garde les mêmes plaisirs, et souvent plus vifs.[45] On devient plus libre, on réfléchit mieux (*du moins*[46] on l'imagine).
>
> (Jean Paulhan, préface à
> B. Groethmysen, « Mythes et
> Portraits », 1947)

SI JEUNESSE SAVAIT!   SI VIEILLESSE POUVAIT!

Les Universités du troisième âge

En France, il existe trente-huit universités du troisième âge. On les a fondées « pour se tenir au courant de l'évolution d'un monde que les retraités ont contribué à créer ». Pour beaucoup, c'est une question de dignité : ces retraités ne veulent être exclus ni de la nouvelle culture, ni de l'économie du pays, ni de la société, et encore moins de leur entourage.[47] Les « étudiants du troisième âge » font ce que l'on appelle un bilan de santé.[48] L'action multiple, pour élever la qualité de leur santé, comprend :

- des séances d'entretien physique, en salle de gymnastique.
- des séances de yoga.
- des promenades-oxygénation.
- des exercices sportifs tels que la natation.
- des séances d'éducation sanitaire (maladies du troisième âge—plus spécialement pulmonaires, diététiques, etc.).
- des activités socio-culturelles (conférences, films, visites organisées—d'usines, par exemple—expositions artistiques, etc.).
- des activités nouvelles au service de la collectivité (aide aux services sociaux, culturels, bibliothèques, etc.).

C'est le rôle de l'homme—et de la femme, bien sûr—qui est reconsidéré par cette initiative des universités du troisième âge. Nous avons compris qu'il ne s'agissait pas vraiment d'universités, au sens exact du mot, mais de lieux où les personnes âgées puissent se sentir reconnues, se trouver

---

[44]**somme toute :** *to sum it all up, all in all.*

[45]**vif/vive :** *acute, sharp, lively.*

[46]**du moins :** *at least.*

[47]**l'entourage :** *circle of friends, relatives.*

[48]**un bilan de santé :** *health evaluation;* **bilan :** *balance sheet.*

par groupes de personnes avec des problèmes similaires, et surtout apprendre à survivre d'une manière digne et aussi heureuse que possible. Le but[49] de ces activités est d'alléger le coût[50] de la vieillesse pour la société, et d'améliorer *la qualité de la vie*. Au gouvernement français, il existe un Secrétaire d'État à la Solidarité Nationale, chargé des personnes âgées.

Dans cette première section, nous avons suivi Françoise depuis sa naissance jusqu'à maintenant, encore jeune mais mûre, continuant encore à acquérir la sagesse qui vient avec les expériences normales de la vie : l'éducation, l'amour, la maternité, la perte d'un père. Elle s'est servie de ces joies, de ces peines, de ces leçons pour essayer d'améliorer la qualité de sa vie et de la vie de ceux qui l'entourent, pour *vivre* et en faire un art.

Compréhension du vocabulaire

Dans l'espace en blanc, mettez le mot correct.

1. Dans une famille, la personne la plus âgée s'appelle le ou la _____.
2. *To be deaf* se traduit en français par _____ . (2 réponses possibles)
3. Quand un parent ou un ami meurt on a beaucoup de _____ .
4. *S'habituer à* est un synonyme de _____ .
5. Alphonse Daudet habitait dans un _____ .
6. Perdre quelque chose (temporairement) se dit aussi _____ .
7. Quand une nation a perdu beaucoup de ses fils, à la guerre, il est normal qu'elle désire se _____ .
8. Les politiciens comptent sur les _____ pour connaître leurs chances pendant leur campagne électorale.
9. On appelle _____ les gens qui vivent autour de vous.
10. Le résultat que l'on veut obtenir s'appelle _____ . Les footballers (*soccer players*) européens l'appellent *goal*. C'est donc un mot qui a les mêmes sens, propre et figuré, en anglais et en français.

Compréhension du texte

1. A votre âge, que pensez-vous de l'utilité des personnes âgées dans la société?
2. Faites le portrait physique et mental des deux « vieux » de Daudet. Comment marchent-ils, parlent-ils, etc.

---

[49]**le but :** *the goal,* **au sens propre et au sens figuré.**

[50]**alléger le coût :** *to reduce the cost;* **alléger = rendre plus léger.**

3. Quels commentaires pouvez-vous faire, en regardant les statistiques sur la population de la France (p. 97) entre 1896 et 1982?

4. Pouvez-vous expliquez le proverbe : « Si jeunesse savait! Si vieillesse pouvait! »?

5. Quelle conclusion pouvez-vous tirer sur le rôle que le gouvernement français joue concernant les personnes âgées? (retraite, soins, occupations, etc.).

Notes linguistiques

(il est mort) des suites de / suite / suivre / se suivre : Le nom féminin **suite** et le verbe **suivre** ont de nombreux emplois :

- Il est mort des suites de son opération = à cause des complications.
- Elle a de la suite dans les idées = elle a une attention continue.
- Paul a pris la suite de son père = a succédé à son père.
- La suite au prochain numéro = le reste (de l'histoire, du film, etc.)
- Ce film nous montre des vignettes sans suite = incohérentes.
- C'est à toi de jouer, et puis à moi, à toi, à moi, et ainsi de suite = on continue comme cela.

Le verbe **suivre** signifie *to follow, to shadow, to accompany, to continue, to take* (a class), *to forward* (avec **faire**).

- Suivez-moi, s'il vous plaît!
- Est-ce que tu suis les mêmes cours que moi?
- (Sur une lettre) *Faire suivre, S.V.P. : Please forward.*

La version pronominale du verbe **se suivre,** veut dire : **se succéder, venir l'un après l'autre :**

- Les jours se suivent mais ne se ressemblent pas = *There's something new every day.* (*Literally, the days come after each other, but do not resemble each other.*)

un jour donné : Les fautes d'interférence de la langue natale sur la (ou les) langue(s) étrangère(s) que l'on apprend sont très fréquentes. On les trouve particulièrement dans les traductions de prépositions. Par exemple, on dit ordinairement en français :

Hier, j'ai vu un excellent programme **à** la télé.

Mais souvent une personne de langue anglaise dit :

J'ai vu… s̶u̶r̶ la télévision.

La faute d'interférence est causée par le fait qu'en anglais on dit *on television.* Un anglophone va donc traduire littéralement. Il est évident que c'est incorrect. **Sur la télévision** signifierait l'endroit où l'on place le programme de télévision de la semaine : *on top of.*

En français, on utilise rarement une préposition pour indiquer certaines notions de temps. Par exemple :

- Un jour donné = *On a certain day.*
- Ils se rencontrent **le** lundi pour jouer au tennis (tous les lundis).
- Ils se rencontrent **ce** lundi soir (en particulier).

important : Nous avons vu que le mot **important** revient souvent dans le vocabulaire français. C'est parce que le mot a souvent des nuances assez différentes du sens qu'on lui connaît et qui est le même en anglais et en français.

- Il existe une différence importante entre *savoir* et *connaitre.*
- Il existe une différence d'importance entre *savoir* et *connaitre.*
- L'Égypte a passé à la France une commande importante d'hélicoptères (*a sizable order*).
- L'autobus a un retard important (*a considerable delay*).
- Le film *La Grande Illusion,* de Jean Renoir, est un film important (*a significant movie*).

le devoir / devoir / dû : Le nom **devoir,** le verbe **devoir** et toutes ses formes ont de nombreux sens :

(a) **Avoir une obligation morale :**
- On doit le respect aux personnes âgées.
- C'est le devoir du citoyen de voter à toutes les élections.
- Qu'est-ce qu'on a comme devoirs en math? (*homework, fréquemment au pluriel*).

(b) **Avoir une dette, d'argent ou de gratitude :**
- Ils me doivent 100F.
- Je lui dois beaucoup : c'est lui qui m'a appris à travailler.

(c) **On s'attend à :**
- Elle doit venir me rendre visite : *she is supposed to come visit me.*

(d) **Faire une suggestion** (au conditionnel présent) :
- Tu devrais ne plus fumer!

(e) **Faire un reproche** (au conditionnel passé) :
- Vous auriez dû me prévenir.

(f) **Il est très probable que :**
- Elle a dû aller à la plage : elle a un coup de soleil (*sunburn*).

(g) **Obligation, nécessité** (au passé composé) :
- J'ai dû rentrer : il pleuvait fort.

Le nom **devoir** a quelquefois un sens spécial :

- Je viens de présenter mon devoir au directeur (*to pay my respects*).

Enfin, la forme réfléchie, **se devoir de** veut dire **être moralement tenu, obligé :**

- Tu te dois de donner l'exemple, puisque tu es l'aînée (la plus vieille).

Compréhension des notes linguistiques

Utilisez le vocabulaire des notes linguistiques pour exprimer d'une autre manière ce qui est en italique.

1. Voilà en quoi consiste votre travail, pour le moment. *Après,* je vous expliquerai une méthode plus rapide, mais plus difficile.
2. Mon frère *était supposé* me prêter sa voiture, mais il n'y a plus pensé.
3. Dans cette pièce, je joue *un petit rôle.*
4. *Il faudrait* faire réparer ta moto(cyclette).
5. Est-ce que *tu as* des cours de danse cette année?
6. *Il aurait fallu* acheter nos billets à l'avance : tout est vendu!
7. M. Martin est mort *des complications* d'un infarctus.
8. Il faut *envoyer* son courrier à *sa nouvelle adresse.*

Notes culturelles

un F4 : Près de 65% des Français sont co-propriétaires (*condominium owners*), c'est-à-dire qu'ils habitent dans un immeuble avec d'autres co-propriétaires. Ils partagent les charges communes. Un appartement peut aussi se louer. À vendre ou à louer, il est en général moins cher en France qu'aux États-Unis, excepté à Paris et le long de la Méditerranée.

La lettre *F* indique un logement *familial* (opposé à *commercial*). Le 4 indique qu'il a quatre chambres à coucher. On ne compte pas les pièces où l'eau arrive, comme la cuisine ou la salle d'eau (salle de bains).

Les appartements vendus sur plans sont moins chers que ceux qui sont déjà construits et que l'on peut visiter. Il y a plusieurs raisons pour cela :

- Il y a un risque à courir, pour l'acheteur : celui de la faillite (*bankruptcy*), pour le promoteur, s'il n'arrive pas à vendre, etc.
- Les promoteurs qui vendent les appartements n'ont pas à emprunter l'argent pour la construction puisque les futurs propriétaires fournissent les sommes nécessaires.

Dans les villes, les immeubles d'habitation (*apartment houses*) ont presque tous de cinq à huit étages (Notes culturelles, p. 171). Ils datent le plus souvent du XIXe, du XVIIIe siècle, ou d'avant, même. Quand on les a construits, le confort moderne n'existit pas. Beaucoup n'ont pas d'ascenseurs (*elevators*); les salles de bains et l'eau chaude ont été installées au XXe siècle.

Les hauts immeubles modernes ne sont pas aussi hauts que les gratte-ciel de New York, mais ont quelquefois jusqu'à trente étages. Ils ne sont pas toujours aussi beaux que leurs équivalents américains, simples et sobres.

Immeuble d'habitation de banlieue (4 étages = 5 *floors*).

Les H.L.M. (habitations à loyer modéré) sont des appartements simples, faits pour des familles modestes qui ne peuvent payer que des loyers (*rent*) raisonnables. Ils sont fréquemment laids, c'est-à-dire pas du tout esthétiques, et quelquefois très critiqués.

les vieux comptent sur l'État—le rôle de l'État : Les sommes d'argent que les vieux reçoivent pour leur retraite ne sont certainement pas énormes, mais les vieux savent qu'ils peuvent compter sur la Sécurité Sociale, c'est-à-dire sur l'État, pour une infinité de besoins : hospitalisation, opération, soins médicaux, dentaires, prothèse, en cas d'infirmité (*apparatus in case of crippling illness*).

L'État prend un grand nombre de problèmes à sa charge. Sans attendre *la Déclaration des Droits de l'Homme et du Citoyen* de la Révolution française, un certain nombre d'institutions publiques charitables sont nées en France :

- L'Hôtel-Dieu de Paris est probablement un des premiers hôpitaux construits (en 1265), sinon le premier. *Hostel-Dieu* était le vieux mot pour *hôpital.*
- Le Mont-de-Piété est une institution d'État (créé en 1596), qui prête de l'argent contre un gage (*a pawned object*). C'est un *state-run pawn shop,* sûr et bon marché.
- Les centres d'hébergement des filles-mères (*centers for the care of unwed mothers*), et pour les enfants trouvés ou abandonnés ont été créés par (Saint-) Vincent-de-Paul, prêtre riche, noble et charitable, qui vivait à la fin du XVIe siècle.
- Un autre prêtre, l'Abbé de l'Epée, a fondé l'Institution des sourds-muets (*deaf-mutes*) au milieu du XVIIe siècle. Il a aussi créé un alphabet de langage par signes, qui est utilisé dans tous les pays, comme l'est le braille. L'écriture en relief pour aveugle a été inventée par Louis Braille, professeur aveugle lui-même, qui a fondé *l'École d'Enseignement des Aveugles,* vers 1830.

le moulin de Daudet : Alphonse Daudet est un des écrivains les plus populaires en France. Il a vécu de 1840 à 1897, mais reste très lu—on le lit encore beaucoup—à cause de la vivacité expressive de son style. Né à Nîmes, en Provence, il a beaucoup écrit sur cette province et sur ses habitants. Son histoire la plus connue est probablement « La Dernière Classe ». Il habitait dans un ancien moulin à vent, sur lequel il a écrit un conte, « Le Moulin de maître Cornille ». Un de ses livres de contes s'appelle *Les Lettres de Mon Moulin.* Le Moulin de Daudet est un monument historique.

Le gouvernement français offre des monuments historiques aux personnes qui s'y intéressent. Il signe avec eux un bail (*lease*) de 99 ans, et peut rembourser toutes les dépenses de réparation et d'entretien (*maintenance*) à ceux qui ont loué le monument. On peut ainsi habiter dans un moulin en Provence, ou dans un petit château en Touraine, sans avoir à payer de loyer, mais en travaillant à préserver le monument. La France veut ainsi garder son patrimoine, ses richesses nationales.

un petit air malin / l'esprit gaulois : Malin peut signifier **rusé :** *mischievous, sly,* ou **astucieux :** *clever, sharp, smart.* On peut l'utiliser comme adjectif ou comme nom. Le féminin de **malin** est **maligne.**

- Il est malin comme un singe : il est rusé comme un renard.
- Ne fais pas le malin!   *Don't try to be clever!*

On l'utilise comme sarcasme, aussi :

- Gros malin, va!   *Very smart!*

Dans le texte de Daudet, « Et lui d'un petit air **malin**... » trouve son explication dans ce que l'on appelle l'esprit gaulois. Depuis Ra-

Regardez-moi ça! Plus c'est vieux, moins ça peut, et plus ça veut courir!

—*Tiens, à propos... voici une lettre parfumée qui est arrivée pour toi il y a trente ans!*

belais jusqu'à Marcel Aymé, romancier contemporain, en passant par Molière et Voltaire, certains auteurs français ont utilisé un humour quelquefois assez cru, c'est-à-dire basé sur les fonctions du corps, les questions sexuelles, l'infidélité des maris ou des femmes, et même la vieillesse et la mort.

Ici, d'une manière subtile et affectueuse, Daudet donne à la phrase du vieux une nuance de jeunesse : le vieux grand-père prétend être encore à l'âge où on aime « courir les filles » en disant que peut-être il rentrera tard. Tout le monde sait qu'il n'est pas sérieux quand il dit cela. Le contraste entre le vieux mari inséparable de sa vieille compagne, à qui on nous a même dit qu'il ressemblait, et un monsieur qui « drague » est très amusant.

le Marché Commun : Il est né à la fin des années 50. Il a commencé par des accords douaniers (*customs agreements*) entre la France et l'Allemagne pour la fabrication du fer et de l'acier. En effet, pour fabriquer l'acier, il faut du minéral de fer (*iron ore*) et du charbon (*coal*). En Lorraine, la France a des mines de fer importantes, mais peu de charbon. De l'autre côté de la frontière, l'Allemagne a beaucoup de charbon, mais pas de fer. Il était ridicule que les deux pays paient des frais de douane importants pour des produits indispensables qui se trouvaient en quantité chez l'autre.

Le Traité de Rome a permis d'éliminer les tarifs douaniers chez les six premiers membres du Marché commun : l'Allemagne, la Belgique, la France, la Hollande, l'Italie, le Luxembourg. Il y a quelques années, l'Angleterre, le Danemark, le Grèce et l'Irlande sont venus se joindre aux autres. Le Marché commun actuel comprend donc dix pays, et forme un bloc de près de 300 millions d'habitants dont le P.N.B. (Produit National Brut, équivalent du GNP) est supérieur à celui des États-Unis.

Compréhension des notes culturelles

1. En vous servant de ce que vous avez lu sur les appartements, parlez de leurs contrastes avec les *condominiums* américains, popularité et prix, modernisme, hauteur des bâtiments, etc. Expliquez le système français exprimé par *F4*.
2. Qu'est-ce que les H.L.M.? Que veulent dire les trois initiales? Les H.L.M. sont-ils esthétiques? Et les immeubles d'habitation classiques?
3. Les H.L.M., le Mont-de-Piété, l'Institution des sourds-muets, l'École d'enseignement des aveugles, etc., vous donnent-ils une image du Français pensant, depuis quelquefois des siècles, à ceux qui ont besoin d'aide? Cette image se rapproche-t-elle de ce qui est écrit sur la Statue de la Liberté?

4. Pouvez-vous définir l'esprit gaulois? Avez-vous lu un conte ou une pièce qui confirme cette définition? Le nom *esprit gaulois* semble indiquer un trait *national*. Êtes-vous d'accord que c'en est un? Y a-t-il dans ce livre, des passages ou des dessins qui le prouvent?
5. Que savez-vous du Marché Commun? Pourquoi les « États-Unis » d'Europe ont-ils plus de difficultés à réussir que ceux d'Amérique?
6. Comment envisagez-vous les « États-Unis » d'Europe?

Situation / Dramatisation

1. Trois d'entre vous vont jouer le rôle des deux vieux et de Maurice, d'après le passage de Daudet.
2. Deux d'entre vous vont jouer le rôle d'un couple français qui vient de louer un petit château au gouvernement. Discutez de son futur entre vos mains, de vos dépenses, de votre plaisir à habiter un monument historique, etc.
3. Formez une « table ronde » et discutez des sujets suivants :
   —vieillir
   —la mort
   —les funérailles (Êtes-vous pour ou contre? Quelles autres options avez-vous?)

Deuxième section

Vivre et en faire un art

6
La Vie en rose

Vocabulaire-Clé

les vacanciers = les estivants (summer) vacationers
étaler to spread. **L'étalement** des vacances est indispensable à
 cause de la congestion des régions comme la Côte d'Azur, en
 juillet-août.
surpeuplé overcrowded
une autoroute freeway
la pension small family hotel with fixed menus
le péage toll (booth and fee)
se faire bronzer/dorer/brunir to sunbathe; to get a tan
le baigneur lit., bather; the swimmer
le coup de soleil sunburn
les loisirs leisure
le metteur en scène director (theater and film)
le dramaturge playwright
le petit écran = la télévision
la chaîne the (TV) channel
la retransmission broadcast
le transistor the (transistorized) (portable) radio
la bibliothèque the library
la librairie bookstore (Faux ami); **le libraire** bookstore owner
cartésien de Descartes, philosophe et mathématicien français
 (1596–1650) dont les théories sont basées sur la raison (le
 cartésianisme = le rationalisme), et dominent encore le caractère
 français.
une prouesse prowess. (Pour les prouesses françaises, voir
 Appendice 4, p. 269.)

Pratique

Dans l'espace en blanc, mettez le mot ou l'expression correct.

1. On achète des livres dans _____ .
2. Quand on est rouge, après une journée au grand air, on a attrapé _____ .
3. En France, il existe quatre _____ de télé.
4. En été, toutes les villes de la côte méditerranéenne sont _____ à cause de son bon climat.
5. _____ est un synonyme de *un vacancier.*
6. Sur la plage, les gens aiment beaucoup se _____ . (2 réponses)
7. C'est plus ou moins un synonyme de *rationalisme.* Le nom vient du grand philosophe et mathématicien René Descartes.
8. Pour que tous les Français ne soient pas sur les routes, dans les hôtels et sur les plages en même temps, les vacances scolaires sont différentes dans le nord et dans le sud de la France, pour favoriser _____ des vacances.
9. On va chercher un livre et on va le consulter dans la _____ publique.
10. En France, les autoroutes sont payantes. Il faut s'arrêter aux _____ pour payer.

Dès la fin du Moyen-Âge, on parlait déjà de « la doulce France »—la douce France. Au XVIe siècle, le poète Du Bellay chantait la douceur angevine[1] qu'il préférait à l'austérité de Rome. En cette fin du XXe siècle, la France reçoit tous les ans un très grand nombre de touristes étrangers, entre dix et douze millions, qui semblent être d'accord avec le poète.

Voyons si le Français est trop partial ou s'il existe vraiment des raisons pour qu'il soit satisfait de « la bonne vie » en France. Voyons aussi s'il a raison de vouloir rester dans son pays, et de s'expatrier beaucoup moins que les autres Européens.

Nous savons tous que la France est une démocratie bicamérale : il y existe un parlement, composé de deux chambres : *l'Assemblée Nationale*, ancienne Chambre des Députés, et *le Sénat* : 491 députés et 305 sénateurs. La constitution actuelle[2] est celle de la Cinquième République, établie par le général-président de Gaulle en 1958. Elle donne au président une autorité assez similaire à celle donnée par la Constitution Américaine. Par contre, il existe, en France, une multitude de partis politiques, allant de l'extrême droite à l'extrême gauche. Le Président de la République est élu pour sept ans. Le Conseil des Ministres, ou Cabinet, a pour chef le Premier Ministre, choisi par le président. Le gouvernement actuel comprend plus de quarante ministres, nombre record.

[1] **la douceur angevine :** *good life (lit., sweet life) in the Angers area; from last line of sonnet by Du Bellay (1522–1560).*

[2] **actuel(le) :** *present, current (Faux ami).*

Bonheur de se revoir après trois mois d'absence!
Sarcasme de Daumier, sur la réouverture de l'Assemblée nationale après trois mois de vacances (l'été).

Bien que critiqué par les étrangers, le grand nombre de partis politiques est typique du désir des Français de permettre à tout le monde d'exprimer son opinion. C'est cette tolérance que désiraient Voltaire, Montesquieu et Rousseau, dont les idées ont beaucoup influencé les révolutions américaine et française. Comme les États-Unis, la France est un asile pour de nombreux réfugiés politiques de tous pays, races ou religions.

Statue de Brigitte Bardot en tant que Marianne, symbole de la République.

Pardon mon cher... Vérifions mes pouvoirs avant les vôtres.
Daumier. La liberté s'impose sur le symbole de la guerre, à la veille de la guerre de 70 (*Franco-Prussian War, 1870–1871*).

Le Service militaire, ou service national

Il est obligatoire en France et dure douze mois. Les étudiants peuvent bé-néficier d'un sursis.[3] De plus, en temps de paix, on est facilement dispensé du service et on peut devenir coopérant, c'est-à-dire servir, par exemple, comme professeur civil dans une des anciennes colonies françaises d'Afri-que. La cooperation est très populaire en France.

Tous les Français salariés reçoivent *cinq* semaines de vacances payées (congés payés). Il semble que ces vacances aient plus d'importance pour le Français que pour n'importe quelle autre nationalité. On a même créé des noms pour les *vacanciers,* suivant la période où ils prennent leurs va-cances. S'ils ont des enfants, ils prennent leurs vacances pendant les va-cances scolaires, c'est-à-dire en juillet et en août. Ce sont des *juillettistes* ou des *aoûtiens.* Ceux qui n'ont pas d'enfants peuvent donc partir en mai, juin ou septembre, car il n'y a pas de rentrée des classes qui les limitent. Enfin, beaucoup gardent une partie de leurs cinq semaines pour aller faire du ski en hiver. De grands efforts ont été faits pour *étaler* les vacances et arrêter l'exode de Paris en août.

La France a la chance d'offrir aux vacanciers et aux touristes étrangers un choix immense de paysages, de climats, de températures, de cures,[4]* de mers, de montagnes, de campagne, etc., et des milliers de kilomètres de côtes, très différentes d'aspect. Ceux qui ont une deuxième résidence vont souvent y passer leurs vacances. Sinon, ils louent une maison, un chalet, un bungalow, une tente, un appartement ou une chambre d'hôtel au site de leur choix.

Pour ceux qui préfèrent la mer, il y a le choix entre les superbes plages de Bretagne, de Normandie, ou de la côte Atlantique ouest et entre les plages de la Méditerranée, à l'ouest de Marseille, dans la région de Mar-seille, ou sur la Côte d'Azur avec ses millions de touristes. C'est la côte favorite, parce qu'il y fait plus souvent beau temps que, disons, en Bretagne. Mais le sud de la France devient *surpeuplé.* On ne peut plus rouler sur les routes qui sont encombrées[5] à cause des caravanes[6] ou du trop grand nombre d'autos des *estivants.* Les hôtels sont tous complets et les magasins toujours pleins. On paie cher le soleil de la Côte d'Azur! Là se retrouvent Français, Anglais, Suédois, Danois, Hollandais et Belges en juin, Allemands et Suisses en juillet ou en août. Les nationaux de tous ces pays ont souvent acheté une deuxième résidence dans le Midi, dont les prix des terrains ou des maisons sont extrêmement élevés.

---

[3]**bénéficier d'un sursis :** *to be granted a postponement.*
[4]**la cure :** *cure in a spa.*
[5]**encombrées :** *cluttered.*
[6]**une caravane :** *a (house) trailer.*

Site touristique: Etretat, en Normandie.

La topographie de la France se prête bien[7] au tourisme : on y trouve des spectacles tellement variés, depuis les « cow-boys » français de la Camargue,* jusqu'aux spectacles Son et Lumière* dans les innombrables châteaux de l'Hexagone.

Les Moyens de transports et voies de communication

Le premier moyen de transport en France est le train. Le réseau de voies ferrées[8] est le plus dense du monde. Nous parlons plus bas des trains prestigieux, mais il existe aussi les trains de banlieue très fréquents, équivalents de ce que l'on appelle *commuter trains* sur la côte est des États-Unis, où la densité de population est très forte.

Le T.G.V. (Train à Très Grande Vitesse) et le T.E.E. (Trans-Europe Express) sont des trains prestigieux, propres, rapides, toujours à l'heure et relativement économiques, le prix de l'essence pour voiture en France étant un des plus élevés du monde. Le train est idéal, à l'échelle de la France et de l'Europe.

Toutes les gares ont des correspondances avec des cars (ou autobus) qui emmènent leurs passagers dans des villes ou villages où le train ne passe pas.

[7]**se prêter bien :** *to lend itself well.*
[8]**le réseau de voies ferrées :** *network of railroad lines.*

Un train électrique de banlieue (*suburban train*).

L'avion est cher en Europe. Le vol Paris-Nice en Airbus 300,* est le plus cher de tous. Il coûte deux fois plus que le vol San Francisco-Los Angeles, qui représente à peu près la même distance. En train ou en auto, il faut dix heures au lieu d'une en avion. Les trains et la plupart des compagnies aériennes sont des monopoles d'état, ainsi que les autobus dans les grandes villes. Les compagnies d'autocars (ou cars) sont en général privées.

La France était en retard pour la construction des *autoroutes*, que l'Allemagne et l'Italie avaient construites bien avant elle, pour des raisons militaires. Maintenant la France dispose d'un réseau d'autoroutes modernes, mais payantes et chères. Ce réseau traverse la France dans les directions les plus utilisées : de la Belgique à l'Espagne, en passant par Paris; de la Normandie à la Côte d'Azur, en passant par Paris, et de nombreuses autres régions très fréquentées.

Un Départ en vacances

Les Durand, Français moyens, ont trois enfants. Ils prennent donc leurs congés pendant les vacances scolaires, qui sont, dans leur cas, du 14 juillet au 15 août, les deux dates les plus chargées du calendrier des vacances. Deux ou trois chambres d'hôtel leur coûteraient trop cher. Ils vont alors dans une *pension*, institution bien française. Nous les surprenons en train de charger leur voiture.

MONSIEUR DURAND : Bertrand, passe-moi la pieuvre[9]... Merci.

MADAME DURAND : Chéri, tu ne vas pas laisser ces affaires entassées[10] comme ça, à l'intérieur de la voiture?

MONSIEUR DURAND : Mais non! Il y a encore de la place dans la malle. Allez, Bertrand, aide-moi à installer la planche[11]* sur le porte-bagages[12]... Voilà. Maintenant le wishbone et le mât[13]... Très bien. Alors, quoi d'autre?

MADAME DURAND : C'est tout, je crois... Ah, non, attends! J'oubliais le canot pneumatique des enfants. Ils ne nous l'auraient jamais pardonné. Tu sais où il est, Bertrand?

BERTRAND : Oui, dans le placard de notre chambre?

MADAME DURAND : Oui, c'est ça. Pendant que tu y es,[14] descends aussi l'ombrelle de plage, les masques et les palmes.[15]

MONSIEUR DURAND : Oui, c'est tout dans un grand sac plastique, grand comme ça... D'accord.

BERTRAND : D'accord, mais il me faut quatre mains. Je demanderai aux « petits » de m'aider. Je vais me débrouiller.[16]*

MONSIEUR DURAND : Bonne idée, mais si tu veux qu'ils t'aident, n'appelle pas ton frère et ta soeur « petits ».

MADAME DURAND : Cette année, la voiture ne paraît pas surchargée. Qu'en penses-tu?

MONSIEUR DURAND : Non, mais ça suffit comme ça.

(*Plus tard, sur l'autoroute*)

MADAME DURAND : Tu es fatigué? Cela fait quatre heures que tu conduis. Tu veux que je te remplace?

MONSIEUR DURAND : Oui, volontiers, mais attendons le prochain *péage*.

Au sud de Lyon, vers Valence, on commence déjà à découvrir le beau temps, la nature, les maisons, l'air, tout cela sent déjà le Midi. Les noms de villes enchanteurs défilent : Montélimar, Orange, Avignon, Marseille. Enfin, voilà le petit port de Cassis, à 30 km à l'est de Marseille, où se trouve la pension. L'accueil est agréable et la pension, qui

---

[9]**la pieuvre :** *octopus; here, fam. for an elastic (rubber) luggage rack strap with eight pieces to hook.*

[10]**entasser :** *to pile up (du nom* **le tas** *: pile, heap).*

[11]**la planche (à voile) :** *windsurf board.*

[12]**le porte-bagages :** *luggage rack.*

[13]**le mât :** *the mast.*

[14]**pendant que tu y es :** *while you're at it.*

[15]**les palmes,** *f. : swim fins.*

[16]**se débrouiller :** *to manage, to get along well.*

*Les Durand et leur voiture
en route pour le Midi.*

se trouve à deux pas de la plage, est bien propre et familiale. Les enfants sont fous de joie après une journée dans une voiture surchauffée par le soleil. Il faut déjà gonfler[17] le canot pneumatique et prendre un premier bain de mer le soir de l'arrivée!

Le lendemain matin, les Durand se lèvent tôt. Ils regardent le menu pour midi et pour le dîner, menu affiché au mur de la salle à manger de la pension.

Les Durand ont mangé leurs croissants et bu leur café au lait. Ils vont mettre tout l'équipement de plage dans la voiture et partir tôt pour arriver de bonne heure et trouver de la place pour garer la voiture.

Il est tôt, en effet; la mer est calme. Monsieur Durand va essayer sa nouvelle planche à voile pendant que les enfants jouent avec le canot pneumatique.

Pendant que le reste de la famille « joue » dans l'eau, Madame Durand *se fait bronzer* au soleil comme des millions d'autres. *Se faire brunir* devient une passion. Quoiqu'en France, sur les plages, on tolère pratiquement partout une demi-nudité qui semble ne plus choquer ni les Hexagonaux, ni les touristes étrangers, Mme Durand met quand même son bikini.

On voit des milliers d'adultes et d'enfants, tuba (*snorkel*) en bouche, équipés de leurs palmes et de leurs masques, se croyant tous des Jacques Cousteau, et explorant les fonds sous-marins, « et leurs mystères » au milieu des jambes de milliers de *baigneurs*.

[17]**gonfler** : *to inflate.*

Les Français croient tous être des Jacques Cousteau.

On ne fait pas toujours attention aux *coups de soleil* et on se fait brûler, même avec de la crème solaire, si bien que,[18] le soir, à la pension, il y a toute une famille de « peaux-rouges-Durand ».

Vers 19 heures, les familles se réunissent autour des tables pour dîner. On montre son bon appétit en dévorant le poisson ou le rôti. Les Français attachent tellement d'importance à leurs repas qu'ils se souhaitent tous « bon appétit » avant de manger.

Le soir, après avoir dîné, les Durand, et bien d'autres, font une petite promenade digestive en allant sur le port de pêche. Le « petit tour » fini, on se couche et on dort bien, après une journée très remplie.

Application du vocabulaire du texte

Trouvez le mot qui correspond aux définitions.

1. Les deux chambres du gouvernement français.
2. Cela permet de pouvoir finir ses études avant de faire son service militaire.
3. Nom que l'on donne à la possibilité d'être, par exemple, enseignant dans une sorte de *Peace Corps*.
4. C'est le nom donné à un traitement de maladie par eaux minérales.
5. En juillet et en août, toutes les routes et autoroutes sont _____ par les autos des vacanciers.
6. C'est une petite maison à deux ou quatre roues que l'on tire derrière une voiture. On y campe avec confort.
7. C'est l'ensemble des lignes de train.

---

[18]**si bien que :** *to the extent that.*

8. C'est l'appareil où l'on met des valises ou des objets longs, sur une (petite) voiture.
9. Cette expression verbale se traduit par *to manage*.
10. Cette locution conjonctive annonce une conséquence. Elle est synonyme de *de manière que*.

Compréhension du texte

1. Comment les Français sont-ils sûrs que leur pays est très populaire pour les vacanciers de nombreux pays?
2. Quelle est la différence essentielle entre les gouvernements démocratiques des États-Unis et de la France?
3. Quelles sont les possibilités d'un jeune Français en âge de faire son service (militaire)?
4. Expliquez ce qui se passe en juillet et en août, en France. Pourquoi?
5. Parlez des diverses options qu'ont Français et étrangers pour passer leurs vacances dans l'Hexagone.
6. Passez en revue les divers moyens de transport français. Commentez.
7. Parlez de la « descente dans le Midi » des Durand.
8. Quelle est la différence entre un hôtel normal et la pension où les Durand logent?

La Vie artistique et les loisirs

La personnalité d'un individu se réflète dans le choix et la variété de ses *loisirs*. Un New-Yorkais ressemble plutôt à un Parisien qu'à un habitant de Los Angeles. C'est peut-être la passion du théâtre qui les réunit.

C'est George Bernard Shaw qui a dit que l'idéal, dans le théâtre, serait une pièce française, avec *un metteur en scène* américain et des acteurs anglais. Depuis Molière jusqu'à Jean Anouilh, la France a produit un nombre considérable de *dramaturges*—et d'écrivains en général—le nombre de prix Nobel français de littérature étant le plus élevé de tous.

Pendant longtemps, le théâtre français vivait seulement à Paris. Depuis quelques dizaines d'années, le théâtre de province s'est développé, par le provincialisme. Des festivals ont apparu dans de nombreuses villes dont les deux plus fameuses sont Avignon et Aix-en-Provence. Sans atteindre[19] la proportion qu'on trouve aux États-Unis, le théâtre amateur a aussi fait de grands progrès. Les grands noms du théâtre sont universellement connus.

Né à Lyon, le cinéma s'est développé dans le monde entier pour devenir la plus populaire des formes de spectacles (voir p. 78). Cinquante pour cent des films joués dans les salles de cinéma françaises sont des films

---

[19]**atteindre :** *to reach.*

Au Cloître des Célestins

« Léonce et Lena » de Büchner,
un monde autre

On a piétiné longtemps devant l'entrée du Cloître des Célestins   samedi   pour   v
« Léonce et Léan » de Buch
dans la mise en scène de Je
Louis Hourdin. La moindre p
s'arrachait à la volée et
lait faire vite. Il était dix h
passées.
    Trente minutes plus
malgré l'exactitude des
diens de Strasbourg.
n'avait toujours pas co
Les lumières et leur sy
téléguidage électroniq
craqué une heure plus
impossible de répare
C'est donc en pleine
scène que dut être i
conte précieux, vé
en scène avait pre
d'écriture pour le
rage à l'or fin. D
La lumière est
prenante du me
l'aura du myst

**LES MOTS
QUI
PENCHENT**

15 h.
ATELIER 13
13 rue du Bourg Neuf
du 10 Juillet au 7 Août

création
de et par
**PHILIPPE
GARNIER**

Article de journal et annonce d'une pièce : Festival d'Avignon en juillet.

américains, joués en version originale ou avec sous-titres[20] en français, ou doublés.[21] Là encore, les grands noms du cinéma sont universellement connus, comme acteurs ou comme metteurs en scène. Paris possède une des cinémathèques ou bibliothèques de films les plus complètes du monde. Le cinéma français est toujours présent en Amérique. Dans la rubrique[22] des films de la revue « The New Yorker » on peut voir le nombre considérable de films français qu'on joue; ils ont souvent un point commun : ce sont des films artistiques du genre ciné-club : « La Grande Illusion » de Jean Renoir, ou « Les Enfants du Paradis » de Marcel Carné et Jacques Prévert. Dans ce dernier, on voit l'alliance du cinéma (Marcel Carné) et de la littérature (Jacques Prévert). La nouvelle vague de metteurs en scène a également été appréciée aux États-Unis, en particulier Truffaut.

Comme aux États-Unis, la télévision a souvent gagné[23] sur le cinéma. *Le petit écran* a fait baisser le nombre des spectateurs des salles de cinéma, mais la situation présente s'équilibre.[24]

Les chanteurs français et la chanson française occupent aussi une place de valeur dans le monde artistique. La chanson est un moyen de communication complètement universel. De nos jours, une chanson peut être connue aux États-Unis *et* en France avec une rapidité extraordinaire. Les échanges se font dans les deux sens, mais les États-Unis fournissent le modèle de la mode musicale, comme la France le fait pour la mode et la haute couture.

Édith Piaf, Maurice Chevalier, pour ne citer que deux noms de chanteurs disparus, sont tout aussi connus des deux côtés de l'Atlantique, que le sont ceux de Charles Aznavour, Bing Crosby, Ella Fitzgerald, Janice Joplin, Yves Montand, Frank Sinatra, Barbra Streisand, quelques-unes des *stars* internationales de la chanson. Les chanteurs français écrivent souvent leurs chansons eux-mêmes, ce qui leur donne un style très marqué.

Il existe quatre *chaînes* de télévision en France, toutes sous le contrôle plus ou moins vague de l'État. Leurs heures d'émission sont limitées, et les réclames aussi. Le système télé couleur français SECAM n'est pas le même que le système employé aux États-Unis, ni que celui employé en Allemagne. Les autres pays d'Europe ont choisi soit le système allemand, soit le système français. Cela complique les *retransmissions* internationales d'événements importants, politiques ou sportifs, que tout le monde veut voir sur son poste de télévision. La qualité de l'image de la télévision française en couleur est excellente, mais les programmes ne présentent pas la variété et la qualité des programmes américains. C'est surtout vrai pour des programmes de music-hall.

---

[20]**la version originale avec sous-titres :** *original version with subtitles.*

[21]**doublé :** *dubbed* (sound).

[22]**la rubrique :** *newspaper heading; section.*

[23]**gagné :** *gained* (also, *earned; won*).

[24]**équilibrer :** *to even up;* **s'équilibrer :** *to become even.*

La radio est présente partout. La naissance du *transistor* a produit la radio portative.[25] On a dû interdire l'utilisation des transistors dans les endroits publics : les plages, les parcs, etc. La pollution créée par le bruit est un fait. Il y a deux types de postes émetteurs[26] français. Les premiers appartiennent à une chaîne nationale sous le monopole de l'État. Les autres sont de grands postes privés puissants, comme Europe No. 1 ou Radio Luxembourg. La chaîne des postes d'État se divise en stations locales, comme France-Inter, France-Culture ou France-Musique. Il y a donc des programmes de radio pour tous les goûts, depuis le rock ou la chanson populaire jusqu'à la musique classique vingt-quatre heures sur vingt-quatre, en modulation de fréquence stéréo.

Les bibliothèques publiques ont conservé leur popularité. Le Français lit beaucoup moins qu'avant (la télé?), comme tous les autres, mais il lit encore beaucoup. Malgré le fait que la publication d'un livre coûte de plus en plus cher, les *libraires* vendent toujours beaucoup. Il existe un très grand nombre de *librairies* (Faux ami) qui font beaucoup de publicité pour les prix littéraires, dont le Prix Goncourt est le plus prestigieux.

Les musées nationaux ou privés gardent leur attraction pour les Français aussi bien que pour les étrangers. Tout le monde connaît le Musée du Louvre et ses richesses. Il existe aussi des centaines d'autres excellents musées, à Paris et en province. Dans les ventes aux enchères,[27] les tableaux des Impressionnistes se vendent presqu'aussi cher que ceux de Rembrandt.

Les monuments historiques, bien protégés[28] et classés, attirent[29] continuellement une foule de visiteurs, que ce soit la Tour Eiffel, les arènes de Nîmes ou l'horloge[30] de la cathédrale de Strasbourg, pour n'en mentionner que trois.

Le Français auto-critique se considère souvent comme un « sportif en pantoufles »,[31] comme un « athlète devant son fauteuil de télé ». En ski, en tennis, en foot-ball, en athlétisme,[32] on trouve bien quelques noms français, mais ce sont souvent des gloires isolées. Seuls le cyclisme, l'équitation et l'escrime[33] sont fréquemment dominés par des Français (ou l'étaient).

---

[25]**portatif/tive :** *portable.*

[26]**un poste émetteur :** *a transmitter; broadcasting station.*

[27]**la vente aux enchères :** *auction.*

[28]**protéger :** *to protect.*

[29]**attirer :** *to attract.*

[30]**l'horloge :** *large clock.*

[31]**un sportif en pantoufles :** *lit., sportsman in slippers; armchair quarterback.*

[32]**l'athlétisme, *m.* :** *athletics.*

[33]**le cyclisme :** *bicycling;* **l'équitation :** *horseback riding;* **l'escrime :** *fencing.*

Les Trois Grâces, admirées par trois soeurs (trois religieuses).

Le Centre Pompidou, ou Beaubourg, musée parisien moderne, qui a reçu plus de 40 000 000 de visiteurs depuis son ouverture, en 1977.

« Le Corbusier, vous que j'ai vu si ému par l'hommage filial du Brésil, voici l'hommage du monde...

Au Japon, le jour commence et les six chaînes de télévision projettent votre musée de Tokyo ; l'aube point dans l'Inde où les passereaux secouent leurs ailes sur vos monuments, pendant que nos moineaux s'endorment sur votre Église de Ronchamp. De l'autre côté de la Terre, le ministère de Rio, l'Épopée de Brasilia vont s'allumer dans le soir... »

Oraisons funèbres. Funérailles de Le Corbusier

La Vie gastronomique

Un tableau de « la bonne vie » en France ne serait pas complet sans parler de la bonne chère ou la gastronomie. La ménagère française passe probablement plus de temps à préparer les repas que les autres. Le système des étoiles pour restaurants du Guide Michelin* intéresse les Français d'une manière passionnée. Ceux qui ont voyagé en France disent toujours que l'on mange bien même dans le plus humble restaurant, à la villé ou à la campagne. Cela reste vrai, la plupart du temps, parce que les Français demandent encore maintenant un long arrêt pour le déjeuner—souvent deux heures. Ce déjeuner coupe toute la vie productive industrielle et commerciale, mais c'est, pour une grande partie des Français, le plus grand repas de la journée. À Paris, on fait souvent la journée continue.

126

" LE LINGOUSTO "

Alain Ryon
cuisinier

Menu d'un restaurant à Soliès, Var (Provence).

Les repas français sont arrosés[34] de vin ordinaire, ou de vins illustres, que l'on trouve dans tous les magasins des États-Unis ou du Canada : les bordeaux, les beaujolais, les vins d'Alsace, ceux de la vallée du Rhône, d'Anjou, etc. En contrepartie, nous savons déjà que, pour trop aimer *la bonne chère*—pour trop aimer bien manger—le Français est sujet aux maladies de foie.

La Vie en rose pour les Hexagonaux

Autrefois, le stéréotype du Français était celui d'un homme à béret qui portait, à bicyclette, une baguette de pain sous le bras, et qui vous parlait en fumant sa (cigarette) Gauloise. Avec l'aide du Plan Marshall, la France s'est relevée[35] des suites de la guerre, vers 1955. Dix ans après la fin des hostilités, la France commençait à devenir une nation industrielle forte. La part de l'agriculture est passée de 22% en 1960 à 8% en 1980. La France a réussi à changer son image : la Cinquième République du Président de Gaulle a apporté une stabilité politique qui n'existait pas avant. Le Marché Commun a éliminé les barrières de douanes (voir p. 106). Il a aussi fait des voisins, Allemands et Français, des partenaires économiques et peut-être des amis. C'est ainsi que la France s'est créée une réputation d'innovation ou de qualité dans un certain nombre de domaines[36] (voir Appendice 4, p. 269).

Vivre et en faire un art a des sens très différents pour les diverses catégories de Français. Nous savons déjà que le Français voudrait être considéré comme ayant beaucoup de bon sens, comme un être très raisonnable. Pour un *cartésien*, donc, bien vivre c'est pratiquer le sens du raisonnable. Nous avons vu aussi que le Français a une mauvaise opinion de l'argent (ou le prétend). Pour certains, bien vivre c'est donc vivre une vie pleine d'esthétique. Certains découvrent avec retard une vie moderne, calquée sur l'exemple admiré des États-Unis. Mener la belle vie, pour ceux-là, ce sera donc avoir un gros Chris-Craft, les derniers « gadgets », etc. Pour d'autres, chez qui l'idéalisme est le guide de l'existence, vivre sainement, écologiquement et pacifiquement est la règle. La religion ou le manque de religion, la politique ou son absence viennent encore modifier le comportement de notre citoyen Français moyen, ou pas.

Oui, il aime bien se plaindre et critiquer son gouvernement, sa police, son armée, ses institutions de toutes sortes. Mais au fond de lui-même, il est assez fier de l'héritage de Descartes, Pascal, Voltaire, etc., surtout quand un étranger critique la France.

---

[34]**arroser :** *to water, here: to wash down.*

[35]**se relever :** *to rise again; to become strong again.*

[36]**le domaine :** *the realm; the estate; here, the field, area.*

Si l'on vous demandait de vous définir vous-même par deux ou trois caractéristiques, quelles sont, sur la liste suivante, celles que vous choisiriez comme les plus importantes?

Le fait d'être Français............ 60%
Votre âge 38
Votre profession 35
Votre classe sociale 31
Votre sexe 24
Votre religion 13
Votre race........................8
Ne savent pas 7

Certains parlent de menaces qui pèsent sur la France. Par qui ou par quoi, à votre avis, la France est-elle principalement menacée?

Le communisme 20%
La croissance du tiers monde 19
Les Arabes..................... 17
Les multinationales 16
Les Russes 15
Les Chinois 14
Le séparatisme régional 10
L'Europe supranationale...........7
Les Américains...................4
Les Allemands...................3
Le socialisme....................2
Les juifs 2
Ne savent pas 27

Quels sont, parmi ces termes, ceux qui vous paraissent le mieux caractériser la France?

La liberté 61%
La tolérance.................... 33
La générosité 29
Le chauvinisme................. 24
L'égalité 17
La prétention 13
La grandeur 12
L'improvisation................. 11
La mesure (*moderation*) 5
La mesquinerie (*pettiness*) 5
La futilité 4
L'impérialisme 4
Ne savent pas 5

Quels sont, dans le monde, le ou les pays que vous considérez comme le meilleur ami, ou les meilleurs amis de la France?

L'Allemagne de l'Ouest 33%
Les États-Unis.................. 22
La Belgique 20
La Grande-Bretagne............. 16
L'Italie..........................8
Un pays d'Afrique noire...........8
L'Espagne.......................7
Le Luxembourg...................7
Les Pays-Bas.....................6
La Suisse 5
Autres pays, dont Chine [3%]
     & URSS [2%]................ 27
Ne savent pas 37

Sondage d'opinion par la revue « l'Express », similaire à « Newsweek ».

Peut-être parce qu'il croit que la bonne vie dans « la doulce France » est évidente et observable par toutes les autres nations, le Français n'aime pas exhiber ses *prouesses* nationales aux yeux des étrangers. Ou peut-être ne sait-il pas le faire. Il en résulte que la France est assez mal connue dans le monde et c'est la raison majeure pour laquelle ce livre voudrait ouvrir des fenêtres rarement ouvertes, sur une France plus moderne et plus avancée qu'on ne l'imagine en dehors de l'Hexagone.

Compréhension du vocabulaire du texte

Dans l'espace en blanc, mettez le mot ou l'expression correct.

1. Il est visible que l'homme travaille moins et a plus de _____ .
2. Quand on voit un film étranger, il y a deux possibilités :
   a. Il a été _____ et les acteurs « parlent » votre langue, post-synchronisée (*dubbed in*).
   b. Le film est en _____ avec _____ dans votre langue.
3. Le théâtre amateur français n(e) _____ pas les proportions importantes qu'il a en Amérique.
4. Lorsque quelque chose prend de l'importance (l'informatique, par exemple), on dit qu'il _____ sur autre chose plus ancien.
5. Lorsqu'une situation se stabilise, on dit aussi que les choses s(e) _____ .
6. Lorsqu'on désire une machine à écrire que l'on puisse transporter, on achète une machine _____ .
7. Une station de radio s'appelle aussi _____ .
8. On trouve quelquefois des objets d'art très précieux aux _____ publiques.
9. L'horloge de la cathédrale de Strasbourg est un _____ extraordinaire qui marche probablement avec les différences de pression atmosphérique.
10. Dans le _____ de l'aviation, la France tient la troisième place dans le monde.

Compréhension du texte

1. D'après George Bernard Shaw, qu'est-ce que les Français font le mieux dans le théâtre? Qu'en pensez-vous, d'après ce que vous savez du théâtre en France?
2. Que pouvez-vous dire de la naissance du cinéma? Où et quand est-il né? (Voir p. 78.) Avez-vous déjà vu des films français?
3. Connaissez-vous des chanteurs ou chanteuses français? Ont-ils des traits communs? Expliquez le genre de chansons qu'ils chantent.
4. Les amateurs de radio ont-ils de la chance dans l'Hexagone? Expliquez.
5. Quels sont les seuls sports pour lesquels les Français ont quelquefois du succès? Pour quelle raison, pensez-vous?
6. La gastronomie est-elle importante pour les habitants de l'Hexagone? Donnez des détails pour soutenir votre réponse.
7. Les Français ont-ils tous les même notions de ce qu'on appelle « bien vivre », d'après ce que vous venez de lire?
8. Pouvez-vous trouver des raisons justifiant le fait que les prouesses françaises sont peu connues dans le monde?

Notes culturelles

la cure : Les Français croient fermement au traitement de nombreuses maladies par les eaux minérales dont la France possède 1 200 sources reconnues. Les plus fameuses sont Badoit, Contrexéville, Évian, Perrier, Vals, Vichy, Vittel, Volvic. La Sécurité Sociale rembourse les frais des cures. L'eau de ces sources se sert très souvent, dans les restaurants, les cafés, et sert même (Évian) à faire les biberons. Il est difficile d'évaluer les résultats des cures d'eaux minérales, mais la médecine française les reconnaît comme utiles.

la Camargue : Comme nom pour un de ses modèles d'autos, Rolls-Royce a choisi le nom Camargue, région située au bord de la Méditerranée, à l'ouest de Marseille, dans le delta du Rhône. C'est une région plate et marécageuse (*marshy*). On y cultive du riz et on y élève une race de chevaux blancs, dont s'occupent les gardians, qui sont les cowboys français. Cette région n'est pas très connue des touristes étrangers.

La Camargue est un lieu de ralliement (*rally-point*) pour *les Manouches* (French Gypsies) autour du village des Saintes-Maries-de-la-Mer, où, chaque année, a lieu la bénédiction de la mer. C'est aussi le plus important refuge d'oiseaux (*bird sanctuary*) d'Europe : flamands roses (*pink flamingos*), etc.

Gardiens et manouches (*gypsies*) aux Saintes-Maries-de-la-Mer, en Camargue.

Vieille rue de Bonifacio (Corse).

Les Spectacles Son et Lumière : C'est une initiative française, une innovation culturelle qui consiste en ceci : une bande magnétique (*tape*), généralement en quatre ou cinq langues différentes pour touristes étrangers, retrace l'histoire d'un monument historique, d'une bataille ou d'un site touristique. Les statues, bâtiments anciens, palais, etc., sont éclairés par des projecteurs, par des jeux de lumière qui mettent leur beauté en valeur pendant que les commentaires historiques s'entendent dans la nuit.

Il existe des spectacles Son et Lumière dans de nombreux pays, du Parthénon à Athènes jusqu'au palais de Versailles. Pour le 200e anniversaire de la Révolution américaine, en 1976, la France a fait cadeau aux États-Unis d'un spectacle Son et Lumière qu'elle a installé à Mount Vernon.

L'Airbus : C'est un avion de construction européenne. Il est fabriqué par la France, l'Allemagne, la Hollande et l'Espagne, la Belgique et l'Angleterre. Le Boeing 767 a adopté la même formule que l'Airbus 300. Il y a maintenant plus de 510 commandes d'Airbus 300 dans le monde. Eastern Airlines a été la première compagnie américaine à en acheter. L'Airbus 300 transporte 300 passagers. Il est silencieux et économique.

Airbus Industries est le deuxième constructeur d'avions commerciaux, le premier étant Boeing, bien sûr.

La « Conciergerie » (Palais de Justice, Paris) illuminée.

Un Airbus A300 d'Air France. C'est le premier avion bimoteur gros transporteur. Il peut emmener 320 passagers. C'est l'avion géant le plus populaire dans le monde après le Boeing 747.

la planche à voile : C'est une invention californienne. Elle a un succès prodigieux en France, patrie des sports individuels. En France, il existe plus de véliplanchistes, nom donné à ceux qui la pratiquent, que dans tout autre pays, même aux États-Unis. Un Français a traversé l'Atlantique en planche à voile et un autre est allé des Îles Marquises à Hawaii.

le Guide Michelin : C'est un guide touristique et gastronomique édité par la marque de pneu(matique)s. Il est rouge pour la France et d'autres pays, et vert pour les provinces françaises. Depuis 1900, le Guide Michelin aide les touristes à trouver un hôtel ou un restaurant fournissant une garantie de confort et de bonne nourriture. Le guide utilise des idéogrammes, c'est-à-dire des dessins que tout le monde comprend qui décrivent la classe ou catégorie de l'hôtel ou du restaurant, son confort, son charme, son pittoresque, la qualité de la nourriture etc. (voir fac-similé, p. 135).

Une, deux ou trois étoiles—le maximum—signifient presque « la vie ou la mort » pour les restaurants. En France, il y a seulement vingt et un restaurants à ***. Des inspecteurs de la compagnie viennent sans prévenir (*unannounced*) et sans qu'on sache qui ils sont. Ce sont eux qui « donnent » ou « enlèvent » les étoiles.

Les cartes routières Michelin sont aussi très utilisées en France. Entre le guide qui indique aussi tous les garages et mécaniciens du pays, et les cartes, on ne se perd pas en France, grâce à Michelin.

se débrouiller / la débrouillardise : On dit de quelqu'un qu'il sait bien **se débrouiller,** s'il peut faire face à toutes les situations. **La débrouillardise** est une qualité : c'est la vivacité d'esprit, l'adaptation rapide à une situation nouvelle. Le sens du mot est vaste. Par exemple :

Véliplanchiste d'acrobatie sur la Plage du Sel à Hyères, Var.

Deux pages du Guide Michelin, montrant hôtels, restaurants, garages, carte géographique, etc., et le code des idiogrammes Michelin.

- Comment vont les affaires? *How is business?* —On se débrouille. ou Je me débrouille. *Not bad; OK; I manage.*
- Elle s'est bien débrouillée dans la vie. *She has done all right.*

Débrouiller veut dire *to unravel* ou *to decipher* (a code); *to unscramble.*

Application du vocabulaire
des notes culturelles

Trouvez le mot qui correspond aux définitions.

1. Ce sont les cow-boys de Camargue.
2. La France en a installé un à Mount Vernon.
3. C'est un verbe qui signifie s'adapter rapidement à une nouvelle situation.
4. C'est le deuxième plus grand constructeur d'avions du monde.
5. C'est le nom que l'on donne à ceux qui font de la planche à voile.
6. Ce sont eux qui donnent ou enlèvent les étoiles des restaurants.
7. Elles sont éditées par Michelin, et permettent de retrouver son chemin, quand on voyage en auto.

Situation / Dramatisation

1. Par groupes de deux, vous allez jouer le rôle d'un(e) étudiant(e) américain(e) très francophile et préférant vivre en France. Vous discutez avec un(e) étudiant(e) français(e) qui aime mieux la vie aux États-Unis. Justifiez vos opinions en exposant ce que vous savez de la vie en France. Soyez des critiques convaincus.
2. Vous êtes cinq étudiant(e)s qui représentez la famille Durand en voiture sur l'autoroute, allant vers la pension de vos vacances. Vous allez expliquer à votre « famille » ce que vous désirez faire pendant votre mois au bord de la Méditerranée.
3. Vous voilà professeur. Vous allez faire une petite conférence sur la civilisation française contemporaine et justifier votre admiration ou vos critiques de certaines institutions que vous choisirez comme typiques ou comme différentes de leur contrepartie américaine, etc. Servez-vous du texte de ce chapitre ou de toute autre source sur les institutions françaises, dont les habitants de l'Hexagone sont fiers. Encouragez vos « étudiants » à exprimer leurs opinions contradictoires.

7

La Vie en gris et en noir

LA VIE EN GRIS

Vocabulaire-Clé

l'orientation   *vocational guidance;* **l'orientation pédagogique**   *school counseling (Faux ami)*
disponible   *available*
vivre ensemble   *to live together (unmarried)*
la vie commune/en commun à l'essai   *living together on a trial basis*
une fille mère   *unwed mother*
un payment mensuel = une mensualité   *a monthly payment*
la drogue, la toxicomanie   *drugs, narcotics*
les ravages   *harm (here, resulting from the overuse of drugs);* **faire des ravages**   *to take its toll*

Pratique

Dans l'espace en blanc, mettez le mot ou l'expression corrects.

1. Dans les pays de l'ouest, on achète généralement une maison, une auto, etc., à crédit, mais les _____ sont lourds. (2 possibilités)
2. Quand deux jeunes gens décident d'habiter ensemble « pour voir si ça va marcher », on appelle cela _____ .
3. Nous savons tous que la drogue _____ terribles pour la santé. Elle cause même la mort.
4. Un docteur qui est de garde (*on duty*) est _____ pour ceux qui sont malades.
5. Les jeunes élèves ou les étudiants ont de plus en plus besoin d(e) _____ pour décider quelles études poursuivre.

Le chapitre 6 nous parlait de tout ce qui semblait bien marcher dans l'Hexagone. La vie hexagonale *as seen through rose-colored glasses*. Y a-t-il un revers de la médaille?[1] Bien sûr! Lisez donc ce qui suit...

Les problèmes dont nous parlons dans cette première moitié du chapitre semblent avoir un point en commun : ce sont des problèmes d'option, de choix, de décision personnelle, surtout pour les jeunes.

Bien entendu, l'alcoolisme et la drogue ne sont une question de choix qu'au début. Le besoin d'alcool ou de drogue devient vite une question de pression causée par la société. Ce ne sont cependant pas des problèmes universels.

L'Orientation

Dans l'ordre chronologique, le premier est le problème de *l'orientation pédagogique*. Les parents français paraissent avoir un peu plus d'influence sur leurs enfants et sur leur orientation que leurs équivalents américains. Monsieur et Madame Durand insisteront peut-être plus pour que leur fils ou leur fille s'oriente vers telle ou telle profession, connaissant ses capacités,[2] disons, en dessin, ou se tourne vers tel ou tel métier connaissant sa faiblesse, disons, en math. Mais, devant la complexité et la spécialisation que présente ou demande le marché du travail, les parents se tournent de plus en plus vers un spécialiste, à l'école ou ailleurs, pour guider l'avenir de leurs enfants.

La Sexualité

Deuxièmement, la sexualité a pris de l'importance; elle est plus précoce, elle apparaît plus tôt qu'il y a trente ou vingt ans. Mais les sondages d'opinion montrent que cette importance n'est pas aussi forte chez les jeunes Français que chez les jeunes Américains. Nous en avons parlé dans le chapitre 4. Les Français sont relativement conservateurs. Est-ce à cause de la tradition catholique?

Pourtant, nous avons vu que la pilule est *disponible* pour les jeunes filles sans l'autorisation de leurs parents, sur simple ordonnance ou prescription du médecin (remboursable par la Sécurité Sociale), à condition qu'elles soient majeures—qu'elles aient plus de dix-huit ans.

Le premier grand dilemme se pose surtout pour les étudiants des deux sexes venant d'une petite ville et allant à l'université dans une grande ville. Lorsqu'ils sont amoureux, ne disposant[3] que de très peu d'argent, doivent-ils se marier, vivre ensemble ou « *se rencontrer de temps en temps* »?

[1]**le revers de la médaille :** *the other side of the coin (lit., of the medal).*
[2]**les capacités de quelqu'un** *(f.pl.) : someone's capabilities (Faux ami).*
[3]**disposer de :** *to have at one's disposal (Faux ami).*

La revue féminine « Elle », dans un article sur ce que l'on appelait autrefois « le concubinage » et ce qu'on appelle maintenant « vivre ensemble » , examinait les nuances que donnent les divers euphémismes employés par les jeunes filles ou jeunes femmes pour parler de leur homme/amant/amoureux/fiancé, etc., avec qui elles habitent :

- l'homme avec qui je vis
- l'homme de ma vie
- le compagnon de mes jours et de mes nuits
- mon ami, mon gars,[4] mon fiancé, mon chéri

Toutes ces expressions s'emploient suivant la personne à qui les jeunes femmes parlent ou à qui elles présentent leur compagnon. Moins qu'aux États-Unis, mais visiblement plus qu'avant, les jeunes Français croient à la grande utilité qu'une, deux, ou trois années de *vie commune à l'essai* peuvent avoir « pour qu'on apprenne à se connaître ».

Si seulement cette « apprentissage de la vie conjugale » faisait diminuer le nombre des divorces! Ce nombre a triplé entre 1935 et 1980 (de 25 000 à 75 000).

Manifestation populaire pour l'avortement.

---

[4]**mon gars :** *my guy;* **le gars :** familier pour « garçon » (*Attention* : on prononce **ga**).

L'avortement est légal en France. Il faut qu'une mineure soit accompagnée d'un parent ou représentant légal, qu'on appelle « guardian » en anglais. Dans le cas de femmes mariées, l'accord du mari n'est pas indispensable. Le coût de l'avortement est déterminé par la loi et, en général, inférieur à l'équivalent, en francs, de $100, hospitalisation comprise.

C'est en France que les religieuses ont apporté la première aide aux filles-mères. Le catholicisme français a dû « se libéraliser » pour autoriser une union religieuse quand la jeune femme attend déjà son bébé. Les jeunes prêtres, ou pasteurs, ou rabbins, sont de moins en moins nombreux, donc plus indulgents. Il semble que ce soit plus vrai en France que dans les autres pays à majorité catholique.

La Société de consommation[5]

Françoise, dont nous avons suivi la vie, depuis sa naissance, avait décidé, d'accord avec son mari, de se remettre à travailler après avoir eu son bébé. En France, les statistiques montrent que 8 millions et demi de femmes travaillent et 13 millions et demi d'hommes, soit 22 millions de personnes pour une population de 54 millions. Donc, sur dix personnes qui gagnent leur vie, quatre sont des femmes. La décision n'est pas facile à prendre, surtout pour les mères de famille.

Il n'existe pas en français d'expression équivalente à « keeping up with the Joneses ». Pourtant, les familles françaises agissent d'une manière très similaire à celle des familles américaines. Beaucoup veulent leur propre logement acheté à crédit, leur confort, leurs machines (à laver le linge, à laver la vaisselle), et, naturellement, leur réfrigérateur, et leur téléviseur. N'oublions pas leur(s) voiture(s). Mais les mensualités, ou paiements mensuels, sont lourds. C'est une des raisons qui incitent la femme à travailler ou à reprendre le travail. On trouve cependant une tendance anti-matérialiste récente : certains jeunes se rebellent contre la société de consommation en voulant garder une vie simple, et ils résistent à l'achat de gadgets consommateurs de cette énergie qu'ils veulent conserver.*

Cette société de consommation a causé, en France—pays économe— la création de produits jetables (disposable) : le briquet jetable : disposable (lighter), la lampe électrique jetable (flashlight) et la production en masse du rasoir jetable (razor).

L'Alcoolisme

L'alcoolisme est toujours un problème sérieux, malgré un effort intense de la part des officiels français. Les accidents de la route, c'est-à-dire les accidents d'automobiles, de camions, de motos et de vélomoteurs, sont toujours très nombreux et coûtent chaque année de nombreuses vies humaines.

[5]la société de consommation : materialistic society.

Les week-ends, les sorties—surtout celles des jeunes gens—sont souvent accompagnées de « libations en groupe » qui se terminent souvent à l'hôpital pour le conducteur et les passagers, et à la casse[6] pour le véhicule.

Voici quelques exemples de slogans qu'on trouve sur de grands panneaux le long des routes ou autoroutes :

- BOIRE OU CONDUIRE

L'humour intervient même :

- LES PARENTS BOIVENT, LES ENFANTS TRINQUENT*[7]
- L'ALCOOL TUE LENTEMENT—J'M'EN FOUS, J'SUIS PAS PRESSÉ*[8]

Comme ailleurs, *la drogue*, appelée officiellement *la toxicomanie*, fait ses *ravages*. En 1970 : cinq morts par overdose d'héroïne. En 1979 : 156. 50 000 lycéens fument régulièrement des joints, de l'herbe, pour se défoncer.[9]

---

[6]**la casse :** du verbe **casser :** *to break;* **la casse :** *here, junkyard; also, damages;* **il y a de la casse!** *the damages are (important).*

[7]**trinquer :** *to touch glasses (for a toast); to suffer the consequences of.*

[8]**J'm'en fous, j'suis pas pressé :** *I don't care, I'm in no hurry (slang).*

[9]**se défoncer :** *to get high (on drugs) (slang).*

Compréhension du texte

1. D'après ce que vous avez lu dans La Vie en gris, est-ce que ce sont les parents français ou les parents américains qui aident le plus leurs enfants à décider de leur orientation future? Pourquoi ou comment?
2. Les décisions importantes des jeunes d'une vingtaine d'années vous paraissent-elles différentes dans les deux pays? Décrivez et comparez ces décisions.
3. Ces mêmes jeunes gens vous paraissent-ils avoir autant de liberté, plus ou moins, que la génération précédente?
4. Quels sont les problèmes que cette liberté cause? Et la société de consommation?
5. D'après vous, est-ce que l'alcoolisme, en France, augmente avec la liberté que les jeunes ont de boire de la bière ou du vin dans les cafés? Ou, au contraire, croyez-vous que la liberté diminue l'envie de « boire parce que c'est défendu? » Êtes-vous pour la rigidité des lois américaines sur l'usage de l'alcool, ou pour la tolérance française?

LA VIE EN NOIR

Vocabulaire-Clé

la cherté de la vie*   the high cost of living (de **cher** : costly, dear)
l'escalade des prix   rising prices; increase in cost of living
les petits épargnants   people with small savings
les demandeurs d'emploi = les chômeurs
la resquille / resquiller   cheating (dishonesty); to cheat, as on income tax
le cumul   the fact of holding two jobs, positions
le travail au noir   moonlighting
un homicide volontaire / un crime / un meurtre   first-degree murder; crime; murder
un cambriolage   burglary
un viol   rape
un surrégénérateur   fast-breeder reactor
une centrale atomique   a nuclear (electricity-generating) plant
la course à l'armement   arms race
le risque à courir; courir un risque   to run a risk

Pratique

Trouvez le mot qui correspond aux définitions.

1. Action de voler les objets de valeur dans une maison.
2. Se produit lorsque plusieurs puissances essaient d'être plus fortes (militairement) l'une que l'autre.

3. L'augmentation de tout ce que l'on doit payer dans les magasins, etc. (2 réponses possibles)
4. Usine nucléaire qui fabrique de l'électricité.
5. Personnes âgées avec de petites économies.
6. Le fait d'avoir deux emplois.
7. Le danger de voir quelque chose ne pas réussir.
8. Euphémisme pour « chômeurs ».
9. Essayer d'avoir quelque chose illégalement.
10. Travail non déclaré.

Dans cette deuxième moitié du chapitre nous allons examiner les problèmes universels, particulièrement sérieux puisqu'ils ne sont pas une question de choix, mais parce qu'ils sont imposés à l'individu ou au groupe par notre culture, appelée occidentale, et par notre époque, dite civilisée. La conclusion assez évidente est que cette culture n'est pas tellement différente à Copenhague ou à Cincinnati, à Los Angeles ou à Lyon, malgré des différences de détails qu'il fallait bien « montrer du doigt ».

L'Inflation et le chômage

Les deux grands problèmes universels sont ceux de *l'inflation* et du *chômage*. Dans l'Hexagone, les prix continuent d'augmenter de presque 1% par mois. *La cherté** de la vie, *l'escalade des prix* font surtout souffrir *les petits épargnants* retraités et les familles nombreuses à bas salaires.

Nous savons que *les demandeurs d'emploi* forment près de 10% de la population. Mais il faut compter sur l'aspect de *resquille* des Français dont un grand nombre ont deux emplois (*le cumul* est interdit). L'un des deux emplois est officiel, légal, déclaré; l'autre ne l'est pas. On l'appelle *travail au noir*. Un bon nombre d'employeurs utilisent ces travailleurs au noir, pour qui ils n'ont pas à payer d'impôts.

La Violence

La violence, pour laquelle on accuse aussi la télévision française, est moins fréquente qu'aux États-Unis. Même dans les années 80, il est toujours possible de se promener sans danger presque partout en France, dans les grandes villes, les banlieues, et bien sûr, à la campagne. Malheureusement, les statistiques montrent que la violence continue d'augmenter en France aussi.

Voici, pour permettre une comparaison, un tableau de la criminalité dans quelques pays (statistiques maximales et minimales, calculées pour 1.000 habitants).

Homicides volontaires (assassinats, meurtres, crimes)	USA 1,91	France 0,57	Japon 0,02
Cambriolages*	USA 14,24	France 4,29	Espagne 1,13
Vols d'autos	USA 4,55	France 3,80	Autriche 0,20
Viols	USA 0,31	France 0,03	Espagne 0,01

Le Nucléaire

Nous avons dit, plus haut, que la France était une des premières puissances nucléaires : probablement la première d'Europe de l'Ouest, pour le meilleur ou pour le pire.[10] La France affirme avoir la technologie qui rend le plutonium produit dans *les surrégénérateurs* inutilisable pour la production de bombes ou d'armement nucléaires.

Les surrégénérateurs produisent de cinquante à soixante-dix fois plus d'énergie qu'une *centrale atomique* classique avec la même quantité d'uranium. La France s'est embarquée dans un programme ambitieux de construction de surrégénérateurs. Ceux-ci produisent plus d'énergie qu'ils n'en consomment. En France, à cause de la crise du pétrole et de son coût, payable en dollars, le programme nucléaire devient indispensable, d'après la décision du gouvernement basée sur l'opinion des spécialistes nucléaires. Les Français semblent l'accepter, puisque les protestations par les groupes anti-nucléaires, par des groupes d'écologie ou par des partis d'extrême gauche sont bien moins violentes qu'ailleurs. Seulement une petite partie du gigantesque programme nucléaire français a été annulée en 1981, pour satisfaire l'extrême gauche.

Il est bien certain que le danger d'une catastrophe nucléaire augmente avec l'amplitude du programme, malgré un passé qui n'a pas eu d'accidents (importants)… ou qui a eu beaucoup de chance jusqu'ici. L'hypothèse toujours possible d'un acte de terrorisme par un groupe de fanatiques, ou par un petit état belligérant reste constamment dans l'esprit de tous.

La Course à l'armement

La transition est facile entre ce qui précède et *la course à l'armement* entre les deux nations géantes. Aucun pays d'Europe ne peut s'en désintéresser. La France est en effet à quelques jours (l'Allemagne à quelques heures) de marche des divisions soviétiques, disent les pessimistes. Et ceux-ci pensent que les États-Unis ne voudraient pas risquer une destruction totale du globe par holocauste nucléaire en intervenant pour aider l'Europe de l'Ouest, comme en 1914 et en 1941. On comprend que la « détente » soit importante pour les Européens de l'Ouest.

[10]**pour le meilleur ou pour le pire :** *for better or worse (from traditional marriage ceremony).*

Les jeunes gens du monde entier grandissent avec cette hantise[11] qui affecte nécessairement leur comportement. L'escalade des stocks atomiques, la guerre froide, les hypothèses ou réalités des guerres conventionnelles, comme les conflits en Afghanistan, en Irak et en Iran, au Liban, etc.—la liste ne finit malheureusement jamais—sont des « virus » menaçants qui affectent la tranquillité et la paix dans le monde. Et les Européens se sentent aux premières loges.[12]

Les optimistes diront qu'il ne faut pas terminer sur une note triste,[13] que ni la Russie, ni les États-Unis ne veulent risquer une destruction totale de notre planète. Ces optimistes insistent que l'équilibre des forces qui

Chacun son tour.
Daumier. Soldat de Napoléon 1er saluant un soldat de Napoléon III, avant la guerre de 70.

[11]**la hantise :** *haunting memory, ever-present threat.*
[12]**se sentir aux premières loges :** *lit., to have box seats; to be in the front row.*
[13]**terminer sur une note triste :** *to end on a sad note.*

Galilée très surpris du nouvel aspect qu'offre la surface de la terre.
Daumier. (Juste avant la guerre de 70.) *Bayonets and saber-rattling, before Franco-Prussian War, 1870.*

existe entre la puissance nucléaire de chacun des deux géants assure la paix.

Espérons que les dirigeants des deux géants ne seront jamais des joueurs de poker pour qui le bluff est *un risque à courir.*

Le Racisme

Nous avons vu que les noirs étaient peu nombreux, mais bien intégrés, en France. Il reste vrai que les Maghrebins, ceux qui sont nés en Afrique du Nord—Tunisiens, Marocains et Algériens—ont le plus souvent les emplois les plus difficiles. Ils vivent fréquemment dans les quartiers les plus pauvres

Équilibre Européen.
Daumier. Équilibre Mondial? (Le problème n'a pas changé.) Ces gravures (*engravings*) de Daumier étaient imprimées dans un journal de satire politique qui s'appelait « le Charivari » (*the din*).

et habitent quelquefois à quatre ou six dans une chambre, pour économiser et envoyer de l'argent à leur famille. Ils sont quelquefois mal acceptés par la population. Certains Français ont exposé les conditions déplorables de vie dans les guettos arabes, mais il est long et difficile de faire changer l'opinion publique, que ce soit aux États-Unis ou en France. Il n'y a pas, dans l'Hexagone, d'opposition raciste organisée, comme le Ku Klux Klan, mais un ressentiment difficile à faire disparaître contre la population arabe immigrée.

Les Maghrebins ont, le plus souvent, les emplois les plus difficiles.

Compréhension du texte

1. Lequel des deux, l'inflation ou le chômage, vous paraît-il être le plus sérieux, a) pour les jeunes gens? b) pour les retraités?
2. D'après ce que vous savez, expliquez quelle est la situation de la violence en France.
3. Pourquoi la France a-t-elle décidé de s'embarquer à fond dans la construction multiple de surrégénérateurs, malgré le danger que cela représente? Est-ce de la folie? Est-ce par nécessité?
4. Quelle est la raison de la plus haute importance qui force les nations européennes de l'Ouest à ne jamais abandonner la politique de détente? Cette politique est-elle toujours comprise aux États-Unis?
5. D'après vos connaissances personnelles, la France se montre-t-elle accueillante ou raciste envers les réfugiés et les minorités? Ou alors son attitude est-elle paradoxale? Envers quel groupe? Dans ce cas, les raisons sont-elles les mêmes—socio-économiques—qu'aux États-Unis? Expliquez différences et ressemblances entre les deux.

Notes culturelles

conserver / la conservation : La conservation est un sujet universel de préoccupation. En France, pays pauvre en énergie, on y pense depuis longtemps. Juste avant l'indépendance de l'Algérie, les techniciens français y avaient découvert du pétrole et en avaient commencé l'exploitation. La France a dû laisser, sans aucune compensation, toutes les installations d'exploitation aux Algériens. L'essence (*gasoline*) pour voitures vaut maintenant quatre dollars le gallon.

Est-ce parce que la France a peu de charbon et pas de pétrole que le Français est considéré comme économe? Depuis des dizaines d'années, les touristes américains ont remarqué des aspects bizarres de la vie hexagonale, sans bien les comprendre. Pendant la prospérité des années 60, il était exaspérant pour un Américain d'aller aux toilettes dans un café et de trouver le Jeanne d'Arc (*John dark*). Pour allumer la lumière, il faut se fermer dedans, c'est-à-dire fermer la targette (*inside door lock*). La mention « libre/occupé » apparaît à l'extérieur. Le contact électrique se trouve dans cette targette.

Le même Américain, il y a déjà plus de vingt ans, a probablement trouvé exagéré que les robinets (*faucets*) s'arrêtent automatiquement après quelques secondes aux lavabos (*wash basins*) publics. Ou que les lumières s'arrêtent après une minute dans les escaliers des maisons, à cause des *minuteries* (*time switches*).

À cette époque, l'eau, le gaz, l'électricité étaient très bon marché en Amérique, mais déjà chers en France. Voici quelques mesures de conservation qui existent en France depuis très longtemps et que l'on applique encore :

- les petites voitures économiques, les diesels, les vélomoteurs, les bicyclettes
- la recherche des énergies nouvelles : première usine marémotrice (*tidal energy*) de la Rance, en Bretagne; le premier four solaire (*solar oven*) dans les Pyrénées; la première ville complètement chauffée par l'énergie géothermique (sources souterraines), à Melun, au sud de Paris.

les parents boivent, les enfants trinquent : C'est un jeu de mots que tous les Français apprécient. Mais c'est un jeu de mots sarcastique.

Timbre pour lettre ordinaire (France ou Marché Commun) édité pour la campagne « Boire ou Conduire ».

Trinquer a deux sens en français : le premier veut dire « toucher son verre contre celui d'une autre personne », quand on porte un toast, ou que l'on boit, en groupe. Le mot vient de l'allemand **trinken** (*to drink*).

Le deuxième sens est celui de « supporter les conséquences d'un acte ». C'est ce deuxième sens qui est sarcastique. Le slogan signifie donc : vous, les parents qui conduisez un véhicule où se trouve votre famille, si vous avez trop bu, vous mettez la vie de vos passagers en danger.

l'alcool tue lentement. —j'm'en fous' j'suis pas pressé : Se foutre de, s'en foutre, est de l'argot pour **se moquer de.** On dit aussi **se ficher de,** qui est un peu moins vulgaire. L'équivalent anglais est, plus ou moins : *I don't give a damn.* Le slogan signifie donc : *Alcohol kills slowly. —I don't give a damn, I'm in no hurry.*

Un marchand des quatre saisons (lit., four-seasons vendor—an outdoor fruit and vegetable vendor) *et la cherté de la vie.*

la cherté de la vie : Dans un pays industrialisé moderne, la cherté de la vie est souvent le signe que la nation est prospère ; les salaires y sont hauts, donc la vie y est chère. Par exemple, la Suisse est un des pays les plus chers, les plus prospères, et où la monnaie (*the currency*), le franc suisse, est la plus forte.

Les Français n'ont, en général, pas confiance en leur monnaie. Dès qu'une crise arrive, de politique intérieure, comme l'arrivée des socialistes au gouvernement en avril 1981, ou de politique extérieure, comme un désaccord entre le Marché commun et les États-Unis, la valeur du franc français baisse. Les Français qui ont beaucoup d'argent essaient immédiatement d'en faire passer une bonne partie dans les banques suisses, et cela contribue à faire baisser la valeur de la monnaie nationale.

Nous avons parlé de la valeur de cette monnaie qui a servi de modèle décimal au système monétaire américain, dès le commencement de l'indépendance. Les deux monnaies, le franc et le dollar, ont donc commencé à un taux (*rate*) égal : un franc = un dollar. En 1958, le franc avait perdu 500 fois sa valeur : un dollar valait 500 francs. Charles de Gaulle a fait supprimer deux zéros et depuis vingt-cinq ans, la valeur respective des deux monnaies oscille entre $1.00 = 3,90 F et $1.00 = 8,25F.

On appelle devises étrangères les monnaies des autres nations, nécessaires pour les achats internationaux. La raison principale pour les dévaluations de 1981 et 1983 est le fait que le dollar a pris beaucoup de valeur et que les achats de produits pétrolifères, par les autres pays, y compris la France, doivent tous être payés en dollars.

La cherté de la vie est donc liée au prix du *pétrole brut* (*crude oil*) qui est payé en dollars, ce qui augmente le déficit du commerce extérieur.

le cambriolage : Il n'est pas amusant de rentrer chez soi et de trouver sa maison sens dessus dessous (*upside down*) et tous les objets de valeur disparus. Pourtant le grand chanteur, poète et héros de la ballade française, Georges Brassens, mort récemment, s'en est amusé et en a fait une ballade ironique.

Un jour les cambrioleurs sont entrés dans son logement et ont volé un certain nombre de choses, sauf sa guitare. Comme il s'accompagnait toujours de cet instrument, sa guitare faisait vraiment partie de lui-même et de sa célébrité. Brassens était surtout connu pour son esprit gaulois, pour son côté poète, et pour son vocabulaire très vaste, depuis des mots archaïques jusqu'à de l'argot moderne.

Stances à un cambrioleur

Prince des *monte-en-l'air* et de la cambriole   *burglar (obs.)*
Toi qui eus le bon goût de choisir ma maison
Cependant que je *colportais* mes gaudrioles,   *was peddling (obs.)*
En ton honneur j'ai composé cette chanson :

Sache que j'apprécie à sa valeur le geste
Qui te fis bien fermer la porte en repartant,
De peur que des *rôdeurs* n'*emportassent* le reste.   *prowlers* / imp. du subj.
Les voleurs *comme il faut*, c'est rare de ce temps!   d'« emporter » (obs.)
                                                         gentleman (gentlemen
                                                             burglars)

Tu ne m'as *dérobé* que le strict nécessaire,   *stole*
Délaissant, dédaigneux, l'exécrable portrait
Que l'on m'avait donné pour mon anniversaire :
Quel bon critique d'art, mon salaud, tu ferais!

Autre signe indiquant toute absence de *tare*,   *defect, blemish*
Respectueux du bras de travailleur, tu n'as
Pas cru décent de me priver de ma guitare.
Solidarité sainte de *l'artisanat*!   *artisanship*

Pour toutes ces raisons, vois-tu, je te pardonne,
Sans arrière-pensée, après mûr examen.
Ce que tu m'as volé, mon vieux, je te le donne;
Ça ne pouvait pas tomber en de meilleures mains.

D'ailleurs, moi qui te parle, avec mes
    chansonnettes,
Si je n'avais pas dû rencontrer le succès,
J'aurais, tout comme toi, pu *virer* malhonnête.   *tourner*
Je serais devenu ton complice, qui sait?

En vendant ton *butin*, prends garde au   *loot*
    marchandage!
Ne va pas tout *lâcher*, en solde, au réceleur!   *to let things go; to drop*
Tiens leur la dragée haute en évoquant l'*adage*   *make someone dance to*
Qui dit que ces gens-la sont *pis* que les voleurs.   *one's tune*
                                                         pis (obs.) = pire : *worse*

Fort de ce que je n'ai pas sonné les gendarmes,
Ne te crois pas du tout tenu de revenir!
Ta moindre *récidive* abolirait le charme.   *repetition of an offense*
Laisse-moi, je t'en prie, sur un bon souvenir!

Monte-en-l'air, mon ami, que mon bien te profite.
Que Mercure te préserve de la prison !
(N')aies pas trop de remords. D'ailleurs nous
   sommes *quittes* :   *discharged of a debt; even*
Après tout ne te dois-je pas une chanson ?

Post Scriptum : Si le vol est l'art que tu préfères,
Ta seule vocation, ton unique talent,
Prends donc pignon sur rue, mets-toi dans les   *to open up shop (obs.)*
   affaires :
Et tu auras les flics, même, comme *chalands.*   *customers (obs.)*

Georges Brassens
Cassette Philips

Ode to a Burglar

Prince of the Burglars and of Burglary
You with the good taste to choose my abode
While I was peddling my naughty stories,
In your honor I composed this song :

Do note that I fully appreciate your courtesy
For dutifully closing the door when you left.
For fear that trespassers might steal the rest.
Thieves with good breeding are rare nowadays!

You stole only the barest essentials,
Disdainfully leaving behind the awful portrait
Which was given to me for my birthday :
What a great art critic, you would make, you
   S.O.B.!

Another sign indicating a complete absence of
   malice,
Respectful of a worker's manual skill, you didn't
Think it decent to deprive me of my guitar.
Sacred solidarity between fellow artists!

For all these reasons, you see, I forgive you,
Without ulterior motive, after much pondering.
That which you stole from me, let it be my gift
   to you.
It could not have fallen into better hands.

Besides, me, talking to you now, the one with
  the ballads,
If my fate had been such that I had not been
  successful,
Like you, I could well have become dishonest.
I could have become your accomplice, who knows?

While selling your loot, beware of bartering!
Careful not to give everything to the fences at
  bargain prices!
Drive a hard bargain : remember the saying
That claims that these fences are worse than
  thieves.

On the ground that I did not call for the police
Don't feel at all obliged to come back!
The slightest encore would dispel the charm.
Pretty please, leave me on a happy note.

Burglar, my friend, let my belongings be of profit
  to you.
May Mercury keep you out of jail!
Be not grieved with remorse. We are even anyway :
After all, don't I owe you this song?

P.S. : If burglary is your thing,
Your only vocation, your only talent,
Open up a shop of your own, start your own
  business :
You will even have the cops as customers.

Compréhension des notes culturelles

1. Pour quelles raisons les Français sont-ils considérés comme des gens économes, et pourquoi essaient-ils depuis longtemps de conserver l'énergie?
2. Citez trois ou quatre exemples d'énergies nouvelles que la France a promues (*promoted*) depuis une vingtaine d'années.
3. Quels sont les trois produits jetables que la France produit en très grande quantité? Donnez votre opinion sur chacun de ces objets *jetables*.
4. L'humour sur les slogans anti-alcool vous paraît-il typiquement français? Porte-t-il un nom? Lequel? Auquel des deux slogans s'applique-t-il?
5. Pouvez-vous citer les raisons pour lesquelles le franc s'est tellement dévalué, en particulier au XXe siècle?
6. Comment peut-on définir l'humour de Georges Brassens dans sa chanson « Stances à un Cambrioleur »? Citez les passages que vous trouvez les plus drôles, sarcastiques, etc.

Situation / Dramatisation

1. (Un étudiant et une étudiante jouent le rôle de futurs époux.) Vous (jeune femme) expliquez pourquoi vous voulez ou ne voulez pas travailler quand vous serez mariée. Et vous (jeune homme) répondez pourquoi vous n'êtes pas d'accord avec l'une ou l'autre option de votre future « femme ».

2. Vous êtes le père ou la mère d'un jeune homme ou d'une jeune fille qui va passer la soirée dans une discothèque avec des amis. La discothèque est loin. Un ami va conduire le petit groupe dans sa voiture. Quels conseils donnez-vous à votre enfant? Un autre étudiant peut jouer le rôle du jeune qui va aller danser, et peut répondre à ces conseils.

3. *Jeu des colombes et des faucons*: Divisez-vous en deux camps. Le premier déplore la course à l'armement et ses conséquences pour l'Europe de l'Ouest, champ de bataille éternel. L'autre explique qu'il est réconfortant de constater que, malgré les stocks imposants d'armes nucléaires, l'Europe n'a pas eu de guerre depuis 1945. Quelles conclusions peut-on tirer?

L'être et le parler dans l'hexagone

8
Le Français moyen

Vocabulaire-Clé

le portrait-robot   *composite drawing*
Dupont, Durand, Dubois, Dufour = noms de famille les plus courants
une sacoche de cuir   *leather purse for men, still popular in France*
la cigarette au bec   *(with) a cigarette hanging from his mouth*
le cinquième   *sixth floor*
la pièce   *the (general purpose) room*
les heures de pointe   *peak (traffic) hours*
le bistro du coin   *the (corner) bistro; any café*
les relations d'affaires   *business acquaintances*
se garer   *to park (a car)*
une contravention = un P.V. (procès-verbal)   *a (traffic) ticket*
déjeuner sur le pouce   *to eat and run (lit., on one's thumb)*
au volant   *at the wheel*
le piéton   *the pedestrian*
la poste restante   *general delivery*

Pratique

Dans l'espace en blanc, mettez le mot ou l'expression corrects.

1. Quand on veut manger rapidement, à midi, on _____ .
2. Il est de plus en plus difficile de _____ dans les villes, parce qu'il y a trop de voitures.
3. Le Français stéréotypé est souvent représenté portant un bérêt, _____ (c'est une Gauloise ou une Gitane), une baguette sous le bras.
4. Après leur travail, les Français aiment bien prendre un verre, dans _____ , avec leurs copains.
5. Quand on voyage, on se fait envoyer son courrier à _____ .

159

6. Si on arrête sa voiture à un endroit dangereux, on risque un/une _____ . (2 réponses)

7. Depuis la fin des années 60, les Français portent souvent _____ , pour mettre leurs papiers, etc., parce que la mode a supprimé les poches des pantalons.

8. Le comportement du Français _____ fait quelquefois peur aux automobilistes américains.

Voici une satire du Français moyen par un auteur contemporain qui s'est particulièrement intéressé aux différences de caractère entre les Anglo-Saxons et les Français :

> Maintes fois je me suis demandé s'il existait quelque part en France, tel un mètre-étalon[1] du Pavillon de Sèvres,[2] un citoyen-prototype réunissant toutes les caractéristiques de ce que l'on est convenu* d'appeler[3] « le Français moyen ». Ou bien si cet idéal Dupont, auquel on se réfère sans cesse en mesurant avec d'autant d'exactitude mathématique sa capacité en beaujolais[4] que sa foi en la démocratie, est une pure création mythique que les journaux habillent d'une panoplie[5] de chiffres et gonflent d'opinions.
>
> Pierre Daninos, « Un certain M. Blot », Hachette, 1960.

Traduction en français plus simple:

> Je me suis souvent demandé s'il y avait vraiment en France, comme par exemple le « mètre standard de mesure du Pavillon de Sèvres », un Français-type possédant toutes les caractéristiques de ce que l'on s'accorde à appeler « le Français moyen ». Ou si cet homme idéal, dont on parle tout le temps en mesurant le nombre de litres de vin qu'il boit, ou son esprit démocratique, est seulement un mythe créé par nous, que les média observent et commentent, avec beaucoup de statistiques.

Vous voilà programmateur![6] Compliments! Vous allez perforer une carte-programme d'ordinateur[7] suivant les clichés ou images que vous vous faites de ce « Français moyen ».

---

[1]**un mètre étalon :** *standard meter;* **étalon :** *stallion.*

[2]**le mètre étalon** est exposé au Pavillon de Sèvres, à côté de Paris.

[3]**On est convenu d'appeler :** *One agrees to call.*

[4]**la capacité en beaujolais :** la quantité de beaujolais qu'un Français peut boire.

[5]**une panoplie :** *a toy consisting of a set of tools;* **une panoplie de pompier :** *a fireman's outfit (toy).*

[6]**un programmateur :** *a (computer) programmer.*

[7]**un ordinateur :** *a computer.*

Humour français classique sur les « grands buveurs ».

SOCIETE

Français Moyen, qui es-tu ?

Le Français moyen existe-t-il ? Il y a, bien sûr, Monsieur-tout-le-monde, celui que l'on reconnaît sans hésiter sur les brochures de voyages : taille moyenne, joues rouges, béret basque et baguette de pain sous le bras. Mais cette image publicitaire correspond-elle à la réalité ? Une enquête récente du magazine *Marie France* a fait le point.

Le Français cherche à se connaître.

Fiche signalétique : Le Français moyen est brun, il a les yeux foncés, mesure 1m71 (soit 5cm de plus qu'avant 1940) et pèse 72,2 kilos. Sa compagne a aussi grandi : 1m60 contre 1m55 avant guerre, mais en s'allongeant, elle a minci. Tour de taille : 68cm (moins 2 cm), hanches : 93cm (moins 3 cm).

Vos cartes seront rassemblées et mises dans un ordinateur qui construira ainsi un *portrait-robot* du Français moyen. Le résultat de cette synthèse vous est fourni un peu plus loin.

Contrôlez bien les données du portrait-robot pour vous assurer que chaque aspect de notre Français est valable[8] et, au cours d'une discussion, expliquez pourquoi certains de ces aspects représentent peut-être, au fond,*[9] une caricature assez juste d'un habitant moyen de l'Hexagone.

RÉSULTATS

ORD.PORTR.ROBl.FRANCMOY.09durb5enjub7ftDUPONTDUBOI
SDURANDDUFOURDUVAL

Programme-Fonction A : Son Physique

1. Dupont est moyen comme taille.
2. Il porte un complet gris ou brun.
3. Il est châtain, ou brun, ou blond, ou roux.
4. Il porte *une sacoche de cuir* ou en plastique.
5. Il porte un béret, ou une casquette[10] ou il est tête nue.[11]
6. Il porte un imperméable gris ou brun, une cravate sobre.
7. Il porte une baguette* de pain sous le bras.
8. Il a des chaussures sombres et des chaussettes sombres.
9. Il porte des décorations militaires à la boutonnière.[12]
10. Il a l'air sérieux, et la cigarette au bec.*

Programme-Fonction B : Son Milieu

11. Il a une femme et 2,4 enfants.
12. Il habite dans un appartement qu'il a acheté à 31,9 ans.
13. Son appartement comprend[13] trois *pièces*,* une salle de séjour, deux chambres, une cuisinette et une toute petite salle d'eau.
14. Il n'a pas d'ascenseur et habite *au cinquième*.*
15. Il attend trois ans et trois mois l'installation de son téléphone; *aux heures de pointe*, il s'énerve quand il attend encore la tonalité[14] très longtemps.
16. Il va souvent au *bistro du coin* où il prend 1,7 apéritifs par jour avec des amis ou *des relations d'affaires*.
17. Il remplit une moyenne de 5,1 *chèques postaux** par semaine.

---

[8]**valable :** *valid.*

[9]**au fond :** *altogether.*

[10]**la casquette :** *cap.*

[11]**tête nue :** *bare-headed.*

[12]**la boutonnière :** *buttonhole.* (Faux amis, p. 262)

[13]**comprend :** *includes.*

[14]**la tonalité :** *dial tone.*

STÉRÉOTYPE DU FRANÇAIS MOYEN: C'est nous qui sommes les plus raisonnables... et qui avons le plus beau pays du monde.

18. Il passe 2,2 heures par jour devant la télé, et se moque de Messieurs Zitrone et Guy Lux.[15]

19. Il est très sportif et hurle[16] de joie quand les Verts[17] gagnent.

20. Il a cinq semaines de vacances payées par an et passe trois semaines en Espagne et deux à Courchevel* (man-made fashionable ski resort).

21. Il habite rive droite*[18] et travaille rive gauche*[18] ou vice versa.

22. Il passe 58 minutes par jour en métro, ou 1,05 heures en voiture, dont 36 minutes à chercher une place pour *se garer.*

23. Il reçoit 17,7 *contraventions* pour stationnement interdit par an, et n'en paye que 3,006.

24. Il se lève à sept heures.

25. Il rentre à la maison pour déjeuner ou il *déjeune sur le pouce* au self-service.

26. Il rentre chez lui à 18h45.*

27. Il dîne vers 19h30 et lit le journal après dîner.

28. Il se couche à 23h environ.

29. Il dort, la tête sur un traversin[19] s'il est de la moitié sud de la France et sur un oreiller[19] s'il est du nord ou de l'est.

[15]**Léon Zitrone et Guy Lux = deux personnages connus de la télé française.**

[16]**hurler (de joie) :** *to yell (with joy).*

[17]**les Verts = fameuse équipe de football de Saint-Étienne.**

[18]**rive droite, rive gauche* :** *Right Bank, Left Bank, in Paris.*

[19]**un traversin :** *bolster-type pillow (hard);* **oreiller :** *rectangular pillow (soft).*

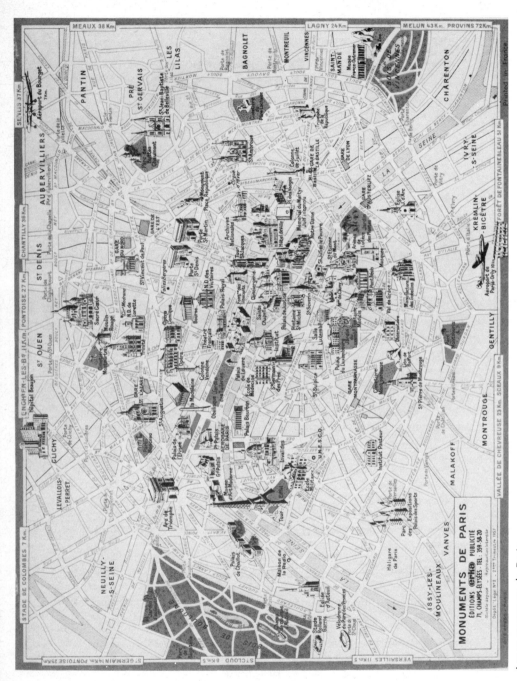

Les monuments de Paris.

30. Il va au cinéma, avec sa petite famille* 2,5 fois par mois.
31. Il va à la campagne, avec sa famille, en voiture, presque tous les week-ends.
32. Il rencontre quelquefois une dame plus jeune que sa femme et ils disparaissent très vite et très discrètement.
33. Il appartient à un parti politique, mais vote suivant son « sens de la justice sociale ».

Programme-Fonction C : Son Complexe de l'Écureuil*[20]

34. Il fait plus confiance au mark allemand ou au franc suisse qu'au franc français.
35. Il conserve des bijoux de famille en or qui lui viennent de ses arrière grand-parents par ses grand-parents et ses parents.
36. Il est convaincu que l'or est la meilleure épargne.
37. Un de ses enfants possède une tire-lire.[21]
38. Lui et sa famille demandent le billet à tarif réduit[22] de la S.N.C.F.* pour leurs congés-payés qu'ils en aient besoin ou non.[23]

Programme-Fonction D : Le Complexe de Fangio[24]

39. *Au volant*, Dupont roule vite et adroitement.
40. Il ne cède[25] jamais la place à un taxi.
41. Il observe religieusement la hiérarchie établie qui veut qu'[26] une voiture grosse et puissante doive dépasser[27] une voiture plus petite et moins chère.
42. Il n'accepte pas le fait que sa femme puisse être une « adversaire » égale au volant.
43. Sa virilité souffre quand il se fait doubler[27] par une conductrice.
44. Sa galanterie le pousse à proposer d'aider une femme qui a un pneu à plat,[28] si elle est jeune et jolie (la femme, pas la roue).
45. Il est convaincu que lorsqu'un(e) conducteur(trice) fait un signal avec le bras, la seule conclusion est que la vitre est baissée.[29]
46. Quand il conduit, Dupont associe la conduite des autres à l'imbécilité, la crétinerie et la folie.*
47. Il reconnaît la priorité de l'auto sur *le piéton* quand il est derrière son volant, mais n'accepte pas cette priorité quand il est lui-même piéton.

[20]**l'écureuil*** : *squirrel.*

[21]**une tire-lire** : *piggy-bank.*

[22]**le billet (à) tarif réduit** : *special discount ticket.*

[23]**qu'ils en aient besoin ou non** : *whether they need it or not.*

[24]**Fangio** : le champion de courses automobiles de Formule I le plus fameux. Première place : vingt-quatre Grands Prix et champion du monde en 1951, 1954, 1955, 1956, 1957.

[25]**céder (sa place)**: *to yield (one's seat).*

[26]**qui veut que** : *which requires that.*

[27]**se faire doubler** : *to be passed, overtaken;* **dépasser** : *to pass.*

[28]**un pneu à plat = un pneu crevé** : *flat tire.*

[29]**(la fenêtre est) baissée** : *(the window is) down.*

Les Français et la circulation (*traffic* en anglais, « le trafic » en français).

Problème de circulation, Boulevard Saint-Germain, à Paris.

Programme-Fonction E : Le Complexe de Don Juan

48. Il est beau, élégant, il a de la classe, ou du moins il le croit.
49. Toute femme qui n'est pas de cet avis a mauvais goût, est vulgaire.
50. Quand il voyage en train, il choisit toujours un siège près d'une jolie femme.
51. Il a toujours l'air affairé[30] et feuillette[31] son petit livre d'adresses, pour se donner des airs importants.
52. Quel que soit son âge, il suit les jeunes et jolies femmes dans la rue pour faire connaissance.

Programme-Fonction F : Le Complexe de l'Incognito

53. Il signe tout son courrier d'une manière illisible.
54. Quand il va dans des bureaux, il parle au chef de service, au préposé,[32] plutôt qu'à M. Machin ou M. Truc.
55. Il répond « allô » au téléphone, et ne se nomme jamais.
56. Il habite dans un appartement à lui depuis dix-sept ans, mais ne connaît même pas le nom de famille de ses voisins de palier.[33]
57. Il n'est connu que par ses initiales J. D. sur la boîte aux lettres dans son immeuble.
58. Il reçoit quelquefois des lettres parfumées à *la poste restante* où il n'est pas particulièrement content de devoir montrer sa carte d'identité à l'employé des postes.
59. Il laisse toujours, au café,* des messages « pour M. Étienne, de la part de M. Jean », comme s'*ils* n'avaient pas de nom de famille.
60. Il ne donne jamais son nom quand il va dans un bureau. On l'annonce en disant: « Il y a un monsieur qui veut vous voir ».
61. Il joue constamment un jeu avec le fisc : il déclare la moitié de ses gains, et le fisc, s'en doutant, lui fait payer des impôts sur le double de ce qu'il déclare.

Compréhension du vocabulaire du texte

Trouvez le mot qui correspond aux définitions.

1. C'est le « citoyen-prototype » de l'Hexagone.
2. C'est une personne qui travaille avec des ordinateurs.
3. C'est l'endroit du revers gauche d'un complet, où un homme peut placer une fleur. (C'est de là que vient le nom de la « fleur », en anglais.)
4. C'est un synonyme de *inclure*.
5. Petit animal qui vit dans les arbres et qui est le symbole de l'épargne.

---

[30]**affairé :** *appearing busy.*
[31]**feuilleter :** *to thumb through.*
[32]**le préposé = le responsable:** *man in charge.*
[33]**le palier :** *staircase landing.*

6. C'est l'objet dans lequel les enfants placent leur argent, pour le mettre de côté.
7. C'est un synonyme de « laisser quelqu'un d'autre avoir quelque chose que l'on a, soi-même ».
8. Aller plus vite qu'une autre voiture, et lui passer devant. (2 réponses)
9. Qui paraît avoir beaucoup d'activités, d'occupations.
10. L'espace entre les portes de deux voisins, dans un immeuble d'habitation.
11. La personne qui a la responsabilité d'un service.

Compréhension du texte

12. Dans le passage de Pierre Daninos, prouvez que l'auteur est ironique, en citant les éléments humoristiques.
13. Quelle déduction peut-on faire du fait que le Français aime à porter des complets de couleurs « neutres », telles que le gris ou le brun? Cherchez dans les programmes-fonctions, quel aspect du caractère français cela vérifie.
14. Quelle est la signification ironique de « il est châtain, ou brun, ou blond, ou roux ». Cette phrase veut-elle montrer quelque chose, au sujet des Français?
15. Pouvez-vous donner votre opinion personnelle pour expliquer pourquoi la mode des « sacoches de cuir pour hommes » n'a pas pris aux USA?
16. Pourquoi les immeubles français n'ont-ils pas tous des ascenseurs?
17. Expliquez l'ironie du no. 19: « Il est très sportif, et hurle de joie quand son équipe favorite de foot-ball gagne ».
18. Quel trait du caractère français se manifeste quand on dit «qu'il fait plus confiance au mark allemand ou au franc suisse qu'au franc français? (Programme-Fonction no. 34)
19. À votre avis, le conducteur français de voiture est-il tellement différent de l'Américain? Dites comment vous le voyez, d'après les fonctions nos. 39 à 47.
20. Pourquoi le Français se donne-t-il un air « affairé » dans le train?
21. Quand un Américain paie ses taxes immobilières, il envoie son chèque dans une enveloppe marquée : « Mr. Phil Mystrength, Tax Collector ». Pourquoi est-ce que ce genre d'enveloppe serait impossible en France?
22. Quelle est la raison pour laquelle, en anglais, on se sert tout le temps du prénom ou du nom de famille pour parler aux gens, alors qu'en France on utilise Monsieur, Madame ou Mademoiselle, sans se servir du nom?
23. Connaissez-vous d'autres pays où le café joue un rôle important? Quels sont les points communs de ces pays?

Notes linguistiques

convenir : se mettre d'accord sur quelque chose.

- Ils conviennent d'une heure pour leur rendez-vous.
- Nous avons convenu qu'il faudrait nous rencontrer plus souvent.

Convenir, dans ce sens, donne le nom **la convention,** et l'adjectif **conventionnel.**

- Le décor de cette pièce de théâtre représente un Paris de convention (stéréotypé).
- Comme tu es conventionnelle! (peu naturelle)
- Tu as raison. Je n'en disconviens pas. (Je ne le conteste pas.)
- Françoise et Jean-Marie détestent le conventionnalisme bourgeois.

le fond : Voici des contextes différents pour montrer les divers sens du mot.

- Il ne reste que le fond d'une bouteille de vin. (*the bottom*)
- Nous habitons au fond de cette impasse. (*at the end of*)
- Au fond, vous avez raison. (*overall; altogether*)
- Cette jeune fille a bon fond. *This young lady is basically good.*
- Il a exploité cette histoire à fond. *He exploited this story (this business) to the hilt, thoroughly.*

18h45 : Quand on veut être précis, on utilise le système des 24 heures—comme le font les forces armées américaines—pour les horaires de trains, d'autobus, d'avions; pour les heures des spectacles et les ouvertures de bureaux et de magasins. 18h45 permet de reconnaître qu'il s'agit de 6h45 plus 12 (midi), donc sept heures moins le quart du soir.

la pièce : Dans ce contexte, pièce veut dire : *general purpose room.* La cuisine et la salle d'eau ou salle de bains ne sont pas comptées. Les pièces peuvent servir de : salle à manger, salon, bibliothèque, bureau, salle de séjour ou chambre à coucher.

Dans d'autres contextes, **pièce** a un tout autre sens:

- « Antigone » est une pièce de Jean Anouilh.
- Il faut remplacer une pièce cassée à notre carburateur.
- Une pièce de 5F vaut moins qu'un dollar.

la petite famille : Le mot **petit** est un diminutif très souvent employé en français. On dit, par exemple :

- Attendez une petite minute.
- Vous prendrez bien un petit quelque chose avec moi!
- Comment va la petite famille?

C'est en général un signe de courtoisie, d'amitié ou d'affection.

l'imbécilité, la crétinerie, la folie : Les insultes françaises ne s'attaquent qu'au manque d'intelligence. Il est fréquent, quand on conduit, de voir qu'un autre conducteur, furieux, tourne son index vers sa tempe, ce qui signifie : Ça va pas, la tête? (*Something wrong with your head?*) pour **s'en prendre à** un autre conducteur qui **lui a joué un mauvais tour** (*to get even with another driver who played a dirty trick on him*).

Compréhension du vocabulaire des notes linguistiques

1. Pierre a un bon _____ , mais il se laisse trop influencer par ses amis.

2. Pour changer cette _____ , il faut sortir tout le moteur de l'auto.

3. Est-ce que je peux vous offrir un _____ verre?

4. Un conducteur, furieux contre un autre, lui crie: « Ça va pas, ___ ? »

5. Nous devrions _____ d'un jour pour dîner ensemble.

6. Pierre a étudié ce chapitre _____ . Il n'a plus peur d'être interrogé dessus, demain.

7. Les _____ de Molière sont toutes des comédies.

8. Il faut une _____ d'1F pour mettre dans le parcmètre.

Notes culturelles

la baguette : Le pain a, en France, probablement plus d'importance que dans n'importe quel autre pays, si l'on en juge par le nombre de noms qu'il a, sous diverses formes, et du nombre de boulangeries qui le vendent. Le Français aime le pain frais, que ce soit du pain de ménage, une couronne, une boule, une baguette, une ficelle, etc. On s'arrête souvent trois fois par jour pour acheter du pain pour le petit-déjeuner, le déjeuner ou le dîner. Sans parler des petits-pains, du pain brioché, du pain de seigle, du pain complet, du pain de mie, des croissants et des brioches, des tartes, des gâteaux, ou enfin des gâteaux secs.

Le boulanger a un métier très dur. Il travaille toute la nuit. C'est ce que l'on appelle un «gagne-petit » : il faut qu'il vende beaucoup pour gagner sa vie, et que son magasin soit ouvert depuis le petit matin jusqu'au soir.

la cigarette au bec : C'est une habitude bien française, mais il n'est pas plus poli, en France qu'ailleurs, de parler avec une cigarette qui vous pend de la bouche. Les Français vous répondent que s'ils la gardent à la bouche pour travailler, c'est pour pouvoir se servir de leurs deux mains librement. Ils disent aussi que cela n'est possible qu'avec du papier à cigarette français tel que le Riz-la-Croix (*rice rolling paper with the brand name, The Cross*) qui ne fait pas mal aux yeux quand il brûle, contrairement aux papiers ordinaires.

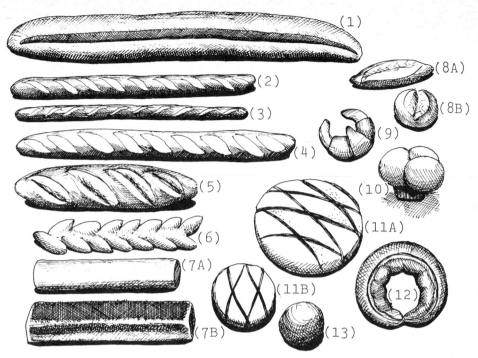

Le pain français. D'après les dessins ci-dessus, on voit combien les Français attachent de l'importance au pain. Les formes dessinées ne présentent que les plus connues. Leurs noms et formes varient avec leur région de production.

1. un pain marchand de vin ou gros pain
2. une baguette (*stick*)
3. une ficelle (*string*)
4. un « joko court » ou « restaurant »
5. un bâtard
6. un épi (*ear of wheat*)
7A, 7B. pain de mie (*similar to American white bread*)

8A, 8B. petits pains, miches
9. un croissant
10. une brioche
11A. pain de seigle (*rye*)
11B. une galette
12. une couronne (*crown*)
13. une boule

le cinquième étage : Le concept d'étage est différent en français et en anglais. On commence avec le rez-de-chaussée (*first or main floor*) et on continue avec le premier étage (*second floor*), etc. Ainsi, le cinquième étage pour nous serait le *sixth floor*.

les Comptes Chèques Postaux (C.C.P.) : C'est une initiative française qui a beaucoup de succès, et ils sont employés par une très grande partie des familles françaises pour tout paiement. C'est le gouvernement qui sert de banque pour déposer et retirer de l'argent, les postes étant un monopole d'État (voir p. 173). Les C.C.P. fournissent, sans frais, c'est-à-dire sans les payer, les carnets de chèques ou chéquiers. Les enveloppes aussi sont gratuites, déjà imprimées du nom du C.C.P. de la grande ville la plus proche. Il n'est pas besoin d'y coller un timbre, car l'affranchissement aussi est gratuit. Pour tous ces services, on ne paie que 5F par an.

Cigare symbolique (marque: « Tabac »), enseigne (*sign*) d'un bureau de tabac (*tobacco shop*).

La poste française s'appelait autrefois P. T. T. (Postes, Télégrammes, Téléphones). Elle s'appelle maintenant P. T. (Postes, Télécommunications).

Courchevel : Le ski est très populaire en France. Il y a de nombreuses chaînes de montagnes en France : les Alpes françaises, avec le Mont Blanc, la plus haute montagne d'Europe (4.807m), le Jura, les Vosges, les Pyrénées, et même le Massif central. Les écoles françaises ont une semaine de vacances en février, donc une semaine de plus pour faire du ski, et enfin deux semaines à Pâques, en mars-avril. Il existe aussi des classes de neige, où les élèves des grandes villes vont dans des villages de montagne avec toute leur classe. Ils continuent leurs cours dans des chalets, et peuvent faire du ski toute la matinée, tout cela aux frais de l'État : les élèves n'ont rien à payer eux-mêmes; c'est le gouvernement qui paye.

rive droite, rive gauche : La Seine divise Paris en deux, sur une ligne est-ouest, au moins dans la partie centrale de la capitale. L'île de la Cité, où se trouve la cathédrale Notre Dame, et l'île St. Louis, sa voisine, ont servi de passage facile à l'époque romaine où Paris s'appelait Lutétia, puis Lutèce. La rive droite, c'est Paris-nord et la rive gauche Paris-sud, plus ou moins (voir plan de Paris, page 164). Sur la rive droite, on trouve les quartiers et noms fameux de : les Tuileries, le Louvre, l'Opéra, les Champs Elysées, la Place de la Concorde, la Place de la Bastille, la Place Vendôme, et Montmartre, connu pour ses peintres. La rive gauche nous offre les quartiers, les monuments et édifices connus tels que : le Quartier Latin, le plus ancien quartier universitaire de France, avec la Sorbonne, la Faculté des Lettres et Sciences Humaines, la Faculté de Médecine, des Beaux-Arts, etc. La rive gauche comprend les quartiers de Montparnasse, des Invalides, de la Tour Eiffel, etc.

l'écureuil : Cet animal est le symbole de celui qui « met de côté » pour l'hiver. *La Caisse d'Épargne,* organisme gouvernemental, est une sorte de *savings bank* publique. Elle a choisi comme signe officiel, un dessin stylisé de l'écureuil. Autrefois, on parlait du bas de laine (*woolen sock*) où l'on mettait ses économies ou l'épargne sous forme de pièces d'or.

la S.N.C.F. et d'autres monopoles : La Société Nationale des Chemins de Fer français est un des plus importants monopoles d'État de France, après l'Électricité et Gaz de France (E.D.F./G.D.F.). La S.N.C.F. a électrifié à peu près tout le réseau (*network*) électrifiable, et se sert de moteurs diesels-électriques pour le reste. Le nouveau train à grande vitesse (T.G.V.) relie Paris à Lyon (450km ou 290 *miles*) en deux heures juste. C'est le train le plus rapide du monde. La S.N.C.F. a été le pionnier des locomotives électriques à très haut voltage. Souvent, on peut régler sa montre à l'heure d'arrivée des trains, en général très ponctuels, et réglés par ordinateurs.

Au sujet du voltage dans les maisons, la France utilise le courant alternatif de 240v à 50 périodes (*cycles*).

À partir de 1983, la nouvelle desserte à grande vitesse Paris–Lyon irriguera toute une partie de la France. Sans descendre de sa rame, le voyageur partant de Paris rejoindra Marseille en quatre heures cinquante; Genève en trois heures quarante; les Alpes (Chambéry et Grenoble) en trois heures cinq; Montpellier en quatre heures quarante, etc.

Sont aussi monopoles d'État:

- les Postes et Télécommunications (P.T.), comprenant les téléphones, les télégraphes et le courrier postal.
- la manufacture des tabacs (S.E.I.T.A.).
- Air France.
- la télévision et ses quatre chaînes nationales en couleur.
- la Compagnie Générale Transatlantique, qu'on appelle en anglais « The French Line ».
- la Régie Nationale des Usines Renault (R.N.U.R.).

le café : Connu en Europe depuis 1643. Maintenant on y sert des boissons alcooliques et gazeuses (*pop*), des jus de fruits, du café, du thé, etc. Il y a des centaines de milliers de cafés en France qui prennent des noms divers: bistro, bar-tabac, bar américain, brasserie, etc.

- Un bistro est en général un petit café (le bistro du coin).
- Un bar-tabac vend des cigarettes et tous les produits à base de tabac, des timbres-poste, des enveloppes, etc. Les bars-tabacs sont toujours très affairés, et l'homme derrière la caisse—en général le patron ou propriétaire—est très fort en calcul mental.

Un autre café ultra connu à Paris, sur le boulevard Saint-Germain (Quartier Latin). Rendez-vous des intellectuels, comme le « Flore ».

- Un bar américain se voudrait (*would like to appear as*) « moderne » et être à même de (*be in a position to*) servir les cocktails favoris des Américains.
- *Une brasserie (brewery, beer house)* est en général grande et sert des repas, comme les cafés-restaurants, mais surtout des plats qui s'accommodent avec la bière, tels que la choucroute, plat alsacien, et version française de *sauerkraut*.

Le café est un centre important de vie sociale. On s'y rend pour des rendez-vous d'affaires (*business*) ou galants, pour attendre, pour regarder les gens qui défilent devant la terrasse, pour se montrer, pour rechercher de la compagnie, etc. Les cafés servent de boîte postale, de bureau téléphonique, ou d'arrêt indispensable, quand on cherche la porte marquée « Messieurs » ou « Dames ».

Compréhension du vocabulaire des notes culturelles

Trouvez le mot qui correspond aux définitions.

1. L'étage au niveau de la rue, en français.
2. Le fait de mettre un timbre sur une lettre.
3. C'est un verbe qui signifie : établir une communication entre deux villes, par exemple.
4. La télé française n'en a que quatre.
5. C'est le nom qu'on donne à une rencontre, au café, par exemple, entre un monsieur et une dame.
6. C'est l'endroit où l'on achète des cigarettes et des timbres.

Compréhension du texte des notes culturelles

7. Faites un petit exposé sur l'amour du Français pour le pain et tout ce que l'on peut acheter dans une boulangerie-pâtisserie. Cet amour est-il contagieux? A-t-il une influence aux États-Unis?

8. Que pensez-vous de l'explication hexagonale de « la cigarette au bec »?

9. Essayez de décrire le concept français d' « étage », et comparez-le au concept américain.

10. Pouvez-vous citez tous les avantages des chèques postaux?

11. Pourquoi fait-on beaucoup de ski en France?

12. Parlez des deux divisions principales de Paris et donnez quelques détails dont vous vous souvenez sur chacune.

13. Pourquoi le train est-il le plus vieux et le plus populaire des moyens de transport en France (et aussi le plus moderne)? Expliquez.

14. Citez quelques autres monopoles d'État, en dehors de la S.N.C.F.

15. Donnez toutes les raisons que vous vous rappelez, pour la popularité du café en France.

Situation / Dramatisation

1. Vous allez, à tour de rôle, prendre la place du professeur et questionner vos camarades sur les données fournies par l'ordinateur sur le Français moyen. En commençant par le no. 1, etc., demandez à chacun si cela lui paraît vrai ou exagéré? Demandez aussi d'expliquer le vocabulaire. Chaque « professeur » peut interroger, par exemple, cinq étudiants (cinq questions).

2. Faites un portrait-robot de l'Américain moyen, de l'Allemand moyen, du Japonais moyen et de l'Anglais moyen, par groupe de deux ou trois pour chaque nationalité, et présentez vos idées originales au groupe.

9

Le « Melting-Pot » français

Vocabulaire-Clé

la patrie = le pays natal, où on est né
la main d'oeuvre = le travail manuel de l'ouvrier *labor force*
l'essor *flight; upsurge; here, great progress*
un mandat* *money order*
jeter de la poudre aux yeux *to give a « snow job »*
avoir du mal à *to have a hard time doing something*
se retourner *to turn around (lit. & fig.); to face a new situation*
les essais d'épuration = les tentatives pour rendre plus pur
les aiguilleurs du ciel *air traffic controllers*
une vague déferle *a wave breaks*
le franglais = combinaison de français et d'anglais **= nom donné à**
un parler français utilisant beaucoup de mots anglais

Pratique

Reconnaissez et donnez le mot ou l'expression ci-dessus, en lisant sa définition.

1. Les spécialistes qui dirigent les avions par radio, à l'aéroport.
2. Pour changer une roue d'auto dans un garage, on vous compte uniquement le travail, puisqu'il n'y a pas de pièce à changer.
3. C'est le pays où on est venu au monde.
4. Cela veut dire : donner de l'importance à soi-même ou à ce que l'on a fait.
5. C'est une somme d'argent que l'on envoie par la poste.
6. Cela signifie : ne pas trouver quelque chose facile à faire.

« La France est la patrie* commune à tous les peuples. »
Anonyme

« Tout homme a deux patries; la sienne et puis la France. »
Thomas Jefferson

Bon! Voilà le Français moyen passé au peigne fin![1] Un peu comme son homologue[2] américain, il aime assez faire son auto-critique.[3]

Est-il chauvin?[4]* Comme tout le monde... Étant citoyen d'un pays de 54 millions d'habitants, il ne peut prétendre à des superlatifs exagérés. Nous avons vu à la page 170 que le Français est particulièrement obsédé[5] par l'intelligence. Il l'est aussi par la raison, et se croit volontiers un des êtres les plus raisonnables du monde. Le français possède au moins vingt-cinq mots (argot y compris) pour « fou ».

Il est frappant[6]* que la France, comme les États-Unis, serve d'asile à beaucoup d'étrangers : ceux qui recherchent un refuge politique, artistique, littéraire, ou bien un emploi.

Il y a, en France, plus de 6%, soit plus de trois millions d'étrangers, vivant sur son territoire. Depuis la conquête de l'Algérie, en 1830, une large proportion d'Algériens se sont installés en France. On trouve aussi beaucoup de Marocains et de Tunisiens, dont le pays est indépendant de la France depuis 1954, alors que l'Algérie a reçu son indépendance en 1962. Les Arabes vivant en France forment une *main-d'oeuvre* qui occupe souvent les emplois les plus durs et les plus mal payés.

Les noirs,* beaucoup moins nombreux mais beaucoup mieux intégrés, sont souvent les fils de riches familles des anciennes colonies françaises d'Afrique noire. Ils ont souvent accès aux professions libérales pour lesquelles ils sont venus étudier à l'université. La France continue à entretenir d'excellentes relations avec les anciennes patries de ces noirs.

L'ancienne Afrique noire française comprenait l'Afrique-Occidentale et l'Afrique-Équatoriale. Leurs territoires, anciennes colonies françaises, étaient : la Mauritanie, le Sénégal, la Guinée, la Côte-d'Ivoire, le Soudan français, la Haute-Volta, le Dahomey, le Niger, l'Oubangui-Chari, le Gabon, le Congo et le Tchad. Le désert du Sahara, était aussi considéré comme territoire française. La Côte des Somalis et Djibouti étaient aussi des territoires, et enfin l'île de Madagascar, à l'est de l'Afrique, dans l'océan Indien, complétait ces territoires français qui, au total, représentaient plus du tiers*

---

[1]**passer au peigne fin :** *to go over with a fine-toothed comb.*

[2]**un homologue :** *counterpart.*

[3]**une auto-critique :** *self-criticism.*

[4]**chauvin :** *chauvinistic.*

[5]**obsédé :** *obsessed.*

[6]**frappant :** *striking, lit. & fig.*

Une scène typique à Dakar, Sénégal.

Deux étudiants africains à côté d'une peinture murale représentant un robot « contestataire » (*antiestablishment*).

(1/3) de toute la superficie de l'Afrique. Il faut ajouter à ces noms d'anciennes colonies ceux du Togo et du Cameroun, anciens territoires sous mandat, tout comme la Syrie et le Liban.

Au cours de son histoire, la France a accueilli de nombreux réfugiés : à la suite de la révolution soviétique, beaucoup de Russes blancs[7] sont venus s'installer en France après la guerre de 1914–1918. De même pour les Espagnols, qui ont franchi les Pyrénées pour se réfugier en France pendant et après la guerre civile espagnole de 1936–1939. Enfin, avec l'essor économique des années 60, de nombreux travailleurs étrangers ont choisi la France comme lieu de travail, venant d'Afrique du nord, d'Espagne, d'Italie, du Portugal, de Grèce, de Turquie, de Pologne et de Yougoslavie. On compte, en tout, plus de trois millions de travailleurs étrangers, sur une population de cinquante-quatre millions d'habitants. Ils envoient régulièrement leurs économies par mandats* à leur famille restée au pays.

Les anciennes conquêtes de son histoire, les courants littéraires, comme le romantisme, les faits économiques, tout cela a contribué à modifier sensiblement la langue, en lui apportant un vocabulaire coloré, exotique, tantôt[8] sans équivalent en français, tantôt[8] utilisé pour l'attrait de cet exotisme. C'est le cas de mots tels que : le kiosque,[9] le samovar,[10] une isba,[11] une vahiné,[12] la baraka,[13] le toubib,[14] etc.

Kiosque à journaux.

[7]**les Russes Blancs :** s'opposent aux Soviets ou Russes Rouges.

[8]**tantôt... tantôt :** *sometimes. . . sometimes.*

[9]**le kiosque = mot turc, sorte de pavillon ouvert, soit sur le devant (kiosque à journaux), soit sur toute sa circonférence (kiosque à musique).**

[10]**samovar :** *Russian teapot.*

[11]**isba :** *Russian log cabin.*

[12]**vahiné :** mot tahitien pour « femme ».

[13]**baraka :** arabe pour « bénédiction », chance.

[14]**toubib = docteur, médecin.**

Le goût, le snobisme même de l'importé, incitent non seulement le Français moyen, mais aussi l'Américain moyen, à se servir de mots étrangers, comme signe de classe sociale, d'éducation cosmopolitaine, ou plus vulgairement à *jeter de la poudre aux yeux*. De même que l'Américain préférerait manger une quiche plutôt qu'un *cheese pie,* un Français prendra *un drink* plutôt qu'un verre, chez un ami.

La plupart des mots qui se sont ajoutés au français du XXe siècle sont anglais ou américains, mais beaucoup d'autres langues étrangères ont enrichi notre dictionnaire, comme les exemples cités plus haut. C'est d'autant plus (vrai) que[15] la proportion des étrangers a augmenté.

> Les Français n'osent pas toucher à la langue. Prenez par exemple, *kitchenette* qui devient, par force de loi[16] *cuisinette.* Il me semble que nous aurions pu le trouver nous-mêmes. Oui, mais si le Français prend une cuisinette, il la ressent[17] comme une cuisine trop petite où il aura du mal à se retourner.[18] Tandis que si on la lui baptise *kitchenette,* il l'accepte comme un jouet à la mode. Et puis le mot n'a pas cette consonance triviale[19] de *cuisinette.* (« Parler Croquant » par Claude Duneton, Stock, 1973)

On parle souvent, et surtout dans la presse étrangère, des *essais d'épuration* de la langue française. En réalité, le Français moyen a le loisir de se servir de très nombreux mots récents, souvent étrangers, pour de nombreuses raisons, dont le manque d'équivalent en français est la meilleure justification. N'oublions pas que le français possède, paraît-il, le tiers du vocabulaire de l'anglais. Au besoin, il fait appel au vocabulaire technique américain, pour *marketing, merchandising, cash-flow,* etc.

[15]**d'autant plus vrai que... :** *all the more true since. . .*

[16]**par force de loi :** *made compulsory by law.*

[17]**il la ressent :** *he gets the feeling.*

[18]**Il aura du mal à se retourner :** *He will have a hard time facing it, living with it.*

[19]**une consonance triviale :** *commonplace sound.*

Le français crée aussi ses propres mots pour définir les créations récentes, comme nous l'avons vu pour la traduction de *computer* par « ordinateur », mot français du XVᵉ siècle. Le vocabulaire étranger récent est surtout américain. Il a le monopole des communications radio et aéronautiques par *les aiguilleurs du ciel.* Toute *une vague* de vocabulaire technique spécialisé, psychanalytique, commercial, aéronautique, électronique, informatique, etc., est venue *déferler* sur les côtes de l'Hexagone. On peut citer deux catégories: a) ceux dont le sens et l'orthographe sont les mêmes dans les deux langues: *la motivation, le week-end,* et b) ceux dont le sens ou l'orthographe a changé : un smoking,[20] un bifteck,[21] un talkie-walkie,[22] un shake-hand.[23]

Il y a d'autres mots comme *le tennis, le vasistas, la redingote,* ou *le pumpernickel,** qui sont entrés dans la langue. Personne ne peut garantir l'authenticité de leur étymologie, car la légende et souvent l'humour remplacent les faits.

L'influence anglo-américaine sur la langue française est donc très forte, mais elle pourrait l'être plus si ce n'était de[24] l'Académie Française* et de certains puristes français, qui se battent contre *le franglais.*

Firme américaine établie en France.

[20]**un smoking :** *a tuxedo.*

[21]**un bifteck :** *beef steak.*

[22]**talkie-walkie :** *walkie-talkie.*

[23]**shake-hand :** *handshake.*

[24]**si ce n'était de :** *were it not for.*

Voilà un mot anglais pour désigner un *dry cleaner,* que l'on appelle « teinturerie » à Paris et « degraisseur » dans le sud de la France.

Compréhension du vocabulaire du texte

Dans l'espace en blanc, mettez le mot correct.

1. Les Français sont _____ par l'intelligence et la raison.
2. La ressemblance entre les États-Unis et la France, qui servent tous les deux d'asile est une ressemblance _____ , remarquable.
3. On oppose les _____ aux Soviétiques.
4. _____ le français me paraît facile, _____ je le trouve difficile.
5. En fait, le français me paraît _____ que je passe plus de temps à l'étudier.
6. L'Académie Française et les puristes essaient de combattre _____ .

Compréhension du texte

7. Quelle opinion le Français a-t-il de lui-même? Se croit-il membre de la plus puissante nation au monde? Pourquoi (ou pourquoi pas)?
8. Citez les raisons politiques, morales et philosophiques pour lesquelles la France et les États-Unis sont des « melting-pots ».
9. De quelle région ou de quel continent est venue la première grande immigration d'étrangers en France?
10. Nommez les pays qui envoient de la main-d'oeuvre en France. Quel est le dénominateur commun de tous ces immigrants?
11. Quel genre de travail ces travailleurs immigrés trouvent-ils, essentielle-ment? Existe-t-il une situation similaire aux États-Unis? Expliquez.

12. Pouvez-vous dire quel est le total des travailleurs immigrants en France? Pourquoi chaque groupe (par nationalité) y est-il venu (par exemple, guerre, révolution, famine, chômage)?
13. Que sont devenues les anciennes colonies françaises d'Afrique?
14. Quel genre de vocabulaire le français a-t-il absorbé, récemment? Citez des exemples précis.
15. De quelle langue surtout viennent ces nouveaux mots étrangers? Cette situation est-elle à *sens unique* ou *réversible*? (L'autre langue utilise-t-elle aussi des mots français?) Donnez des exemples.

Notes culturelles et linguistiques

frappant : signifie *striking*. Amusant, charmant, émouvant, étonnant, fascinant, intéressant, etc., sont, dans les deux langues, d'anciens participes présents qui sont devenus des adjectifs qualificatifs. Ils ne sont donc plus invariables et prennent la marque du féminin et du pluriel, en français.

- C'est une histoire fascinante.
- Ces enfants sont charmants et bien élevés.

Les deux langues montrent la même évolution.

chauvin : signifie, bien sûr, *chauvinistic*. Le mot vient de Nicolas Chauvin, soldat de Napoléon, qui est devenu célèbre pour son enthousiasme naïf. Ne pas confondre avec chauve, qui signifie *bald*. Une chauve-souris se dit *a bat,* en anglais.

la patrie : le pays natal, symbolisé par Marianne, la mère patrie, dont le buste, portant le bonnet phrygien (voir photo, p. 114) est celui de Brigitte Bardot, et décore maintenant toutes les mairies de France. Marianne et l'Oncle Sam : la « mère patrie » et le « *fatherland* ».

les noirs : Nous savons déjà que les noirs sont assez bien intégrés en France. Il semble que les noirs soient fort bien acceptés en France, certainement mieux que les Nord-Africains. Il n'est pas rare de les trouver dans n'importe quelle profession. Leur nombre est cependant assez faible. À peu près à la même période où on encourageait l'emploi de *black* au lieu de *negro* aux États-Unis, en France on disait « noir », au lieu de « nègre ». Un des noirs français les plus fameux est Gaston Monnerville, président du Sénat français pendant vingt-six ans, et sénateur de la Guyane française.

le tiers : signifie, en général, *the third*. Le mot **tiers** peut cependant vouloir dire : qui vient en troisième position. Par exemple, pendant la Révolution française, le tiers état (*Third Estate*) représentait la bourgeoisie, qui n'appartenait ni à la noblesse ni au clergé. Maintenant, on parle du tiers monde, c'est-à-dire des pays qui ne sont alignés ni avec l'Ouest ni avec le bloc soviétique: *Third World nations.*

le mandat : Pour ceux qui n'ont pas de compte chèques postaux ou de compte en banque, les mandats sont le seul moyen d'envoyer de l'argent par la poste. Pour envoyer un mandat, on va au bureau de poste et on remplit un formulaire: *a money-order form*.

Dans les bureaux de poste, il est fréquent de voir des étrangers, des Nord-Africains (Algériens, Marocains, Tunisiens) qui ont des difficultés à écrire en français. Ils reçoivent souvent l'aide d'autres personnes qui se trouvent à la poste également.

le tennis : Le jeu de paume est l'ancêtre du tennis. On y jouait avec la paume (palme) de la main. La traduction anglaise de « Serment du Jeu de Paume » de la Révolution française, par *The Oath of the Tennis Court* est amusante pour un Français, car le mot « tennis » fait penser aux jeunes gens aisés (*well-to-do*) et sportifs, habillés en chemise Lacoste et en shorts blancs, plutôt qu'à des révolutionnaires de 1789. Le nom « tennis » vient, dit-on, du français : Tenez! (*Catch!*), prononcé à l'anglaise, et revenu en France en tant que « tennis ». Encore au sujet du tennis, on dit que le mot *love*, utilisé pour compter les points, vient du mot « l'oeuf », en français. En effet, l'oeuf a la même forme que le zéro.

le vasistas : C'est une ouverture mobile vitrée (*glassed-in*) dans une porte ou une fenêtre, qui s'ouvre pour donner de l'air. C'est une altération de l'allemand *Was ist das?,* qui signifie : Qu'est-ce que c'est?

la redingote : Ce mot vient, paraît-il, de l'anglais *riding coat,* c'est-à-dire un habit dont la « queue » est fendue en deux pour permettre d'aller à cheval. C'est ce que l'on appelle *tail coat.*

le pumpernickel : Le « meilleur » pour la fin, s'explique, selon la légende, par le fait suivant : l'empereur Napoléon avait un cheval qui s'appelait Nickel. Il avait aussi une ordonnance (*an orderly*) alsacienne qui parlait avec un accent proche de l'allemand. Un jour, pendant la retraite de Russie, Napoléon voulait savoir si ses troupes avaient du pain décent à manger. Son ordonnance lui aurait répondu : « Non, Sire! C'est seulement bon pour Nickel ». Avec son accent, le nom « pumpernickel » serait resté, pour le *pain de seigle* noir (*dark rye bread*).

l'Académie Française : a été fondée en 1634 par le Cardinal Richelieu. L'idée vient de « l'Académie Philosophique », en Grèce antique, fondée par Platon. À l'origine, ses quarante membres, les Immortels, étaient chargés de la rédaction, de la composition du Dictionnaire de l'Académie. Par la suite, Fénelon, évêque et écrivain, demanda en 1716 qu'une grammaire, une rhétorique et une poétique s'ajoutent au dictionnaire, comme tâches à remplir par l'Académie.

La première grammaire ne paraît qu'en 1932. L'article 24 des statuts stipule que :

La principale fonction de l'Académie sera de travailler avec tout le soin et toute la diligence possible, à donner des règles certaines à notre langue et à la rendre pure, éloquente et capable de traiter les arts et les sciences.

Il est difficile, trois siècles et demi plus tard, de formuler une mission d'une manière plus claire et plus concise.

Malgré cela, le Français qui est toujours frondeur, c'est-à-dire rebelle, se moque gentiment de l'Académie et des Immortels. On aime beaucoup présenter ces Immortels comme des vieillards très doctes, c'est-à-dire très érudits, mais un peu séniles. On dit volontiers que l'oeuvre de l'Académie, depuis sa fondation, il y a 350 ans, consiste, en tout et pour tout (*all in all*), en une acceptation de la prononciation de « des haricots », avec un *h* muet, au lieu de « des haricots », avec un *h* aspiré. De toute manière, personne ne profite de cette « largesse » de l'Académie, et tout le monde continue à dire « des haricots », sans liaison.

Compréhension du vocabulaire des notes culturelles et linguistiques

Dans l'espace en blanc, mettez le mot correct.

1. Le plus fameux politicien noir français est _____ .
2. Les pays qui ne sont ni pour les alliés de l'Ouest, ni pour le bloc communiste, s'appellent le _____ .
3. Pour leurs concerts, les pianistes portent souvent _____ .
4. On dit de quelqu'un qui est assez riche, qu'il est _____ .
5. Quand on est très touché par une pièce de théâtre, on trouve cette pièce _____ .

Compréhension du texte des notes culturelles et linguistiques

6. Que pensez-vous de la « nouvelle Marianne »? Connaissez-vous d'autres exemples où le cinéma se joint à la politique?
7. Les noirs, se sont-ils bien intégrés en France? Expliquez pourquoi. Le changement de *nègre* en *noir* vous paraît-il familier? Pourquoi?
8. Pourquoi les Français trouvent-ils amusante la traduction de « Serment du Jeu de Paume » en *Oath of the Tennis Court?* Quelle est l'origine de « tennis » et de « love »?
9. Quel est le rôle principal de l'Académie Française? Son équivalent existe-t-il dans d'autres pays? Qu'est-ce que sa création et le fait qu'elle existe encore prouvent?

Un « Immortel » (un Académicien).

Situation / Dramatisation

1. Vous êtes un(e) diplomate américain(e) vivant en France. À une réunion de l'UNESCO, on vous demande de comparer les données des immigrations américaine et française, dans leurs similarités et différences. Essayez, en quelques phrases de parler des suivantes :

   a. Similarités : les deux pays ont une immigration élevée. Pour des raisons idéologiques? Plus grand standard de vie? Etc.

   b. Différences : proximité géographique, facilitant l'arrivée de travailleurs ou de réfugiés politiques étrangers. Montrez que, malgré les différences de nationalité des réfugiés (Espagne vs. Cuba), il existe aussi des similarités.

   c. Immigration : S'il se trouve, en classe, des étudiants d'origine ou de naissance étrangère, ils pourront parler avantageusement des difficultés d'obtenir un visa d'étudiant ou de résident permanent aux États-Unis.

2. Vous êtes un groupe de jeunes « snobs » à une *cocktail party*. Vous voulez jeter de la poudre aux yeux, et vous utilisez tous les mots de franglais que vous connaissez, ou bien les mots étrangers qui prouvent votre bonne connaissance de nombreux pays exotiques que vous avez visités au cours de vos « fréquents voyages ».

10
Les Niveaux de langue

Vocabulaire-Clé

le niveau   *the level*
l'ethnie   *racial background*
le genre   *genre; style (of literature, art, music)*
se rendre compte de/que   *to realize*
épatant   *terrific*
une gamme   *range, gamut*
la Préciosité   *preciosity; period of « conceits » and flowery language
     at the court of Louis XIV*
le rapport = le process verbal   *written report*
épater   *to flabbergast, to stun*

Pratique

Dans l'espace en blanc, mettez le mot ou l'expression corrects.

1. Cet acteur peut jouer toute _____ d'émotions, à la perfection. Il est
   très versatile.
2. La police écrit _____ de l'accident au commissariat de police.
3. Vous étudiez le français! Bien, mais à quel _____ ?
4. Il est tellement absorbé par son travail qu'il ne doit pas _____ de
   l'heure (qu'il est très tard).
5. Je n'aime pas beaucoup sa peinture qui copie _____ Impressionniste.

188

La géographie et *l'ethnie* ne sont pas les seuls facteurs qui touchent la langue* française. Le passage* du temps, des siècles, est un des facteurs qui ont le plus profondément changé le langage,* et ceci dans la plupart des pays. La langue de « La Chanson de Roland » est aussi distincte du français moderne que la langue de Geoffroy Chaucier (qui avait anglicisé son nom en Geoffrey Chaucer) est différente de celle de Winston Churchill.

D'autres éléments entrent en jeu* également. Par exemple, le milieu social et l'âge de celui qui parle. Enfin les *genres* littéraires modifient le langage : la satire, le réalisme, la poésie, le langage technique, représentent des niveaux de langue très distincts.

Les passages qui suivent sont quelquefois impossibles à simplifier. Ils vous sont présentés pour que vous puissiez avoir quelques exemples de la variété considérable de styles en usage.

Opposition de deux vocabulaires

Langue demi-précieuse du XVIIᵉ siècle

M. Jourdain (le Bourgeois-gentilhomme) Par ma foi,[2]* *il y a plus de quarante ans que je dis de la prose, sans que je n'en susse rien, et je vous suis le plus obligé du monde de m'avoir appris cela.*
— « *Le Bourgeois Gentil-homme* » de Molière, Act II, Scène IV

Jargon technique moderne

Il y a des syntagmes[1] qui, du point de vue diachronique, semblent être arrivés à un stade de leur évolution vers le figement des monèmes[3] actualiseurs. (Exemple de jargon de linguistique générale)— « *Les Modalités Nominales* » de Mortéza Mahmoudian, P.U.F., 1970

Traduction en français plus simple

M. Jourdain, nouveau-riche, qui veut donner l'impression d'être cultivé, tout en[4] *se rendant compte de son ignorance :*
Quand je pense qu'il y a plus de quarante ans que je parle en prose sans le savoir! Je vous suis très reconnaissant de m'avoir appris cela.

Il y a des éléments, constituant des phrases, qui, en évoluant avec le temps, semblent être arrivés au point où celles de leurs unités significatives élémentaires qui spécifient ne vont plus changer.

[1]**un syntagme :** *any combination of monèmes (see note 3).*

[2]**Par ma foi! :** *By Jove!*

[3]**un monème :** *minimal linguistic sign.*

[4]**tout en + part. prés. :** *all the while + part.*

M. Jourdain.

Traduction en anglais

By Jove! To think that I have been speaking in prose for the last forty years, unbeknownst to me! I am everlastingly grateful to you for having taught me that.

There are syntagms which, from the diachronic standpoint, seem to have reached that point in their evolution when their modifying monemes will congeal.

Opposition de deux vocabulaires (plus ou moins) contemporains

Right On

Il est débile[5] ce croulant![6] de ne pas trouver ça chouette.[7] Non, mais vise le topo![9]... Oh, dis-donc, il est extra[7] ton T-shirt! Ça va être dingue[7] de se ramener[10] comme ça à la disco(thèque). Tu te rends compte... ça va être vachement[11] sensass,[7] génial,[7] non?

Nostalgie

Les hommes sont tout simplement en train de changer en animaux avides.[8] Ils n'ont plus la force de dissimuler. Autrefois, celui qui avait le plus faim était celui qui retardait le plus d'attaquer son potage. Celui qui voulait aller au petit coin était celui dont le sourire était le plus large... Quand j'étais jeune fille, nous nous amusions à les retenir et à les faire sourire ainsi des heures entières.
— « *La Folle de Chaillot* » Acte II, de Jean Giraudoux

Traduction en français plus simple

Il est anormal, ce vieux monsieur, de ne pas trouver cela bien. Non mais imagine un peu... Oh, dis-donc, tu as un superbe tricot! Ça va faire tourner des têtes, d'arriver ainsi à la discothèque. Tu te rends compte... ça va être sensationnel... *épatant*, non?

Les hommes deviennent de plus en plus des bêtes affamées. Ils n'ont même plus la force d'être hypocrites. Autrefois, celui qui avait le plus faim était celui qui commençait sa soupe en dernier. Celui qui voulait aller aux toilettes était celui qui souriait le plus... Quand j'étais jeune fille...

---

[5]**débile** = de faible intelligence/santé (argot pour **extraordinaire**).

[6]**un croulant :** *young people's slang for older people;* **crouler :** *to crumble.*

[7]**chouette = extra = dingue = sensass = génial :** *terrific! (slang).*

[8]**avide :** *hungry, greedy.*

[9]**vise le topo :** *get the picture (slang).*

[10]**se ramener :** *to show up (slang).*

[11]**vachement :** *Reinforcement for « very » (slang).*

La Folle de Chaillot.

Traduction en anglais

Man, that dude is real nuts if he doesn't dig that! Wow... That T-shirt of yours is far out, man. It's gonna be crazy to show up at the disco like that. Man, you dig. It's gonna be outta sight. Awesome, man, awesome!

Men are quite simply changing into voracious animals. They don't even have the strength to pretend. In the old days, the hungriest was the one who started his soup last. Whoever needed to go to the restroom displayed the broadest smile. When I was a young lady, we had fun delaying them and keeping them smiling thus for hours.

Les passages précédents sont des « extrêmes », tout au moins en ce qui concerne le passage « far out » d'argot moderne du minet[12]* parlant à sa minette.[12]* Mais entre le français de Giraudoux et celui de notre linguiste il existe toute *une gamme* de français : familier, vernaculaire, étudiant, etc. En restant dans la synchronie, c'est-à-dire à la même époque—contemporaine—on peut s'apercevoir que le mot « chat », par exemple, devient « minet » pour un enfant et « matou » pour une personne qui veut faire de l'effet en employant un mot ancien.

En s'échappant dans la diachronie, c'est-à-dire en observant l'évolution linguistique dans le temps, on peut prendre une phrase et en observer la transformation au cours des siècles :

XVIe : Il vous venoit monstrer icelui.
XVIIe : Il vous venait montrer celui-ci.
XVIIIe : Il venait vous montrer celui-ci. (sans changement depuis)

C'est un phénomène qui existe dans la plupart des langues principales et que l'étudiant connaît bien, puisqu'on lui demande de lire de la littérature celte, comme les aventures du Roy Arthur, les Contes de Boccace, « Don Quichotte » de Cervantes, « Le Songe d'une Nuit d'Eté », de Shakespeare,

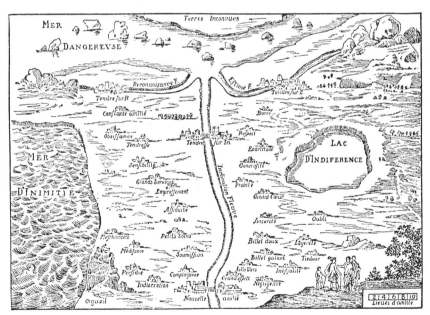

La carte de tendre.

---

[12]**le minet / la minette* :** *slicked-up young people, in fashionable garb.*

et « Le Malade Imaginaire » de Molière, pour ne citer que des oeuvres particulièrement connues, dans de nombreux pays. À l'époque de Molière, pendant le règne de Louis XIV, s'est développé ce que l'on appelle la *Préciosité,* une affectation marquée dans la conversation et dans l'écriture comme preuve de distinction, de raffinement. On ne parlait d' « aimer » à la cour, mais « d'avoir un furieux tendre pour » une marquise. Une chandelle[13] devenait « un supplément du soleil », une fenêtre « la porte du jour » et un verre d'eau « un bain intérieur ».

De nos jours, on n'utilise plus guère le passé simple, qui est réservé aux *rapports,* aux conférences et, surtout, à la langue écrite pour donner une valeur historique à un fait. « Nous fûmes amis » est fort peu employé. « Vous m'*épatates* » fait rire. (Vous mes patates : *you my potatoes*?!) « Sans que je n'en susse rien » est encore plus sujet à l'hilarité puisque « sucer » veut dire *to suck.* De même, on n'emploie presque plus le passé antérieur « j'eus été », et encore moins le passé deuxième forme « j'eusse été », l'imparfait du subjonctif « que je fusse » et surtout le plus-que-parfait du subjonctif « que j'eusse été ».

La scène du banquet du « Bourgeois Gentilhomme » de Molière par la Comédie-Française.

---

[13]**une chandelle = ** mot ancien pour bougie : *candle.*

Compréhension du vocabulaire du texte

Trouvez le mot ou l'expression qui correspond aux définitions.

1. Expression ancienne signifiant plus ou moins *By Jove!*
2. Argot pour « personne âgée » (ou plus âgée que celle qui parle).
3. Synonyme de « chouette » en argot de jeunes gens (plusieurs réponses possible).
4. Argot pour une jeune personne habillée à la mode (2 réponses).
5. Qu'est-ce qu'on appelait « un bain intérieur » en langage précieux?
6. Temps qui n'est presque plus employé, même en langue écrite.

Compréhension du texte

7. Donnez tous les éléments que vous croyez être la cause des niveaux de langue. Expliquez-les.
8. Quelle sorte d'homme est-ce que Monsieur Jourdain vous paraît être d'après le court passage du « Bourgeois Gentilhomme »? Sur quoi basez-vous votre opinion?
9. Existe-t-il des exemples de vocabulaire technique similaire au jargon linguistique en français ou en anglais? Trouvez les professions dans lesquelles ce jargon peut exister. Est-il besoin de comprendre exactement ce qu'écrit Mahmoudian pour répondre à cette question?
10. Est-il possible dans le court passage de « La Folle de Chaillot », de dire si elle est *vraisemblable* (si on peut croire qu'un tel personnage, peint par Giraudoux, puisse exister)? Connaissez-vous des gens qui pourraient parler ainsi, de nos jours?
11. À votre avis, dans les quatre passages, cités précédemment et opposés deux par deux, qu'est-ce qui vous paraît varier le plus? Le vocabulaire? La grammaire ou la syntaxe? Les idées?

Notes linguistiques

la langue et le langage : Une langue est un code, un instrument de communication. C'est un code social, c'est-à-dire qu'il permet à l'expérience humaine d'être analysée différemment dans chaque communauté où elle est un dénominateur commun. Le langage est aussi un instrument de communication, quelquefois plus spécialisé.

Le mot **langue** (*tongue*) désigne le même organe de la parole. La langue est un code, et la parole est le message. On parle de langue natale, de langues étrangères. On ajoute l'adjectif du pays après le nom **langue** pour définir l'idiome parlé dans un pays. **Idiome** est donc plus ou moins un synonyme de **langue.** On dit aussi : une langue vivante, une langue morte (comme le latin et le grec), une langue diplomatique, etc. On parle, par contre, du langage des bêtes, du langage de l'amour, du langage informatique (voir programmation du Français moyen, Ch. 8), du langage *chiffré* (ou de la cryptographie) que les pays ennemis essaient de déchiffrer (*to decipher*) en temps de guerre. Le mot « langage », donc, est ce qu'on appelle un « faux ami ». Il existe en anglais 28 000 mots d'origine latine ou française. Ils sont quelquefois dangereux parce qu'ils peuvent avoir soit une orthographe légèrement différente, soit un sens différent. En voici quelques mots français qui ont une orthographe différente mais sens similaire :

Français	Anglais
un exemple	an example
un appartement	an apartment
une adresse	an address
une indépendance	an independence
un correspondant	a correspondent
un filet	a fillet
galant	gallant
responsable	responsible
réaliser	(to) realize

Orthographe similaire mais sens différent :

Le nom français **la vacation** signifie, en anglais : *court recess,* pas *vacation.* Le nom anglais *vacation* se traduit en français, on le sait, par **vacances** (fém. pl.) ou **congé(s)** (masc., sing. ou pl.).

Voici quelques autres exemples de ce que l'on appelle faux amis pour renforcer l'exemple précédent :

Français	Anglais	Anglais	Français
l'assistance	the audience the attendance the spectators	the assistance	*l'aide*
la lecture	the reading	the lecture	*la conférence*
la place	the seat (as in a train or theatre) the city square	the place	*l'endroit*

La même situation se présente pour : la cabine, le car, la course, l'office, le cabinet, la caution, l'habit, la veste. Pour une liste beaucoup plus complète de faux amis, voyez l'Appendice 2, p. 260).

Note:

Le jeu appelé la charade est différent en français et en anglais :
Une charade est présentée de cette manière :

- Mon premier (indice *hint*) est un petit animal domestique (chat).
- Mon deuxième est le contraire de « tard » (tôt).
- Mon tout (le mot entier) est une demeure pour nobles (CHÂTEAU).

Pouvez-vous deviner la charade suivante?

- Mon premier est un fruit très commun.
- Mon deuxième est un fruit très commun.
- Mon troisième, quatrième, cinquième, etc., sont des fruits très communs.
- Mon tout est un hymne national connu.

Réponse : LA MARSEILLAISE. Quand un Français fredonne (*hums*) la Marseillaise, au lieu de « Tra-la-la-la-la-laaalala... » il chantera : « Pom-Pom-Pom-Pom Pom-PooooomPomPom... » (Pomme, pomme, pomme, etc.).

le passage : Substantif (nom) venant du verbe **passer** (ici, *to spend time,* conjugué avec l'auxiliaire **avoir,** rappelons-le). Exemples :

- Nous avons passé une excellente soirée chez vous.
- « Le Grand Passage » est une série de magasins, sous des arcades.
- Le passage à tabac se traduit en anglais par *the beating.*

Il existe bien d'autres nuances de sens pour le verbe **passer** et pour ses composés, comme le prouvent les contextes suivants :

- Passe-moi mon pull-over, s'il te plaît.
- Le temps passe vite quand on s'intéresse à son travail.
- Tu t'es surpassé aujourd'hui : tu m'as battu 6–3, 6–2, 6–1 (*you outdid yourself!*).
- Ma soeur a passé son bachot et elle en attend anxieusement les résultats.
- Tu veux bien me repasser (*to iron*) cette chemise, s'il te plaît?
- Ce panneau veut dire « interdiction de dépasser » (*no passing*).
- J'ai cru trépasser (*to die*) en touchant ces fils électriques.
- Ma soeur veut maigrir (*to lose weight*) et elle se passe de déjeuner.
- Dites-moi, qu'est-ce qui se passe? Qu'est-ce qui arrive? Qu'est-ce qu'il y a?

entrer en jeu : a la même signification en anglais. Le mot **jeu** a de nombreuses significations différentes :

- Le jeu n'en vaut pas la chandelle. *It (the game) is not worth the trouble (lit., the candle).*
- Jeux de mains, jeux de vilains. *Don't fight, kids! (Lit., hand games, bad games).*

- Voici le deuxième jeu de clés de la voiture (*the second set of car keys*).
- Nous sommes allés voir les jeux de lumière du Parc de Versailles (*light displays*).
- Le jeu de cet acteur est étonnant (*the acting*).
- Je n'ai jamais de jeu quand je joue au bridge. *I never have good cards when I play bridge.*
- Mes parents sont très vieux *jeu* (*old-fashioned*).

par ma foi : est une expression archaïque dont le sens serait plus ou moins « by my faith » ou « upon my word ». On peut le comparer à « by God ». Voici d'autres exemples de l'utilisation de **foi.**

- On dit : Il n'y a que la foi qui sauve. *One can dream, can't one?* en regardant, en plein centre de Paris, un pêcheur qui espère encore attraper du poisson sur les bords de la Seine.
- Connaissez-vous le nom de cet acteur? —Ma foi, non; je ne vois pas qui c'est.

ATTENTION : Ne pas confondre **la foi** (*faith*) avec **la fois** (*the time, the occurrence, the occasion*) qui est utilisée fréquemment en français.

- Autrefois on était très heureux sans télévision.
- Toutes les histoires, les contes, etc., que l'on raconte aux enfants, commencent par « Il était une fois ».
- Une fois pour toutes, je t'interdis de te servir de mon auto. Quelquefois tu exagères...
  Toutes les fois que tu t'en sers, tu y casses quelque chose... La fois où tu es allé à une partie, tu as cassé à la fois les essuie-glaces et le pare-soleil (*the windshield wipers and the sun visor*).

Ne pas le confondre, non plus, avec **le foie** (*liver*), considéré par les Français comme le baromètre de la santé. Quand on a une crise de foie, on prend de l'eau minérale: Perrier, Vichy, Vals, Evian, etc. (voir homonymes, Ch. 11). Crise de foie = expression élégante pour *heartburn* ou *indigestion*.

*le minet, la minette : La Larousse de la Langue Française de 1977 définit **minet** et **minette** comme suit : « Familier et péjoratif (*uncomplimentary*). Jeune homme, jeune fille à la mode, et dont l'allure est sophistiquée » (1965). Il se pourrait que le terme vienne de la très grande population d'artistes noirs comme Louis Armstrong, qui ont rendu l'expression « cool cat » populaire en France et un peu partout dans le monde.

Une sorte de « snobisme à rebours » a rendu populaires les expressions **débile, dingue, génial** non seulement parmi les jeunes, étudiants ou autres, mais aussi les ont placés à la portée de (*within the reach of*) gens dont le vocabulaire est normalement beaucoup plus recherché. Est-ce un phénomène de « slumming »?

Couverture d'un livre de contes.

Débile est une preuve de plus que le Français considère comme particulièrement cruelle, toute insulte qui met l'intelligence en cause (*to question*). On retrouve cette tendance, une fois de plus, avec le mot **dingue,** et on peut noter sa similarité avec le mot anglais *crazy.* Ce dernier, et les expressions *right on, man, dude,* sont aussi employées par de nombreux jeunes français imitant les chanteurs de rock. Pendant les années 60, on appelait ces jeunes des « yé-yés », des « hips », le premier venant du jargon du jazz « yeah! yeah »! On est passé de « yé-yé » à « minet », tout comme en anglais, on est passé de *swell* à *great,* de *bitchin'* à *bad, cool cat,* etc.

Pratique

Vous nous rendez la pareille! *You get even with us!*

Quel genre de mots d'origine française sont utilisés couramment en anglais? (Voici, pour commencer, des exemples très différents comme : rosé, fuselage, venue, etc.) Essayez de faire diverses catégories et de les expliquer : termes techniques, de cuisine, d'art, de droit, etc.

Application du vocabulaire
des notes linguistiques

Dans l'espace en blanc, mettez l'expression ou le mot corrects.

1. Quelquefois, les professeurs ont des difficultés à _____ les devoirs des étudiants, parce qu'ils sont mal écrits.
2. Quand on demande à un ami de vous donner quelque chose qui est près de lui, on lui dit : _____ -moi (cet objet)!
3. Quand on a beaucoup de travail à faire, on doit _____ de regarder la télévision, parce qu'on n'en a vraiment pas le temps.
4. Alors, quoi de nouveau? Je viens voir ce qui _____ chez vous; cela fait longtemps que nous ne nous étions pas vus.
5. Pour bien connaître et parler une langue étrangère, de nombreux facteurs _____ : une bonne oreille, une bonne mémoire, un esprit ouvert.
6. C'est la dernière _____ que j'achète de ce fromage. Il n'est pas du tout bon.
7. Les chefs religieux de toutes sortes se plaignent du manque de _____ des jeunes: en Dieu, en la famille, en son gouvernement.
8. Le Français est réputé avoir le _____ fragile, parce qu'il mange trop de sauces, dit-il.
9. Dans « Le Petit Prince », St.-Exupéry nous dit que les enfants se mettent _____ des adultes, ce qui est amusant et ironique. En effet, ce sont les adultes qui doivent normalement se mettre au niveau des enfants.
10. Minettes, minets et autres jeunes (ou pas si jeunes) emploient souvent le mot _____ pour indiquer quelque chose qui est non seulement « un peu fou », mais aussi curieux, bête, incompréhensible (pour la nouvelle génération), et surprenant.

Situation / Dramatisation

1. **Le jeu des faux amis I (orthographe) :** La classe se divise en deux, comme pour jouer aux charades à l'anglaise.

   Le professeur lit un mot en anglais, et dans un des deux camps, le premier (ou la première) qui lève la main va épeler le mot similaire en français. Si le mot est épelé correctement, cela donne un point à l'équipe. C'est ensuite le tour de l'autre équipe, etc. (ainsi de suite). Une fois la liste finie, c'est au tour des étudiants de trouver des *cognates* à épeler, dans l'autre camp. Par exemple: *cabin* s'épelle c-a-b-i-n-e, en français, etc. Si l'étudiant de l'autre camp épèle le mot correctement, il reçoit deux points. Sinon, c'est le camp qui propose le mot qui reçoit deux points.

Le rosbif (*roast beef*), exemple de mot anglais « francisé ».

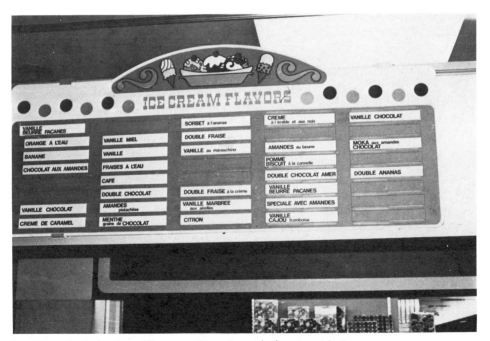

Les 31 parfums de glace offerts aux Français par la firme américaine.

2. **Le jeu des faux amis II (sens différent) :** Même règle de jeu que pour faux amis I, mais il s'agit, cette fois, de faux amis comme **lecture** qui ont un sens différent dans les deux langues. On peut se servir de la liste de l'Appendice 2, p. 260.

3. Un petit groupe (quatre personnes) va raconter une histoire courte en se servant du verbe **passer** (*to pass, to spend*) et de leurs composés, dépasser, surpasser, etc. Un(e) commence et les autres continuent, disant chacun une phrase qui, en principe, continue l'histoire. C'est une occasion à coq-à-l'âne (*cock-and-bull story*).

4. Vous êtes chez un (une) de vos camarades, en train d'écouter de la musique de... Essayez de vous servir du vocabulaire contemporain des jeunes Français : vachement (pour « très »), minet, minette, dingue, etc. N'oubliez pas d'y mêler des mots anglais « adoptés », comme *drink, job, T-shirt,* etc.

5. Vous êtes chez la Folle de Chaillot. Par des mimiques, et en jouant la comédie, plusieurs étudiantes liront le passage de la « Folle » dans ce chapitre avec toute la dignité et l'assurance que la scène mérite.

11
Les Homonymes et jeux de mots

Vocabulaire-Clé

faire l'âne pour avoir du son   *lit., to act like a jackass to get something; to play dumb with a purpose*
garder son sang-froid   *to keep a cool head*
avoir le sang chaud   *to be hot-headed*
se faire du mauvais sang   *to worry about*
être sans-coeur   *selfish, heartless*
sans façon   *not standing on ceremony; also, when asked if you wish anything:* **Sans façon!**   *No, really, thank you!*
chacun son tour!   *now we are even!*
Nîmes   vieille ville romaine, dans le sud de la France où se trouvent les arènes de Nîmes. L'expression « toile de Nîmes » a donné denim en anglais (**la toile**   *cloth*)
comment voulez-vous que je...   *how do you expect me to. . .*
raffoler de   *to be terribly fond of (things or ideas)*
se régaler avec   *to enjoy (something) immensely*

Pratique

Trouvez l'antonyme des mots ou expressions en italique.

1. Au théâtre, *je ne m'amuse pas du tout.*
2. Ma mère *est très tranquille* quand elle vole en avion.
3. Le conducteur de l'auto *a perdu la tête.*
4. Voulez-vous reprendre de la viande? *Avec plaisir...* elle est délicieuse!
5. Voilà une explication *très compréhensible!*
6. Il y a beaucoup de gens qui *détestent* les escargots.
7. Ce garçon *fait le malin pour épater* les jeunes filles.
8. Quand nous jouons au bridge, *c'est toujours vous qui gagnez!*

Le Général de Gaulle insinuait qu'il était difficile de bien comprendre une nation où il existait deux cents sortes de fromages. Certains affirment qu'il était en dessous de la vérité et qu'il y en a, en réalité, plus de cinq cents sortes différentes. Mais comme c'est la langue qui nous préoccupe, et non les fromages, nous pouvons remarquer ce qui suit, compte tenu de[1] ce que disait le général : Il y a beaucoup d'homonymes, en français, c'est-à-dire, des sons identiques pour des sens différents. Nous pouvons en examiner quelques-uns pour voir s'il est difficile de bien comprendre cette langue d'une nation qui a plus de cinq cents fromages.

Nous avons déjà vu, dans le chapitre 10, le son [fwa] des homonymes : foi, fois, foie. Examinons maintenant le mot **son** et ses homonymes.

- Son complet lui va bien.
- J'aime le son[2] du cor.*
- Il fait l'âne pour avoir du son.
- Ce sont de bonnes nouvelles que vous m'apportez!

Lui: *Chérie, regarde la belle pleine lune!*
Elle: *Tiens! tu me fais penser qu'il faut que j'achète un camembert.*

---

[1]**compte tenu (de) :** *taking into account.*
[2]**le son :** *the sound.*

Maintenant, le mot **sang** et ses homonymes :

- Un homme garde son sang-froid s'il reste calme devant le danger.
- Il a le sang chaud s'il est irascible, s'il se fâche facilement.
- Il a du sang de navet,[3] s'il semble faible.
- Il se fait du mauvais sang, s'il s'inquiète trop.
- On dit, d'un homme noble, qu'il a le sang bleu.
- Ce cheval est un pur-sang[4] arabe.
- La « voix du sang » l'appelle, s'il fait passer sa famille avant tout.
- Son sang ne fait qu'un tour,[5] s'il a réagi violemment.
- Cet enfant est allé au cinéma *sans* permission.
- Mon ami est extraordinaire… il est sans pareil.[6]
- Quand on est sans souci[7] cela veut dire que l'on ne s'inquiète pas, même si l'on est sans-le-sou.[8]
- C'est un sans-coeur; il est très égoïste.
- Il fait comme chez lui. Il est sans gêne.[9] Quelle audace!
- J'aime bien l'inviter; elle n'est pas du tout snob; elle est sans façon.
- Un bon chien de chasse sent[10] parfaitement bien la trace des animaux.
- Ça sent[11] bon dans la cuisine! Qu'est-ce qu'on mange, ce soir?
- Il sent[12] que quelque chose de grave va se passer. = Il le ressent.[12]
- Il s'en souvient, mais il s'en moque.[13]

Au tour de **met,** et de ses homonymes :

- Ma soeur met son manteau de fourrure car il fait froid.
- Il met[14] trop longtemps pour faire cela…
- Oui, mais il le fait bien.
- Maman a préparé un mets[15] délicieux pour midi : un canard à l'orange.
- Mai est souvent le plus beau mois de l'année.

Et voilá un mot qui a six orthographes différentes pour le même son : **vers.**

- Nous sommes rentrés chez nous vers minuit.

---

[3]**(il a) du sang de navet = (il est) sans énergie:** *lit., turnip blood.*

[4]**un pur-sang :** *thoroughbred.*

[5]**son sang ne fait qu'un tour :** *he is frightened to death.*

[6]**sans pareil :** *unique.*

[7]**sans souci :** *carefree.*

[8]**sans-le-sou :** *penniless.*

[9]**sans gêne :** *off-handed; here, ill-mannered.*

[10]**sentir (une ôdeur) :** *to smell (to perceive a smell).*

[11]**ça sent :** *it has a smell, it smells.*

[12]**Il sent que, il ressent :** *he feels.*

[13]**se moquer *de* quelque chose :** *to mock something;* **il s'en moque :** *he does not care.* **Attention : ne pas oublier la préposition *de*.**

[14]**mettre (du temps) à :** *to take (so much time) to.*

[15]**un mets :** *a meal.*

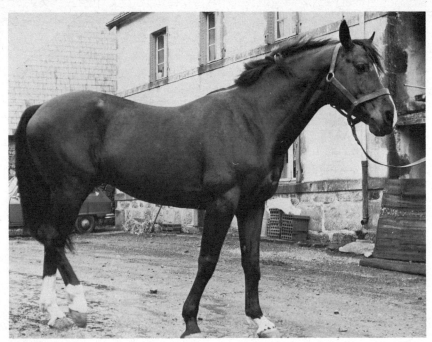

Un pur-sang ou « cheval de race ».

- Le vert lui va bien avec ses cheveux blonds.
- La princesse portait des pantoufles de vair.[16]
- A quoi pêchez-vous? Au ver?[17]
- Venez donc prendre un verre.
- Les portes en Saint-Gobain sont très répandues[18] en France. Elles sont en verre très épais.
- Le vers le plus fameux du poète est…

Voici le tour du mot **tour** :

- La Tour Penchée de Pise est un monument italien très connu.
- Le tour[19] est un instrument qui sert à tourner des objets cylindriques.
- Mon ami m'a joué un sale tour.[20]
- C'est un tour de force.
- Un tour de cartes[21] amuse toujours les enfants.

[16]**des pantoufles de vair :** *(squirrel) fur slippers.*

[17]**(pêcher) au ver :** *(to fish) with worms.*

[18]**répandu (de répandre :** *to spill) : common; frequently found.*

[19]**le tour :** *the lathe.*

[20]**un sale tour :** *dirty trick.*

[21]**un tour de cartes :** *card trick*

- Chacun son tour : vous avez gagné le premier match, et moi le second.
- Le soldat prend son tour de garde.[22]
- La chanteuse présente un tour de chant[23] magnifique.
- Il faut une journée en voiture, pour faire le tour de[24] la Corse.
- Le tour (la circonférence) de l'arbre mesure deux mètres.

Un des exemples les plus célèbres d'homonymes est celui fourni par le poète Victor Hugo :

Gal, amant de la Reine, alla tour magnanime,
Galamment de l'arène à la Tour Magne, à *Nîmes*.

Ces deux vers de douze pieds, que l'on appelle alexandrins, et qui forment une grande partie de la poésie française riment sous la forme AA, BB, CC, etc. Ils sont remarquablement identiques comme sons, mais tout à fait différents comme sens. Voici leur traduction :

Le Pont du Gard, le plus fameux monument romain de Provence.

[22]**un tour de garde :** *guard duty.*
[23]**un tour de chant :** *singing engagement.*
[24]**le tour de :** *tour of (an area, a country).*

Gal, the Queen's lover, went in a magnanimous turn (a grandiose gesture),
Gallantly from the arena to the Magne Tower in Nîmes.

Les Français s'amusent aussi à donner à leur langue des sons étrangers :

(Nous n'avons) ni cavale[25] ni d'chevaux… (qui ressemble au mot russe, nitchevo![26]).

ou encore :

Ya ma moto qu'a des ratés. (Il y a ma motocyclette qui a des ratés.[27])

Les sons : « yamamoto kaderate » semblent japonais.

Inversement, on trouve des « adaptations » françaises de mots étrangers— dans ce cas l'anglais, qui forment les mêmes sons que cette prétendue Mother Goose rhyme :

Un petit d'un petit s'étonna aux Halles.*	Humpty-Dumpty sat on a wall.
Un petit d'un petit ah! degrés te fallent	Humpty-Dumpty had a great fall.
Indolent qui ne sort cesse	And all the King's horses
Indolent qui ne se mênc	And all the King's men
Qu'importe[28] **un petit d'un petit**	Couldn't put Humpty-Dumpty
Tout Gai ne Reguennes.	Together again.

« Mots d'Heures : Gousse, Rames » : The d'Antin Manuscript.
Discovered, edited, and annotated by Luis d'Antin van Rooten,
Grossman, 1967.

Phonétiquement parlant, « Mots d'Heures : Gousses, Rames » correspond assez bien aux Mother Goose Rhymes, mais les mots choisis produisent un effet comique voulu. Par exemple, dans le titre, **gousse** (n.fém.) veut dire *garlic clove*, et rames (n.fém.), *oars*.

L'auteur a trouvé des explications « savantes »[29] pour les mots qu'il a fabriqués, tels que « reguennes ».

Voici un autre célèbre exemple d'homonymes d'un tout autre genre. Des millions de disques de ce sketch se sont vendus en France.

---

[25]**une cavale = mot poétique pour une jument** : *mare.*
[26]**nitchevo :** (mot russe) approxim., *what must happen must happen.*
[27]**avoir des ratés** (m. pl.) : *to misfire, miss (for a motor).*
[28]**Qu'importe! :** *So be it! What does it matter?*
[29]**savant(e) (s)** (adj.) : *scholarly;* **un savant :** *a scientist, a scholar.*

J'avais dit : « Pendant les vacances j'fais rien,
  j'veux rien faire, j'savais pas où aller. Comme
  j'avais entendu dire : « À quand les vacances,[30] à
  quand les vacances! » j'dis : « bon, j'vais aller à
  Caen.[31] » Et puis à Caen, ça tombait bien, j'avais
  rien à y faire. Je boucle* la valise, j'vais pour
  prender le car, j'demande à l'employé :
Pour Caen, quelle heure?[32]
I'm (il me) dit : Pour où?
J'lui dis : Pour Caen.
I'm dit : *Comment voulez-vous que j'vous dise
  quand si je ne sais pas où?*
J'lui dis : Comment, vous n'savez pas où est Caen?
I'm dit : Si vous n'me l'dites pas!
Mais, j'lui dis, j'vous ai dit Caen.
I'm dit : Oui, mais vous n'm'avez pas dit où.
J'lui dis : Monsieur, j'vous demande une petite
  minute d'attention : je voudrais que vous me
  donniez l'heure des départs des cars qui partent
  pour Caen.
J'lui dis : Enfin Monsieur, Caen, dans le
  Calvados[33]...
I'm dit : C'est vague.
J'lui dis : En Normandie.
Ah, j'dis, ma parole, vous débarquez![34]*
Ah! I'm dit, là où a eu lieu le débarquement, en
  Normandie, à Caen!
J'dis : Voilà!
Eh bien, I'm dit, prenez l'car.[35]*
Je dis : Il part quand?
I'm dit : il part au quart.[35]
Mais, j'lui dis, le quart est passé.
Eh bien, I'm dit, si le car est passé, vous l'avez
  raté.[36]*
Alors, j'lui dis, et le prochain?

[30]**À quand les vacances! :** *When is vacation time coming! (wishful thinking).*

[31]**Caen = ville de Normandie; se prononce exactement comme *quand*.

[32]**Quelle heure? :** abréviation de « À quelle heure... ? »

[33]**le Calvados = département de Normandie (préfecture, ville principale : Caen) = le calva(dos)
= eau de vie (brandy) de pommes.**

[34]**vous débarquez?** : *lit., have you just landed; sarcastic for : where have you been?*

[35]Le **quart** et le **car** se prononcent identiquement.

[36]**vous l'avez raté = vous l'avez manqué = il est déjà parti.**

I'm dit : Le prochain, il part à sept.[37]

J'lui dis : Mais il va à Caen?

I'm dit : Non, il va à Sète.[37]

Mais, j'lui dis : Moi, j'veux pas aller à Sète, j'veux aller à Caen!

I'm dit : D'abord, qu'est-ce que vous allez faire à Caen?

J'lui dis : Rien, rien, j'veux rien y faire.

Eh bien, I'm dit : Si vous n'avez rien à faire à Caen, allez à Sète.

J'lui dis : Qu'est-ce que vous voulez qu'j'aille y faire à Sète?

I'm dit : Rien.

Ah, je dis : Bon, alors si j'ai rien à y faire, alors d'accord.

Alors, j'lui dis, pour Sète, il part à combien?

Eh bien, I'm dit, il part à dix-neuf, mais avec le chauffeur, ça fait vingt.

J'lui dis : Mais il est vingt!

I'm dit : Alors, vous l'avez encore raté.

Alors, j'dis, c'est trop tard?

I'm dit : Pour Sète, oui, mais si ça vous dit d'aller à Troyes,[38] j'ai encore une place dans ma voiture.

Mais, j'lui dis : Qu'est-ce que vous voulez que j'aille y faire à Troyes?

I'm dit : Prendre le car.

Bon, j'lui dis : Pour où?

I'm dit : Pour Caen.

J'lui dis : Comment voulez-vous que je dise quand si je n'sais pas où?

I'm dit : Comment vous ne savez pas où est Caen?

J'lui dis : Mais si je sais où est Caen, ça fait une demi-heure que je vous dis que c'est dans l'Calvados, que c'est là où j'veux passer mes vacances parce que j'n'ai rien à y faire.

Oh, I'm dit, ne criez pas si fort, on va s'occuper d'vous.

---

[37]**Sète** : port de la Méditerranée, à l'ouest de Marseille; se prononce comme **sept**.

[38]**Troyes** : ville du nord-est de la France : se prononce comme **trois**.

Alors il a téléphoné au dépôt;[39] mon vieux, à 22[40]*
   le car était là, les flics* m'ont embarqué à
   Troyes, et j'suis arrivé au quart où j'ai passé la
   nuit.
Voilà les vacances!

    « *Caen* », Sketch par Raymond Devos

    Voici des exemples de mots courts qui se prononcent de la même manière. Ce sont les accents—ou leur absence—qui en déterminent le sens.

- **à** (préposition) ≠ il **a** (verbe **avoir**)
- **dès** (préposition) ≠ **des** (article défini)
  Dès son arrivée, il s'est mis à travailler.

- **dû** (participe passé de **devoir**) ≠ **du** (article indéfini contracté)
  Il a dû rentrer à pied.
  Le train est dû (doit arriver) dans quelques minutes.

- **là** (adverbe de lieu) ≠ **la** (article défini)
- **où** (pronom relatif : *where* or *when*) ≠ **ou** / **ou bien** (conjonction)
  Voici l'endroit où elle est née.   C'est l'année où elle est née.

- **sûr(e)** (adjectif) ≠ **sur** (préposition)
  Je suis sûr et certain qu'il ne viendra pas.
  Il a mis son argent en lieu sûr (*in a safe place*).

    Comme exemples prouvant que la langue française se prête facilement aux jeux de mots, voici les noms de huit hommes politiques français, du président de la République à une liste de ministres (8 sur 40), qui peuvent faire des jeux de mots :

- Mitterand : mythe errant : *roving myth* (Président de la République).
- Le Pors : le port : *the harbor*. Il n'est pas ministre de la Marine!
- Cot : la cote = la réputation.
- Delors : de l'or. Oui, il est ministre des Finances. Bravo!
- Cresson : *watercress*. Oui, elle est ministre de l'Agriculture. Bravo!
- Delélice : de l'hélice : *of the propeller*. Non, il n'est pas ministre de l'Aviation.
- Le Pensec : le pain sec : *stale bread* = punition favorite des parents pour les enfants qui ne sont pas sages. Non, il n'est pas ministre de la Justice.
- Deferre : de fer : *(made) of iron*. Non, ce n'est pas un ministre de la Justice avec une main de fer : *iron hand*.

Les rébus : *picture-puzzles* (Ils sont populaires en France.)

---

[39]**le dépôt :** jeu de mots qui signifie : *bus depot and police station.*

[40]**à 22 :** *at 22 after; reminds Frenchmen of* « **22 v'là les flics!** », *slang for : Let's split! Here comes the fuzz!*

D'après le dessin : un grand A B, plein d' « A », petits/**a** traversé par **i/cent** sous « p ». (Un grand abbé, plein d'apétit, a traversé Paris sans souper.)

Contrepèterie : *Spoonerism*

Le dictionnaire Robert définit **contrepèterie** comme suit : (**péter :** *to break wind*) « n.f. (1582), de l'a[ncien] fr[ançais] contrepéter, « rendre un son pour un autre ». Interversion des lettres ou des syllabes d'un ensemble de mots spécialement choisis, afin d'en obtenir d'autres dont l'assemblage [*the combination*] ait également un sens, de préférence **burlesque** ou **grivois.** »

- burlesque : (Faux ami) d'une extravagance comique
- grivois : d'une gaieté assez libre; gaulois, indécent, licencieux

Les Français *raffolent de* cela, comme les Anglo-Saxons *se régalent avec* les « limericks ».

Par exemple, un des « spoonerisms » les plus connus en anglais est :

(très victorien) Dear old Queen! } On inverse le D et le Q, pour obtenir des mots qui donnent un effet amusant.

Queer old Dean!

Quand on raconte une contrepèterie, voici comment on la présente :

Il faut dire... (sens anodin) :

Femme folle à la messe. (*crazy woman in church*) et non pas...

Femme molle à la fesse. (*woman with a soft behind*)

Pouvez-vous deviner l'autre phrase que l'on peut faire avec :

Les épaules de St.-Pitre? (Il faut dire)... (et non pas)...

Compréhension du vocabulaire du texte

Dans l'espace en blanc, mettez le mot correct.

1. Ce doberman a l'air d'avoir un excellent pedigree. Il est certainement _____ .

2. Quand il a vu qu'on lui volait sa voiture, son _____ n'a fait qu'un tour, et, furieux, il a couru après les voleurs.

3. _____ de ce que vous n'êtes jamais allée en France, votre accent est excellent.

4. Il est facile de reconnaître le _____ de la guitare électrique.

5. Quel est ton _____ préféré? —La sole aux amandes.

6. Dans l'Hexagone, la plus grande course de bicyclette s'appelle le _____ de France.

7. Traverser la Manche (*English Channel*) à la nage est un _____ .

8. Tu n'as pas réussi à ton bac… _____! Tu n'as que dix-sept ans, après tout. L'an prochain, tu verras, cela ira bien mieux.

9. _____ le dernier jour de classe. Je suis tellement fatigué que j'ai besoin de vacances.

10. Paul nous a donné des raisons tout à fait _____ pour expliquer qu'il n'avait pas aimé le film… pas assez « intellectuel » pour lui.

Compréhension du texte

1. Expliquez la boutade (*quip*) du Général de Gaulle sur les Français et les deux cents fromages.

2. Des homonymes (mais, tour, etc.) que nous avons examinés, quel est celui qui a le plus de possibilités? Essayez de les nommer toutes.

3. Connaissez-vous des oeuvres poétiques françaises écrites en alexandrins? Citez-les. De quel siècle sont-elles? Que pensez-vous des deux vers « homonymes » de Victor Hugo?

4. D'après ce que vous avez lu, pouvez-vous deviner pourquoi il y a beaucoup de notes (*footnotes*) dans le livre « Les Mots d'Heures »? Quelle est la justification pour tous les renseignements pseudo-littéraires?

5. (Sketch Devos) Retrouvez les quatre paires d'homonymes. À votre avis, qu'est-ce qui rend le sketch amusant?

6. (Sketch Devos) Qu'est-ce que l'auteur du sketch veut nous montrer au sujet des employés des services publics (français), que l'on appelle fonctionnaires (*civil servants*)? Cela vous paraît-il de l'humour typiquement français ou universel?

7. (Sketch Devos) Qui « gagne » dans le sketch? L'usager (*the one using the bus*) ou le fonctionnaire?

8. Y a-t-il un équivalent anglais à contrepèterie? Comment s'appelle-t-il? En connaissez-vous un exemple?

9. On dit qu'il est plus facile à une personne dont ce n'est *pas* la langue natale, de faire des jeux de mots. Croyez-vous que ce soit exact? Pourquoi?

Notes culturelles et linguistiques

le Cor : « J'aime le son du cor » (1er vers d'un poème de Vigny, « Le Cor », 1825). « Le cor de chasse » est son nom complet, mais les sonneurs de trompe, ceux qui en jouent, préfèrent qu'on l'appelle « trompe de chasse », comme les habitants de San Francisco préfèrent qu'on n'appelle pas leur ville *Frisco*. La trompe de chasse évoque des visions de chasse à courre (*the hunt, the chase*) de cavaliers en uniforme de chasse, spectacle qui appartient maintenant au passé, ou presque.

ATTENTION : **le cor** veut aussi dire *the corn* que l'on peut avoir, au pied, si l'on porte des chaussures trop étroites.

Il est amusant de constater que le cor anglais, autre instrument de musique, se traduit par *French horn*. Ce n'est qu'un des exemples de la bataille perpétuelle qui *se livre* (*is being waged*) entre Français et Anglais. Dans son livre « *Les Carnets du Major Thompson* », Pierre Daninos avait déjà montré que Français et Anglais « se battent » à coup de (*using*) gares de chemin de fer, symboles de victoires de l'un et défaites de l'autre : Waterloo Station à Londres et Gare d'Austerlitz à Paris.

Voici d'autres aspects de cette « guerre » : *French leave* se traduit par : filer à l'anglaise, par : échange de bons procédés (*lit., through fair exchange of civilities, here; sarcastic : to get even*). Il faut aussi noter que de nombreuses expressions impliquent les Français, souvent à leur grand étonnement :

- *French bread*
- *French cuffs*
- *French dressing* (la vinaigrette) : 2/3 huile, 1/3 vinaigre, une pincée de sel et 3 tours de moulin à poivre. (Devinez ce que veut dire « poivre »!)
- *French fries* (les pommes de terre frites, les pommes frites, les frites)
- *French pastries* (les pâtisseries, les petits gâteaux)
- *French toast* (le pain perdu : lit., *wasted bread*)
- *French windows* (une porte-fenêtre)

les Halles : le marché aux légumes, fruits, viandes, etc. qui existait au centre de Paris, mais qui a été démoli il y a quelques années. On l'appelait « le ventre de Paris ». Les halles existent aussi dans d'autres grandes villes. C'est toujours un centre d'attraction sûr pour touristes. C'est aussi un bon choix de quartier où faire d'excellents repas, pas chers. En effet, les restaurants tout autour des halles sont fréquentés par les travailleurs qui chargent et déchargent les lourdes caisses de fruits et de légumes. Ces costauds (*very strong men*), aiment bien manger. On les appelle « les forts des halles ».

Le *h* de **les halles** (nom commun) ou celui de **les Halles** (nom propre : les Halles de Paris) est un *h* aspiré, comme dans : le/les héros ou le/les haricots (sans liaison). C'est le contraire pour les *h* muets de :

les hommes   les honneurs   les hivers   (avec liaison)

boucler / fermer la boucle :

- Je boucle ma valise, qui est trop remplie, en m'asseyant dessus.
- Nous arrivons à notre point de départ après avoir bouclé une boucle de 300km.
- Tu vas la boucler (ta bouche)! = Tu vas la fermer! = la ferme! (argot, vulgaire)

vous débarquez? Allusion au provincial, au paysan ou à une jeune personne qui arrive en ville de sa campagne et débarque du train. Donc: *Where have you been? Such innocence!* Ici, c'est un jeu de mots au sujet du débarquement des Américains en Normandie, dont la capitale est Caen.

le car / le bus : Un car va de ville en ville. Il est en général très confortable et il parcourt (*covers*) de longues distances. On dit aussi **un autocar.**

Un bus dessert (*serves*) des lignes de transport en commun à l'intérieur d'une ville même, ou dans la banlieue. Dans les grandes villes, les autobus font partie d'un système de monopole municipal. À Paris, c'est la R.A.T.P. (Régie Autonome des Transports Parisiens, dont le métro fait partie). Les billets ou tickets de métro ou de bus sont les mêmes, depuis peu. Il existe aussi une carte d'abonnement (*pass*) et une carte orange à tarif réduit qui permet d'utiliser l'un et l'autre.

rater : *to miss, to lose, to fail.*

- Je crois que je viens de rater mon train.
- Il a raté l'occasion de se taire. *He should have said nothing* (sarcastic). *Lit., He missed the opportunity to be quiet.*
- Pour rater un examen, il suffit de ne pas étudier.
- Ce soufflé est raté : il ne monte pas.
- Le moteur de l'avion a des ratés. (Voir note 27.) Les passagers s'inquiètent.

Arrêt d'autobus à Meudon, dans la banlieue de Paris.

Autobus de banlieue.

À 22 : *À 22 les flics arrivent* signifie : *at 22 after, the fuzz arrives.* C'est aussi un jeu de mots, puisque **22, v'la les flics** signifie : *let's split, here comes the fuzz.*

Compréhension du vocabulaire des notes linguistiques

Trouvez le mot qui correspond aux définitions.

1. Le verbe qui s'emploie avec le nom *(la) bataille*.
2. Epithète que l'on donne aux Halles.
3. Instrument de musique ancien que l'on joue (quand on est) habillé en uniforme de chasse à courre.
4. Cet idiome est plus ou moins synonyme de « *en utilisant.* » Exemple : Le frère et la soeur se sont battus _____ d'oreillers.
5. Expression d'argot qui signifie : D'où sortez-vous?
6. Expression d'argot qui signifie : Tu vas te taire!
7. Les deux mots (l'un est une abréviation de l'autre) qui désignent des bus qui parcourent de longues distances entre grandes villes.
8. Cette expression indique que le moteur d'un véhicule ne marche pas bien.

Compréhension du texte des notes linguistiques

1. Expliquez ce que vous savez d'une chasse à courre et de sa pompe (*pageantry*).
2. D'après ce que vous venez de lire, comment les guerres passées entre Français et Anglais se manifestent-elles, au point de vue de la langue?
3. Dites ce que sont les Halles, ce que l'on y trouve, pourquoi on y mange bien, etc.
4. Expliquez pourquoi « Vous débarquez? » est amusant pour un Français.
5. Essayez de penser à tout ce que l'on peut rater dans la vie, et donnez-nous-en la liste.
6. Que pensez-vous de l'expression « 22 v'la les flics! » et de son équivalent américain? Est-ce réaliste ou stéréotypé?

Situation / Dramatisation

1. **Jeu des homonymes** (se joue comme le jeu des Faux amis I et II) : Le professeur donne un mot qui possède un ou plusieurs homonymes, à un des deux camps. Par exemple le mot *camp*. Quelqu'un, dans ce camp-là, doit donner une phrase avec *camp* employé correctement (un point). C'est ensuite le tour de l'autre camp de donner une phrase avec

quand ou *Caen,* employé correctement, aussi. Si quelqu'un trouve un mot à homonyme(s) qui n'a pas encore été utilisé, il lève la main, le dit, et gagne deux points si le professeur l'approuve. On peut se servir d'un dictionnaire.

2. Concours de rébus :

  a) Pouvez-vous faire un rébus avec la phrase suivante : « Je n'aime pas l'hiver » (voir suggestion ci-dessous), ou toute autre phrase offerte par le professeur?

  b) Trouvez une phrase qui puisse faire un bon rébus (avec le plus de dessins possible) et présentez la phrase ou les dessins à un jury (par exemple la personne qui a gagné la partie no. 1). Le ou la meilleur(e) recevra un certain nombre de points.

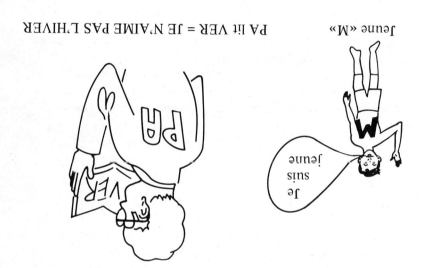

PA lit VER = JE N'AIME PAS L'HIVER

Jeune « M »

Je suis jeune

12

L'Hexagone, mosaïque linguistique

A. Les Dialectes et langues autres que le français
B. Les Francophonies dans le monde
C. Le Canada

Vocabulaire-Clé

la frontière   *the border;* **le frontalier**   *one who lives near the border*
le Flamand   *Flemish (person);* **le flamand**   *dialecte*
le catalan   dialecte de Catalogne (région de Barcelone, nord-est de l'Espagne)
le basque   langue parlée par les Basques, dans les Pyrénées de l'ouest
les moeurs (toujours f.pl.) = les coutumes : *mores, customs*
la douane / les douanes   *customs;* **le douanier :** *customs officer*
les matières premières   *raw materials*
les fourrures   *furs, pelts*
la flotte   *fleet, nav̄y*
la feuille d'érable   *maple leaf (as on the Canadian flag)*
la survie / la survivance   *survival*
le Grand Dérangement   *lit., the Great Disturbance; uprooting of Acadians by the British (1755–65)*

219

Pratique

Trouvez le mot qui correspond aux définitions.

1. C'est l'emblème du Canada, sur son drapeau.
2. C'est une personne qui habite près d'un pays voisin.
3. C'est un synonyme de *la coutume*, toujours au pluriel.
4. Ce nom désigne la peau d'un animal utilisée pour faire des vêtements chauds.
5. Bateaux de la marine de guerre formant *une armada.*
6. Employé du gouvernement qui contrôle ce que vous faites entrer dans un pays.
7. Ce qui est indispensable pour la fabrication de tout.
8. Ligne imaginaire qui divise deux pays.

Dans la troisième section, nous avons examiné successivement le Français moyen, le « melting-pot » français, les niveaux de langue, et le fait que cette langue se prête aux jeux de mots. Dans ce dernier chapitre, nous allons jeter un coup d'oeil sur les autres langues et dialectes qu'on parle dans l'Hexagone. Puis, nous allons faire l'inventaire des pays où l'on parle français. Enfin, nous allons examiner le voisin nord des États-Unis, le Canada, où sept millions d'habitants sont francophones.

A. Les Dialectes et langues autres que le français

Si pendant un voyage en Europe, on vous bandait[1] les yeux, et que vous entendiez…

- Eizhved kentel?
  Il y a quelqu'un?

  ou
- Li cheru qualqui ghjurnale stampatu in corsu.
  Je lui demande un journal imprimé en corse.

  ou
- Soi vengut amb los amics del nòrd qué te parleri.
  Je suis venu voir les gens du nord dont je t'ai parlé.

  ou
- Per ben manjar, i a mas un pais : occitania.
  Pour bien manger, il n'y a qu'un pays : l'Occitanie.

  ou, enfin,
- Loss mi drénke mélich.
  Laisse-moi boire du lait.

[1]**bander les yeux :** *to blindfold.*

. . .vous croiriez probablement que vous avez débarqué en Cornouaille,[2] en Sicile, ou en Bavière.[3] Où êtes-vous donc?* Dans l'Hexagone, bien sûr!

La France est unifiée au point de vue linguistique. Donc* pratiquement tout le monde y parle français. Mais, pour l'étranger, il existe un nombre surprenant[4] de langues, dialectes et patois.

Le dictionnaire définit un dialecte comme étant « (le) nom donné à la forme particulière qu'a prise une langue dans une région plus ou moins étendue ». Le patois est limité à une région beaucoup plus petite et généralement rurale.

Dans le sud (dans le Midi), on parle encore une langue dite **occitane,** **l'occitan*** appelée communément **le provençal,** ou langue de la Provence.

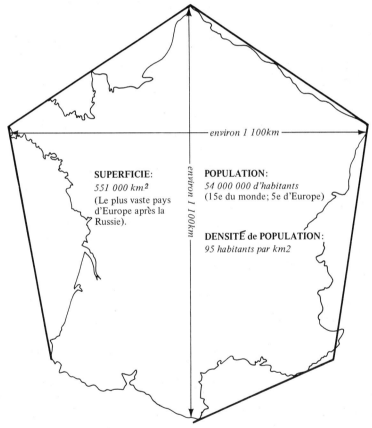

— environ 1 100km —

environ 1 100km

SUPERFICIE:
551 000 km²
(Le plus vaste pays d'Europe après la Russie).

POPULATION:
54 000 000 d'habitants
(15e du monde; 5e d'Europe)

DENSITÉ de POPULATION:
95 habitants par km2

L'Hexagone (quelques statistiques).

[2]**la Cornouaille :** *Cornwall.*
[3]**la Bavière :** *Bavaria.*
[4]**surprenant :** *surprising.*

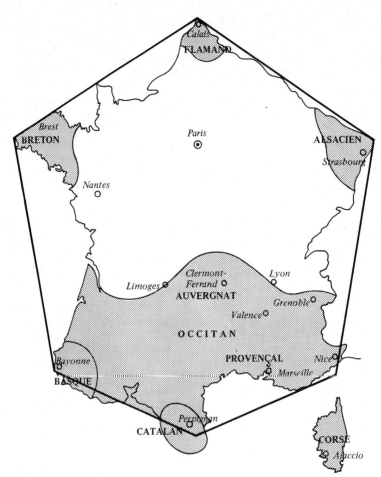

La carte linguistique de l'Hexagone.

Au nord de la Provence, dans le Massif central, en Auvergne, on parle un autre dialecte occitan, l'auvergnat.

En Alsace, à l'est, on parle toujours un dialecte germanique, **l'alsacien,** proche de l'allemand.

En Bretagne, ou *Armorique,*[5] on trouve une langue celtique : **le breton.** Les Bretons sont des Celtes,[6] comme les Écossais.[7]

Le corse, langue originaire de la Corse* existe encore et ressemble à l'italien. Le Corse le plus fameux est Napoléone Buonaparte.*

[5]**l'Armorique :** ancien nom pour la Bretagne.
[6]**les Celtes :** *the Celts, descendants of the inhabitants of Ireland, Wales, Scottish Highlands.*
[7]**les Écossais :** *the Scots.*

Les puristes et les pédants n'arrivent pas à se mettre d'accord pour savoir si certains de ces parlers sont des langues ou des dialectes ou des patois. Une chose est sûre : c'est une question d'usage.

Même quand ils parlent parfaitement le français, les habitants de ces provinces ont souvent un accent.* Et cet accent ressemble à celui des pays étrangers voisins. Après tout, les *frontières* sont bien* arbitraires et ne peuvent pas arrêter les langues.

Ainsi, au nord de la France se parle un patois d'origine *flamande*. Près de la frontière espagnole, du côté* de la Méditerranée, les *frontaliers* parlent un dialecte cousin du *catalan* de Barcelone. Enfin, toujours près de la frontière espagnole, mais côté* atlantique, on parle, des deux côtés* de la frontière, une langue qui nous paraît difficile et dont les origines sont inconnues : **le basque.**

Voilà donc, en tout, huit langues, dialectes ou patois. L'esprit d'indépendance, la mode rétro,[8] la vogue du « retour à la source », la décentralisation industrielle—tout cela a contribué à raviver[9] le culte du provincialisme et, par là, la renaissance des dialectes et parlers des provinces. Par exemple, on voit de plus en plus naître des troupes de théâtre locales—souvent des étudiants—disséminant la culture, *les moeurs* et les coutumes occitanes, bretonnes ou corses.

Coutumes de province

Qu'est-ce qui distingue les habitants de ces provinces, en dehors des langues ou dialectes, maintenant que les costumes provinciaux ont disparu de la vie de tous les jours? Examinons l'A B C des coutumes de trois provinces très différentes : **A** pour l'Alsace, **B** pour la Bretagne et **C** pour la Corse.

L'Alsace a changé quatre fois de nationalité depuis 1870. Les Alsaciens sont en général blonds, très travailleurs. Ils disent avoir inventé la bière vers l'année 700, et, plus récemment, l'arbre de Noël. L'Alsace produit d'excellents vins blancs (Riesling, Traminer, Gerwurtztraminer, Tokay d'Alsace, Pinot blanc, gris, noir (ce dernier est le seul vin rosé; tous les autres sont blancs) et fait d'excellentes choucroutes, garnies de charcuterie célèbre.

La Bretagne, pays plat, pays de pêcheurs, pays celte, très indépendant, est un pays d'hommes et de femmes durs. En Bretagne, on joue de la cornemuse,[10] on danse la gigue comme en Écosse, autre pays celte. La Bretagne produit des primeurs[11] et compte beaucoup sur le tourisme, sur ses splendides plages, sur ses poissons et langoustes[12] encore abondants.

[8]**la mode rétro :** *nostalgia of things past.*

[9]**raviver :** *to bring back to life.*

[10]**la cornemuse :** *bagpipe.*

[11]**les primeurs :** *early vegetables.*

[12]**la langouste :** *lobster.*

Costumes bretons dans une vieille rue aux constructions de granit.

La Corse* a été envahie par les Maures, noirs d'Afrique, par les Gênois et bien d'autres peuples. Les Corses sont des chasseurs et des braconniers[13] passionnés. Ils sont très fiers de leur origine et sont très hospitaliers. Ils ont la réputation d'être paresseux, mais c'est surtout un sujet de plaisanteries. Les Corses deviennent volontiers fonctionnaires : dans la police, dans les douanes, l'enseignement, l'administration, etc.

B. Les Francophonies dans le monde

On estime qu'en France, près de vingt millions de Français sur environ cinquante-quatre millions parlent une langue, un dialecte ou un patois autre que l'hexagonal. Mais nous avons vu aussi, dans le chapitre sur le « melting-pot », que le français se parle encore dans de nombreuses anciennes colonies, principalement en Afrique. Il faut y ajouter aussi la Syrie et le Liban,[14] sous mandat français de 1920 à 1944. Enfin, il existe aussi d'autres pays où le français est une des langues officielles :

[13]**le braconnier :** *poacher.*
[14]**le Liban :** *Lebanon.*

- En Europe : la Suisse, la Belgique et le Luxembourg.
- En Amérique : le Canada et la Louisiane.* Il faut ajouter aussi les territoires d'outre-mer[15] (ou T.O.M.) : la Guyane française (où ont lieu les départs des fusées Ariane,* porteuse de satellites), et les Antilles françaises, Guadeloupe et Martinique. (Notons qu'on parle encore français en Haïti, indépendante depuis 1804.)
- En Océanie, dans l'océan Pacifique, de nombreuses îles, dont la plus connue est *la Nouvelle Calédonie*, à l'est de l'Australie.
- En Polynésie: Tahiti, Bora-Bora, etc.
- En Indochine, la France avait une colonie, la Cochinchine, et quatre protectorats : le Tonkin, l'Annam, le Camboge, le Laos. La partie est s'est appelée Viêt-nam après l'occupation japonaise. Beaucoup d'Indochinois parlent encore français.

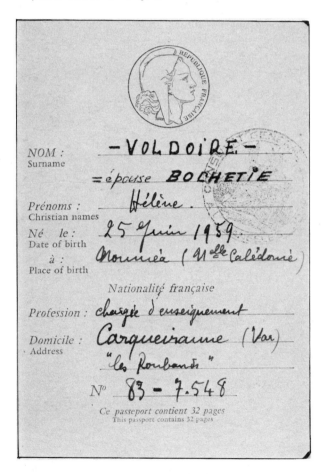

Pages d'un passeport donnant les coordonnées (*vital statistics*).

---

[15]**les T.O.M. = les Territoires d'outre-mer :** *overseas territories.*

On estime à environ 200 millions le nombre d'habitants parlant français dans le monde.

Il faut aussi remarquer que d'autres pays ont subi[16] une influence française importante : par exemple, la Pologne, en Europe, l'Iran et l'Égypte, au Moyen-Orient. Pendant longtemps, le français était la langue de la « haute société », de la diplomatie, des gens éduqués. L'anglais a souvent remplacé le français, dans de nombreux pays à cause de la puissance politique, industrielle et économique des États-Unis. Malgré tout, le français intéresse encore beaucoup de personnes. Depuis 1883, L'Alliance Française continue à propager la langue et la culture française à l'étranger dans la plupart des grandes villes du monde, grâce à 1 250 associations, avec leurs bibliothèques, salles de cinéma et cours de langue. Son activité s'exerce dans six cents centres et enseigne à environ 260 000 élèves. C'est à Paris, au 101 bd Raspail, que se trouvent les bureaux principaux et l'école mère. C'est une organisation à but non-lucratif (*nonprofit*).

La plupart des capitales ou très grandes villes ont aussi leurs lycées français,* dont les cours suivent exactement le modèle français.

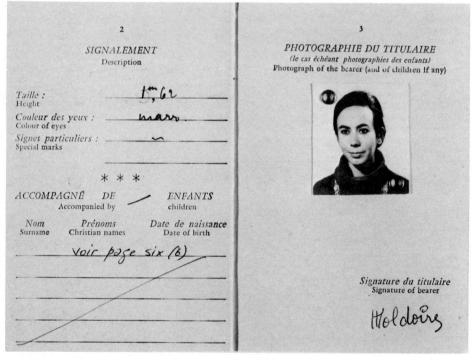

Pages d'un passeport français donnant le signalement (*physical description*).

[16]**subir :** *to be submitted to, to undergo.*

Puisque le Canada est le voisin nord des États-Unis, que c'est un ami sûr, nous allons nous arrêter dans ce pays de 10 000 000 de km² (3,852,000 *square miles*), dont la superficie est la deuxième plus grande du monde, et où 7 000 000 de Canadiens parlent français, sur une population de vingt-trois millions d'habitants.

C. Le Canada

La superficie du Canada est dix-sept fois celle de la France. C'est, bien sûr, le facteur le plus important. Le deuxième facteur, en importance, est celui de la latitude du Canada : situé très au nord, il y fait froid. Le Canada est très riche en *matières premières* et en ressources naturelles. C'est le premier producteur du monde de platine, de nickel, d'amiante,[17] de colza, de zinc et de papier. C'est le deuxième producteur d'or, d'uranium, d'aluminium, d'hydro-électricité, de potasse,[18] de soufre[19]; le troisième pour l'argent,[20] le cuivre,[21] le plomb.[22]

Un peu d'histoire

Pour comprendre le Canada moderne, il est utile d'examiner un résumé de son histoire. En effet, cette histoire est une copie de l'histoire de l'Europe : de la guerre d'invasion à la guerre religieuse, puis à la guerre civile.

Le drapeau canadien (rouge, blanc, rouge) avec la feuille d'érable (*maple leaf*).

[17]**l'amiante :** *asbestos.*

[18]**la potasse :** *potash.*

[19]**le soufre :** *sulphur.*

[20]**l'argent :** *silver.*

[21]**le cuivre :** *copper.*

[22]**le plomb :** *lead.*

La rivalité entre Français, Espagnols et Anglais était très forte pour l'exploration du monde, pour la découverte du Nouveau Monde. Il s'agissait pour ces nations de fonder de nouvelles colonies qui serviraient à stimuler les échanges et le commerce.

Jacques Cartier a pris possession de Terre-Neuve (*Newfoundland*) et du Canada, au nom du roi François 1er en 1534–35. Pendant que les Anglais fondaient Jamestown en Virginie, en 1607, Champlain établissait les premiers postes français à Québec et sur le Saint-Laurent.

Malgré le fait qu'il n'y avait que 60 000 Français en Nouvelle-France, c'est-à-dire au Canada (comparé à un million et demi d'Anglais dans les colonies américaines), les colons français ont établi un réseau géant de communication. Il couvrait le territoire entre Québec, le golfe du Mexique et les montagnes Rocheuses. Ces colons venaient de l'ouest de la France, région tempérée. Ils sont devenus coureurs des bois, explorateurs souvent précédés de missionnaires intrépides. Leur désir violent de découvrir de nouveaux territoires s'explique par le fait que les colons trouvaient au Canada un territoire froid et peu favorable au type d'agriculture qu'ils connaissaient en France.

Le nom de Nouvelle-France a été donné au Canada oriental. Beaucoup de ses fils se sont illustrés par des explorations hardies :

La ville de Montréal, au Québec.

- Fondation de la ville de Montréal—la montagne royale—en 1642.
- Louis Jolliet et le Père Marquette ont atteint la jonction des lacs Michigan et Huron (1672), puis le Mississippi (1673).
- Cavelier de La Salle a nommé Louisiane, le territoire à l'embouchure[23] du Mississippi, au nom de Louis XIV.

John Cabot avait découvert la baie de l'Hudson, Terre-Neuve et le Labrador en 1497. La France et l'Angleterre se sont affrontées pour des raisons de rivalité commerciale : pour le commerce des *fourrures,* et pour l'industrie de la pêche dans ces régions. Comme toujours, c'est une question d'intérêt financier qui a fait commencer les hostilités.

Pendant la guerre avec la France et les Indiens,* les deux adversaires utilisaient des tribus indiennes comme alliés. Les Français ont vite appris le genre de guerre de forêt : guerre de surprise, comme les Indiens la faisaient.

Au XVIIe siècle, la population de la France était supérieure à celle de l'Angleterre. Mais, en Amérique du Nord, les Anglais étaient trente fois plus nombreux que les Français, et leur *flotte* de guerre beaucoup plus forte.

C'est en 1758, à la prise de Louisbourg et à celle de Québec, défendue par Montcalm, que la Nouvelle-France est devenue une autre colonie britannique. La bataille du siège de Québec a été si intense que les deux généraux, l'anglais et le français, y ont été tués, à un jour d'intervalle.

Voitures à cheval sur une place de Québec.

[23]**l'embouchure :** *mouth of a river or of a wind instrument.*

L'humiliation de la perte de la Nouvelle-France n'était pas oubliée, vingt ans après, et explique en partie l'intervention rapide de la France aux côtés et au secours de l'armée d'indépendance américaine. Il ne faut cependant pas oublier que c'est aussi par idéalisme que la France s'est engagée à soutenir la rébellion des colonies.

La guerre de 1812 représente le durcissement des tensions entre les États-Unis et l'Angleterre en guerre avec Napoléon. Le traité de paix de 1814 restaurait le « statu quo » anglo-américain, quant au Canada. Les colonies anglaises d'Amérique du Nord ont rapidement augmenté de population après la défaite de Napoléon. L'Angleterre faisait le commerce du bois, des céréales, de la potasse et des fourrures. Les États-Unis voisins étaient cependant liés étroitement au commerce venant du nord. Le Canada a donc trouvé sa richesse, non seulement en faisant du commerce avec la Grande-Bretagne, mais aussi avec son voisin du sud.

La croissance gigantesque des États-Unis et de leur réseau ferroviaire a beaucoup aidé la croissance industrielle et commerciale du Canada, particulièrement entre 1840 et 1860.

La Confédération Canadienne a été créée en 1867. La création du Manitoba a suivi, en 1870. La Colombie Britannique s'y est jointe l'année suivante. C'est seulement en 1949 que la Terre-Neuve a complété l'union des dix provinces : Alberta, Colombie Britannique, île du Prince-Édouard, Manitoba, Nouveau-Brunswick, Nouvelle-Écosse, Ontario, Québec, Saskatchewan, Terre-Neuve et Labrador. Ce n'est qu'en 1965 que le Canada a eu son drapeau, et en 1980 que « O Canada » a été proclamé hymne national.

Compréhension du vocabulaire

1. Les habitants de la Bretagne, les Écossais et les Irlandais sont des _____ .

2. On boit de la bonne bière en _____ .

3. L'amour de tout ce qui est ancien, passé, s'appelle _____ .

4. Le métal le plus lourd s'appelle _____ .

5. Redonner de la vie à quelque chose se dit _____ .

6. L'endroit où une rivière se jette dans la mer s'appelle l' _____ .

7. Les trois lettres T.O.M. signifient _____ .

8. C'est une personne qui attrape des animaux sauvages illégalement. C'est un _____ .

9. Les _____ sont les premiers légumes et fruits de la saison.

10. _____ est le nom d'un métal précieux et aussi la traduction de *money*.

Compréhension du texte

1. Pouvez-vous citer les divers dialectes ou langues que l'on parle en France? Savez-vous les situer sur la carte muette (*blank map,* p. 242)? Quelle est l'origine de chacun(e)?
2. Pouvez-vous expliquer le provincialisme? Donnez des exemples français. Quelle est la tendance, depuis quelques dizaines d'années, au sujet du provincialisme?
3. Dites ce que vous savez de deux provinces françaises, Alsace, Bretagne, Corse, Provence, ou toute autre.
4. Citez autant de pays francophones que vous pouvez. En dehors de l'Europe de l'ouest, dans quel continent est-ce qu'on parle le plus français? Pourquoi?
5. Dites ce que vous savez sur L'Alliance Française—ce qu'elle fait, où on la trouve, etc.
6. Le Canada est-il riche en ressources minérales? Lesquelles?
7. Parlez de la présence française et de la présence anglaise en Amérique du Nord, au XVIIe et au XVIIIe siècles. Laquelle était la plus importante? Dans quelle région, etc.
8. Quelles sont les raisons pour lesquelles la France a soutenu la Révolution américaine en 1776?

Le Canada contemporain et ses problèmes

La prospérité du Canada a grandi avec sa population, qui a plus que doublé depuis trente ans à cause d'un taux élevé de natalité et d'une immigration intense. Le Canada est un pays hautement industrialisé. Son standard de vie est très proche de celui des États-Unis.

À cause des deux éléments rivaux[24] et inégaux de sa population, la population anglaise majoritaire, et la française, la tâche du gouvernement est difficile. N'oublions pas qu'il y a, en fait dix gouvernements provinciaux et un gouvernement fédéral.

Le Canada est gouverné d'une manière assez similaire à la Grande-Bretagne. Le système gouvernemental est parlementaire et comprend trois branches, que nous pouvons deviner : [25] l'exécutif, le législatif et le judiciaire. La reine Elisabeth II est aussi la reine du Canada. Elle nomme un Gouverneur Général qui est son représentant, mais qui a, en fait, peu de pouvoirs. Il y a deux Chambres : la Chambre des Communes et le Sénat. Les sénateurs ne sont pas élus, mais choisis par le Premier ministre et son cabinet.

[24]**le rival,** pl., **rivaux :** *rival(s).*
[25]**deviner :** *to guess.*

Les lois doivent être écrites et passées par le gouvernement fédéral et par celui des dix provinces.

Voilà pour l'histoire et l'histoire civique du Canada. Voyons maintenant ce qui se passe au pays de la *feuille d'érable.*

Comme nation démocratique, le Canada grandit constamment en importance internationale. Ses troupes ont servi sur tous les fronts; pendant la guerre de quatorze (qu'on appelle la Première guerre mondiale, en anglais); pendant celle de 1939–45 (Deuxième guerre mondiale). Elles ont aussi servi comme Casques Bleus dans des « Missions de Paix » (*Blue Helmet Peace Missions*); avec les troupes des Nations Unies à Chypre (*Cyprus*) de 1964 à nos jours; en Egypte, de 1956 à 1967 et de 1973 à 1977; en Syrie, de 1978 à 1980; et au Liban (*Lebanon*) en 1954 et en 1982. Dans le cadre de l'O.T.A.N., son aviation participe à la défense de l'Europe (l'O.T.A.N. est l'Organisation du Traité Atlantique Nord—NATO est O.T.A.N. écrit à l'envers).

En 1980, l'ambassade canadienne à Téhéran, en Iran, a joué un rôle particulièrement humanitaire en hébergeant[26] le personnel américain de l'ambassade américaine qui avait pu s'échapper. Grâce aux Canadiens, ces Américains ont eu la chance de ne pas être capturés comme otages.[27]

Voilà donc un pays de 23 000 000 d'habitants, dont seize millions sont anglophones et sept millions francophones. On a dit que cette situation représente une mixture de pragmatisme anglo-saxon, tempérée par le légalisme français, c'est-à-dire par le soin de respecter minutieusement la lettre de la loi et les formes qu'elle prescrit.

Cette situation se complique parce que, bien qu'indépendant, le Canada a quand même une reine. Complication plus sérieuse : le géant à sa frontière sud continue d'investir fortement au Canada, où 78% du total des investissements étrangers sont américains. Dans le caoutchouc[28] où 93% des investissements sont étrangers, 72% sont américains. Pour le pétrole, les chiffres sont 65% dont 47% américains, et pour les autos : 97% pour les États-Unis.

Depuis 1975, le FIRA : *Foreign Investments Review Act* n'accepte les demandes d'investissements étrangers que si elles sont profitables au Canada. Sinon, la demande est refusée, après beaucoup de perte de temps bureaucratique intentionnelle.

Comme dans la plupart des pays hautement civilisés, la population urbaine représente, dans les années 80, une majorité importante de la population totale : les trois quarts. Cette « explosion » des villes a réclamé une construction énorme d'habitations et d'immeubles de logement, de voies de communications (routes, autoroutes, etc.).

---

[26]**héberger :** *to shelter.*

[27]**un otage :** *hostage.*

[28]**le caoutchouc :** *rubber (material).*

Mais le plus grand problème est, surtout, celui du conflit des deux cultures, des deux sociétés, des deux langues, des deux religions, l'anglaise et la française, et il est loin d'être résolu.

On dit souvent que *la survie* des Canadiens français tient du miracle.[29] Les Québecois l'appellent *la survivance*.

Après la chute du Québec, il y a plus de deux cents ans, il restait seulement 60 000 Canadiens français. Ils sont maintenant 7 000 000, centrés principalement dans la province du Québec. Leur devise[30] est « Je me souviens ».

C'est leur langue, le français, et leur religion, le catholicisme, qui rallient les Canadiens français dans un pays où les anglophones sont plus de deux fois plus nombreux (dix-sept millions). Après deux cents ans de « co-habitation », les deux groupes ethniques continuent à vivre ensemble, avec des rapports plus ou moins tendus.[31]

Autres aspects du Canada d'aujourd'hui

Pierre Elliott Trudeau a été Premier ministre de 1968 à 1979 et a été nommé à nouveau en 1980. Il est considéré comme un libéral. Par son nom même, par ses origines panachées[32] françaises et anglaises, il représente la dualité franco-anglaise dans toute sa force. Cette situation est idéale pour comprendre les problèmes de co-existence des deux groupes de population.

Le Parti Québecois (P.Q.) de René Lévesque, lui, représente un important effort séparatiste de la part des Québecois, pour obtenir une indépendance que certains craignent, dans les deux camps. Ce « vent de sécession » des péquistes (membres du P.Q.) fait peur aux industriels et aux banquiers anglo-saxons, qui réfléchissent[33] avant d'investir au Québec.

C'est au cours d'une visite officielle au Québec, le 24 juillet 1967, que le général de Gaulle, président de la République Française, a prononcé la fameuse allocution[34] qu'il a terminée en criant : « Vive Montréal! Vive le Québec! Vive le Québec libre! Vive le Canada Français et vive la France! » Ce discours, très critiqué par les Anglo-Saxons, et par d'autres, a déchaîné[35] un enthousiasme délirant[36] au Québec, et a parfaitement bien montré la signification hautement émotive[37] de cette « survivance ».

---

[29]**tenir (du miracle) :** *to be considered (miraculous).*

[30]**la devise :** *motto.*

[31]**tendu :** (du verbe **tendre** : *to tighten*) *here, tense, taut, tightened.*

[32]**panaché** (adj.) : *mixed;* **un panaché = boisson, mi-bière, mi-limonade** : *shandy.*

[33]**réfléchir :** *to ponder, to reflect; to think it over twice.*

[34]**une allocution :** *an allocution, a speech.*

[35]**déchaîner :** *lit., to unchain, to unleash.*

[36]**délirant(e) :** *delirious (here, with joy).*

[37]**émotif/émotive :** *emotional.*

J. P. Vinay et J. Darbelnet sont les auteurs du livre « Stylistique Comparé du Français et de l'Anglais ». Un jour qu'ils voyagent sur l'autoroute New York–Montréal, ils remarquent que les panneaux de signalisation en anglais—en américain—pour le trafic automobile, côté Canada, sont les mêmes que ceux des États-Unis. Par exemple :

SLOW CHILDREN   SLIPPERY WHEN WET

Ces panneaux sont doublés de panneaux en français:

LENTEMENT   GLISSANT SI HUMIDE

Les auteurs remarquent que c'est une traduction littérale de l'américain en français, mais ces traductions les surprennent, eux Français. En effet, l'équivalent, en France est un idéogramme de signal international, dont l'indication serait :

Panneaux de signalisation internationale: À gauche : Ralentir, École. À droite : Chaussée glissante.

Les auteurs, amusés, se demandent si le mot *lentement* traduit bien *slow*, et remarquent que *lentement* (neuf lettres) prend toute la largeur de la route. L'influence américaine a apporté le modèle, et la tradition française l'a traduit littéralement.

On dit que, près de Montréal, devant un cimetière,[38] il y a un écriteau qui dit : DEFENSE DE TREPASSER. **Trépasser** en français, a bien donné *to trespass,* mais c'est aussi un synonyme de **mourir,** en vieux français. En fait, cet écriteau est un symbole du « joual » c'est-à-dire du français du Québec : ses racines sont celles du français de Bretagne ou de Normandie, tel qu'on le parlait au XVIIᵉ ou au XVIIIᵉ. L'Amérique influe[39] sur ces racines anciennes, en particulier pour tout ce qui est nouveau, moderne, industriel ou commercial. Par exemple, sur les boîtes de *cottage cheese,* au Québec, on peut lire : fromage cottage. Une auto devient « un char ». Un char est un vieux mot français, mot venant du gaulois (1080), et avant cela du latin *carrus* : un char de combat romain (*charriot*).

Un Québecois dira : J'ai un flat à mon char, se rapprochant encore plus de l'américain *My car has a flat,* pour la formule française: J'ai une crevaison ou J'ai un pneu crevé/à plat.

Il dira aussi : Je suis chanceux, utilisant la syntaxe anglo-saxonne pour exprimer *I am lucky* : J'ai de la chance.

---

[38]**le cimetière :** *cemetery.*
[39]**influer :** *to have (a subtle or unknown) influence.*

Ou encore : Nous allons magasiner, *We are going shopping* : Nous allons faire des achats (dans les magasins).

Enfin, pour parler du temps qu'il fait, ou des résultats du temps, on dit, au Québec : Il mouille (mouiller : *to wet*), *It's raining*.

Il y a de « la sloche ». Le mot n'existe pas, en français, et vient de l'anglo-saxon : *slush, slosh* : neige à moitié fondue, ou neige boueuse (*muddy*).

Sous l'influence des séparatistes, le gouvernement fédéral a encouragé les fonctionnaires fédéraux à devenir bilingues, et a demandé aux neuf autres provinces que le français devienne partout la deuxième langue officielle.

Le nouveau Canada français devient plus laïque et plus autonome— c'est vrai pour le Canada tout entier. Pour tout ce qui est neuf, le joual va acquérir une autonomie linguistique. Par exemple, les postes de péage, sur les autoroutes, s'appellent des kiosques de perception (de **percevoir** : toucher, recevoir de l'argent). C'est ce que l'on appelle être fidèle au français malgré une absence de deux cents ans!

Peut-être parce que les grands industriels, les banques, la richesse en général, se trouvent plus souvent du côté canadien anglais, et que les Canadiens anglais sont en majorité (17 000 000 contre 7 000 000, nous l'avons vu), les Canadiens français ont-ils essayé la doctrine « *If you can't beat them, join them* ». En tout cas, il semble qu'il y ait plus de Canadiens français bilingues que de Canadiens anglais.

Ceux qui s'opposent au bilinguisme au Canada savent qu'ils ne sont pas les seuls au monde. Par exemple, en Californie, les bulletins de vote sont écrits en anglais et en espagnol, à cause de la minorité très importante de *Latinos*. Ces dépenses pour le bilinguisme anglo-espagnol sont très controversées. Au Canada, aussi bien qu'en Californie, les conservateurs disent : « Pourquoi n'ont-*ils* pas appris l'anglais? Après tout, *ils* ne sont pas chez eux! » *Ils*, bien sûr, ce sont les Québecois et aussi les Latinos... Les premiers arrivés sont-ils chez eux? Les deuxièmes? C'est un problème philosophique qui augmente les dissensions entre minorités et majorités.

Poser la question « Pourquoi n'ont-ils pas appris l'anglais? » dans le cas du joual, c'est oublier quelle place importante le joual occupe, dans la culture canadienne française. C'est la signification de « Je me souviens! » On plaisante de la manière suivante au Québec : on dit que si quelqu'un parle trois langues, il est polyglotte. S'il en parle deux, il est bilingue. Mais s'il n'en parle qu'une, il est Canadien-anglais.

Avec une natalité aussi forte que la leur, les Canadiens français acquièrent une voix de plus en plus forte dans la fédération canadienne.

Il faut signaler que c'est à Québec qu'a été créée l'Association Mondiale des Universités de Langue Française, ce qui montre bien la véritable passion qui anime les Québecois, quand il s'agit de préserver l'héritage linguistique de leur origine.

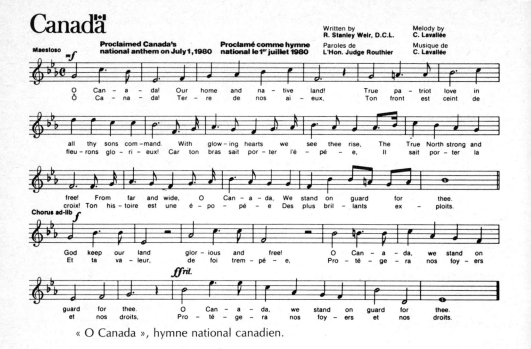

« O Canada », hymne national canadien.

La Culture Québecoise

Elle est extrèmement développée, et fleurit d'une manière extraordinaire pour un peuple* de sept millions d'habitants, unis par une langue et des coutumes anciennes et dont ils sont très fiers :

Je m'ennuie d'un pays
Qui n'est pas un pays
Je m'ennuie d'un pays qui n'est pas
Je m'ennuie d'un pays
Qui n'est pas aujourd'hui
Je m'ennuie d'un pays qui sera

Gilles Vigneault

Ce sont peut-être les poètes qui sont les plus nombreux, parmi les artistes et écrivains canadiens français, qui sont pourtant légion.[40]

---

[40]**être légion = être très nombreux :** *plentiful.*

Ils chantent les sentiments de ce peuple entouré d'une culture qui n'est pas la sienne. De ce peuple qui appelle « l'Étrangère » la reine Elisabeth II, souveraine représentante de la nation anglaise, qui apparaît sur les billets de banque et les timbres-poste. Comment oublier *le Grand Dérangement*, premier génocide des temps modernes—celui des Acadiens—que le poète Longfellow a raconté dans son poème « Évangéline ».

Les poètes chantent aussi ce peuple qui a survécu à force de[41] solidarité et de souvenirs. La nostalgie de leurs chansons, accompagnées très souvent du violon, a fait le tour du monde. Des chanteurs comme Gilles Vigneault, Félix Leclerc et beaucoup d'autres, sont aussi connus en France qu'au Québec.

En littérature aussi bien qu'au cinéma, les auteurs ont su garder leur identité et la faire connaître et apprécier du reste du monde, qu'ils soient contestataires[42] ou esthètes, qu'ils prêchent[43] la « révolution tranquille » ou qu'ils peignent la vie rurale et ses longues heures d'hiver glacé.

Les Franco-Canadiens représentent environ un quart de la puissance économique du Canada. Entre les romans, le théâtre, le cinéma, et la télévision, on peut dire qu'ils représentent trois quarts de la création originale. (Voir la liste d'artistes et écrivains canadiens à la fin du chapitre.)

Montréal

La ville est prise entre les deux bras du Saint-Laurent. C'est une ville de plus en plus moderne qui dépasse trois millions d'habitants, et dont l'aspect change constamment. Elle possède le métro le plus moderne du monde (construit sur des plans français), des hôtels géants et d'imposants gratte-ciel. Son maire s'appelle Jean Drapeau (drapeau : *flag*). La ville a grandi pour l'Exposition Universelle de 1967, visité par 50 millions de visiteurs et les Jeux Olympiques de 1975. Elle continue de grandir.

Enfin, les Québecois ont fait un immense effort pour qu'on les comprenne. Comme tous les Canadiens, en général, ils aiment être connus et reconnus. Ils sont fiers de soumettre aux étrangers les fruits de leurs siècles de travail, travail de pionniers gardant l'espoir d'arriver un jour au bout de leurs peines.[44]

---

[41]**à force de :** *(announces a positive result, after many trials) by dint of.*

[42]**les contestataires :** *the antiestablishment people.*

[43]**prêcher :** *to preach.*

[44]**arriver au bout de ses peines :** *to see the light at the end of the tunnel; i.e., to see the end of a difficult period.*

Montréal, métropole moderne.

Compréhension du vocabulaire du texte

Trouvez les synonymes des mots suivants.

1. un prisonnier (que l'on garde pour obtenir quelque chose)
2. trouver (tout(e) seul(e))
3. faire de la propagande
4. être très nombreux
5. un discours
6. hésiter
7. (des rapports) difficiles
8. très enthousiaste, fou
9. le slogan
10. compétiteur

Compréhension du texte

1. Quels sont les deux éléments philosophiques, l'anglais et le français, au Canada? (Quelle est la contribution de chacun? Légalisme? Pragmatisme?) Expliquez.

2. Pouvez-vous expliquer pourquoi les États-Unis sont à la fois un grand ami et un danger pour le Canada?

3. Expliquez ce qu'est « la survivance » pour un Canadien français.

4. Qu'est-ce qu'un péquiste? Quels sont les avantages et les dangers de l'indépendance, pour un Québecois? Pour un Canadien, en général?

5. Qu'est-ce que le joual? Quelle combinaison est-ce? Quelle est la tendance linguistique, au Canada français moderne?

6. Par quel moyen est-ce que la minorité franco-canadienne arrive à « peser plus que son poids »? Financier? Industriel? Culturel? Commercial? Expliquez.

7. Qui est « l'Étrangère »? Pourquoi est-elle sur les timbres-poste, par exemple? Pourquoi les Canadiens français s'offensent-ils de sa « présence »?

8. Quels Canadiens ou Canadiennes sont connus dans le monde francophone? Quels sont les éléments de cette popularité internationale?

Notes linguistiques

donc : signifie généralement **par conséquent :** Je pense, donc je suis. Mais:

- Entrez donc. *Do come in.*
- Que fais-tu donc? *What on earth are you doing?*

l'occitan : C'est l'ensemble des dialectes de langue d'oc, et plus spécialement l'ancien provençal ou langue des troubadours. À l'époque de la Gaule, le pays était divisé en deux zones. Au nord, on trouvait le pays de langue d'oïl, et au sud, le pays de langue d'oc. **Oïl** et **oc** étaient les deux ancêtres du mot **oui,** prononcé **oïl** par les gens du nord et **oc** par les gens du sud. Une certaine région du sud a gardé le nom, et s'appelle le Languedoc, en un seul mot.

bien : se traduit normalement par *well.* Il travaille **bien.** Mais **bien** peut avoir aussi le sens de *indeed, really :*

- Nous sommes *bien* mercredi aujourd'hui?
- Je veux bien. *I am willing; I accept* (idiome où **bien** a un sens spécial).

  Enfin, **bien** peut « diminuer » la valeur d'un verbe :

- Je t'aime bien : *I like you.* Je t'aime : *I love you.*

Oïl *et* Oc *étaient les deux ancêtres du mot* oui.

le côté : Ce mot a une multitude de sens. En voici des exemples :

- Versailles est à côté de (*next to*) Paris.
- Tout un côté (*side*) de la maison a brûlé.
- Côté argent (*when it comes to money*), il n'est pas à plaindre... il est riche.

Ne pas confondre avec **la côte :**

- Il commande une côte de boeuf (*prime rib*) pour deux au restaurant et deux côtelettes (*cutlets/chops*) de mouton pour ses enfants. (Une côtelette est une petite côte; **-ette** est un diminutif féminin et **-et** un diminutif masculin.)
- La côte (*hill*) est si forte que le moteur de la voiture chauffe trop.
- La Côte (*coast*) d'Azur (*Riviera*) est belle.
- La France a six mille kilomètres de côtes (*coastline*). (Dans cet exemple, le sens rejoint celui de **à côté**.)

Peuple / **nation** / **pays** / **personne(s)** / **gens** : A people / a nation / a country / people

Un peuple est l'ensemble des habitants d'un pays. Par exemple :

- Le peuple français élit un président tous les sept ans (l'ensemble des Français l'élisent).

Le peuple s'oppose aussi à la bourgeoisie. Par exemple :

- C'est un homme du peuple (*a man of the people, a common man*).

Une nation est une unité politique et géographique. Par exemple :

- Il existe deux nations allemandes : l'Allemagne de l'ouest et celle de l'est.

Un pays est un mot général : *country, land, area*, etc. Par exemple :

- Vous habitez un pays que j'aime beaucoup.

Personnes et gens sont presqu'interchangeables. **Gens** est toujours au pluriel.

- Ce sont *des gens / des personnes* que je connais depuis longtemps.

Personnes est souvent sous-entendu (*understood*). Par exemple :

- Beaucoup (beaucoup de gens / de personnes) pensent que…

Compréhension du vocabulaire des notes linguistiques

Dans l'espace en blanc, mettez le mot correct.

1. L'Hexagone a des frontières sur trois _____ , et des _____ (des mers) sur trois autres.
2. Le nord de la France s'appelle le pays de _____ d(e) _____ .
3. La Russie est la _____ qui possède la plus grande superficie de tous les _____ du monde.
4. Le _____ chinois atteint le nombre de un milliard d'habitants (mille millions).
5. Il y a une province du sud de la France qui s'appelle le _____ , parce que c'était la manière de dire « oui » dans cette région.
6. Un jeune homme n'est pas heureux lorsque la jeune fille qu'il aime lui dit : « Moi, je t'aime _____ , mais je ne suis pas amoureuse de toi » (ou vice versa).
7. Je veux _____ n'indique pas la volonté mais l'acceptation.

Notes culturelles

la Corse : une île de 200km de long sur 80km de large, située à environ 200km au sud-est de Nice, et à 80km à l'ouest de l'Italie. Elle est devenue française en 1768. On la connaît surtout comme lieu de naissance de Napoléon Bonaparte. La Corse s'appelle l'île de Beauté et justifie bien son nom. On y trouve des neiges éternelles, sur des montagnes qui ont plus de 2 700m, et des plages splendides.

On raconte que, l'été, les plaisanciers, c'est-à-dire les propriétaires de bateaux de plaisance, à voile ou à moteur, se perdent souvent en Méditerranée, en cherchant la Corse : en effet, pour des raisons d'économie d'espace, sur les cartes des atlas géographiques, la Corse est souvent rapportée (*inset*) plus près de la Côte d'Azur qu'elle ne l'est vraiment (voir carte). Cela ferait penser aux marins « amateurs » que l'île est à une très courte distance de la côte provençale, alors qu'en réalité, elle s'en trouve, nous l'avons vu, à 200km ou 125 *miles* (à plusieurs journées de navigation pour un petit bateau).

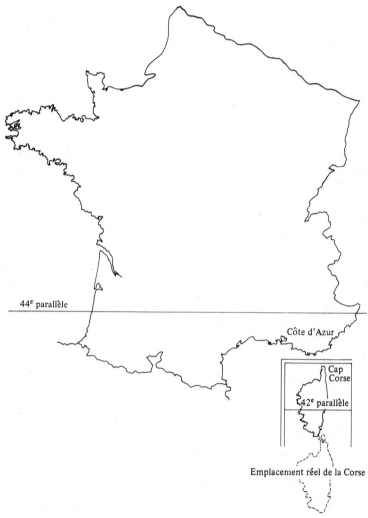

La Corse est rapportée plus haut que la réalité, pour tenir moins de place (*insert*). La distance entre le nord de la Corse et la côte est exactement la hauteur nord-sud de la Corse, ou 200km.

Napoléon Bonaparte : Il est né en Corse en 1768, l'année après que la
Corse est devenue française. Un Français est très étonné de constater
que Napoléon est souvent mal considéré aux États-Unis. Il a hérité de
la Révolution française, qui avait guillotiné Louis XVI et Marie-An-
toinette. Il est bien évident que, à la suite de cet « acte infernal », les
souverains anglais, russes, prussiens et autrichiens allaient avoir très
peur pour leur tête; très peur que « Le Petit Caporal », comme on
appelait familièrement l'empereur des Français, ne vienne semer (*to
sow*) les idées de la révolution et de sa *Déclaration des Droits de
l'Homme et du Citoyen* dans leur pays.

Comme Napoléon était un fin stratège, et qu'il a gagné la plupart
des batailles, sauf Waterloo, la dernière, cette peur était justifiée.

Au point de vue positif, on lui doit le Code Napoléon qui a servi
de modèle dans la plupart des pays d'Europe, d'Amérique latine et
d'Afrique, où le droit anglo-saxon n'avait pu pénétrer. Il a établi un
système d'education qui a aussi servi de base à l'éducation nationale
dans ces mêmes continents. En France, on lui doit aussi le système
administratif des départements et préfectures. Enfin c'est lui qui a demandé à ses ingénieurs de créer le système métrique, universellement
adopté, même par le monde anglo-saxon, récemment, et en dernier.

Le sacre de Napoléon (qui s'est couronné lui-même). Détail: Napoléon cou-
ronnant Joséphine. Peinture de David.

Napoléon menant la charge.

les accents : Il est facile de faire la différence entre un accent anglais et un accent américain quand on est anglophone. Il est aussi très facile de distinguer entre l'accent du Midi (que l'on appelle aussi l'accent de Marseille), l'accent lyonnais, l'accent parisien, l'accent alsacien, etc. En ce qui concerne ce dernier, il est évidemment proche de l'accent allemand, tout comme l'accent des frontaliers du sud-ouest ressemble à l'accent espagnol.

L'accent du Midi commence graduellement dans la vallée du Rhône, entre Lyon et Marseille, et se retrouve dans toute la Provence, avec quelques variantes. Un Marseillais, ou un Niçois prononcent **bien,** « biaingg » et **cher,** « chaireu ». Les Français aiment bien cet accent qui fait penser au soleil du Midi que l'on retrouve chez Alphonse Daudet (voir *Les Vieux,* p. 95).

Napoléon essayant des coiffures.

la Louisiane : Elle a été colonisée par les Français depuis 1699. C'est en honneur du roi Louis XIV (1638–1715) qu'elle a reçu son nom. Bonaparte l'a cédée (céder : *to cede, to give up*), aux États-Unis en 1803. Le nom de la Nouvelle-Orléans, sa plus grande ville, a été traduit littéralement en anglais, mais celui de la ville de Bâton-Rouge (*red stick*) est resté en français, comme beaucoup d'autres noms français* de villes, d'états, de rivières, etc. Les divisions administratives et géographiques s'appelaient des **paroisses** (*parishes*) et le nom leur est resté en anglais.

En 1968, James Domengeaux, francophile invétéré, avocat et ancien *congressman* de la Louisiane, Président du CODOFIL (*Committee for the Development of French in Louisiana*) a réussi à obtenir de l'administration de la Louisiane que le français soit la deuxième langue officielle dans l'état, et soit enseigné dans les écoles publiques.

Les crédits pour l'enseignement du français en Louisiane et le nombre des enseignants ont grandi d'une manière très importante comme on peut le voir :

En 1970–71 : crédits de $140 000; nombre d'enseignants : 29.

En 1980–81 : crédits de $20 000 000; nombre d'enseignants : 835.

Il y a aussi des milliers d'étudiants des cours du soir et 135 heures par semaine de télé en français.

On appelle **Cajun,** en Louisiane, une personne dont les ancêtres sont d'Acadie : *Nova Scotia*. Ils ont dû fuir leur patrie pour des questions de persécution religieuse. C'étaient des Acadiens. Prononcé rapidement, le *A* a disparu et est devenu Cajun (ou Caijan). Leur devise— « Lâche pas la patate » (lit., *Don't drop the potato;* Tiens bon, Cajun : *keep plugging*)—montre bien que les Cajuns ont le même désir intense que les Canadiens français, leur ancêtres, de garder leur propre culture.

Le mot *jazz*, dit-on, pour lequel la Nouvelle-Orléans—et les États-Unis—sont si fameux, viendrait de **jaser,** en français, qui veut dire flirter (*to flirt*).

noms français (dans la géographie des États-Unis) : Dans un de ses livres qui s'appelle « Names on the Land », l'auteur californien George Stewart nomme les quatre états de l'union qui ont un nom français : Illinois, Louisiane, Maine (nom d'une province française, au sud de la Normandie), et Vermont (*green mountain*). Il mentionne aussi toute une série d'états (par exemple, l'Arkansas) dont le nom est un nom indien prononcé par les Français, qu'il différencie d'un nom indien prononcé par les Anglais (par exemple, Kansas). Le français place l'accent tonique sur la dernière syllabe, mais ne prononce généralement pas le *s* final. Trente et un noms d'états (sur cinquante) ont été donnés par des explorateurs, missionnaires et trappeurs (*fur animal hunters*) canadiens.

Dans la vallée du Mississippi, dans la région du golfe du Mexique et dans celle des Grands Lacs, en particulier, on retrouve des multitudes de noms géographiques français, dont voici quelques exemples : Lac Erié, Saint-Louis, Détroit, Cadillac (on reconnaît la terminaison en -*ac* de la région du sud-ouest : Cognac, Armagnac, Montbazillac, etc.), Des Moines (*of the monks*), Terre-Haute (*high land*), Coeur d'Alène, Grand Têtons (*big breasts*) et les nombreux Versailles, Paris, etc.

la fusée Ariane : La France, à la tête de ses amis et voisins européens, a voulu interrompre le quasi-monopole que les États-Unis exercent sur le lancement des satellites pour les pays de l'Ouest en créant un engin de lancement européen, la fusée Ariane (*Ariadne launching rocket*). On a l'espoir qu'il sera compétitif avec le *space shuttle* au point de vue du prix du transport et du volume-poids des éléments à transporter dans l'espace—deux tonnes de charge utile (*payload*). La France a pris à sa charge environ deux tiers du financement du projet.

La société ARIANESPACE qui contrôle, finance, produit et commercialise les lancements d'Ariane a déjà deux milliards de francs de commandes (*orders*) ou vingt et une commandes fermes pour douze organisations internationales (lancement de satellites). (Voir les statistiques et la photo d'un lancement d'Ariane, p. 247.)

La fusée européenne « Ariane », lançeuse de satellites. Les industriels participant au programme se composent de 43 firmes françaises, 7 allemandes, 4 belges, 5 italiennes, 4 néerlandaises, 5 britanniques, 2 suédoises, 5 suisses, 6 danoises, et 3 espagnoles. Plusieurs firmes américaines, dont Western Union, ont des contrats avec ARIANESPACE pour le lancement de leurs satellites.

les lycées français dans le monde : Il est peu connu que le système des lycées Français dans le monde est « le plus vaste réseau scolaire du monde », avec plus de 1 000 lycées, depuis Téhéran jusqu'à New York, etc. Les élèves sont à 50% français (enfants du personnel diplomatique industriel ou commercial outre-mer : 60 000 élèves) et à 50% du pays où se situe le lycée (60 000 aussi).

Pourquoi les Français installent-ils ces lycées un peu partout dans le monde? Un article de Serge Chauvel-Leroux, dans le journal parisien « Le Figaro » du 18 septembre 1978, explique qu'il existe une continuité chère aux Français dans l'éducation offerte par les lycées français à l'étranger. L'auteur de l'article montre aussi que, bien souvent, les étrangers ont un désir grandissant de voir leurs enfants éduqués « à la française », ce qui est supposé être un compliment sur la qualité des enseignants, des programmes, et d'une discipline encore assez stricte.

« LA GRANDE PITIÉ DES LYCÉES FRANÇAIS À L'ÉTRANGER:
Le plus vaste réseau scolaire du monde. 1.000 établissements diffusent notre enseignement. La demande excède l'offre. Pourtant, faute d'argent, certains établissements risquent de fermer leurs portes. (« Le Figaro », 18 septembre 1978)

Note: Ce que dit le professeur: « Mon tailleur n'est pas riche » est une satire d'un disque français humoristique : « La Leçon d'Anglais », où l'on fait apprendre à l'élève: *maye telor iz ritch... my sisteur za notte boye...*

Ces lycéens préparent tous au baccalauréat français, donné à la fin de chaque mois de juin, sous le contrôle des attachés culturels des consulats français locaux. Soixante-six de ces lycées sont directement sous le contrôle du Ministère de l'Éducation Nationale. En les créant, la France voulait, à l'origine, permettre la continuité de l'éducation des enfants de diplomates, qui se déplacent fréquemment. Les programmes d'enseignement, les livres, etc., étant les mêmes pour les lycées français dans tous les pays, les enfants de ces diplomates ne souffrent pas des changements de pays imposés par la carrière de leurs parents.

En tout, près de 30 000 enseignants français forment le personnel de ces lycées par le monde. Leurs études sont offertes à une élite payante, mais promettent aussi une certaine garantie de qualité que ce soit à Paris, au Caire, ou à Rio de Janeiro. Malgré les difficultés financières pour ceux qui sont financés par l'Éducation Nationale française, les lycées ont, partout, une liste d'attente qui atteint plusieurs années.

les Indiens = les Peaux-Rouges : Ils sont aussi populaires auprès des jeunes Français qu'auprès des jeunes Américains; comme Fenimore Cooper. L'héritage historique des guerres du Canada, il y a plusieurs siècles, s'ajoute à l'engouement (*infatuation*) pour *les westerns* du cinéma américain, qui sont peut-être encore plus passés à la loupe (*scrutinized*) en France qu'aux États-Unis. Tous les Français connaissent les Mohicans, les Iroquois, les Sioux. Sioux est même utilisé en argot d'étudiants et signifie « rusé » (*cunning, wily*).

Le terme *Peaux-Rouges* est généralement réservé aux *American Indians*. Dans un poème sur ses difficultés à apprendre le français, le poète humoriste Ogden Nash a opposé les « peaux-rouges » et les « po' whites ». (Ogden Nash raconte qu'il se trompait toujours de genre—il n'est pas le seul—et quand ses amis s'exclamaient « Oh là là! », lui disait « Oh *le le!* ».)

Compréhension du vocabulaire des notes culturelles

Trouvez le mot qui correspond aux définitions.

1. C'est une manière de parler qui peut s'entendre et permettre de savoir de quelle région quelqu'un est.
2. Une des épithètes pour cette province est l'île de Beauté.
3. C'est un mot qui, normalement, désigne une division régionale pour les catholiques, mais qui indique un comté (*county*) en Louisiane.
4. C'est un synonyme d'« Indien ».
5. Cette idiome signifie « inspecter de très près ».

6. Ce manifeste illustre a été écrit pendant la Révolution française.
7. C'est le Président de CODOFIL, en Louisiane, et grand francophile.
8. Devise des Cajuns, en Louisiane.
9. C'est le nom de la fusée qui transporte des satellites de communication, la concurrente du *space shuttle* américain.
10. Nom d'une région administrative créée par Napoléon.

Compréhension des notes linguistiques

1. Pourquoi appelle-t-on cette île l'île de Beauté? Parlez de sa situation géographique, de sa dimension par rapport aux autres départements, etc. (Servez-vous de la carte, p. 242.)
2. Quelles contributions durables Napoléon a-t-il faites? Commentez.
3. Parlez du phénomène des accents. Existe-t-il aux États-Unis? Expliquez ce que vous savez des accents français, toujours en vous servant de cette même carte de France, p. 222.
4. Qu'est-ce qui s'est passé en Louisiane vers 1970? Ce phénomène est-il unique? L'associez-vous avec le « retour aux sources » (*seeking your roots*)?
5. D'après ce livre (ou tout autre) et d'après des films sur la Louisiane que vous auriez pu voir, racontez ce que vous savez sur les Cajuns : origine, origine du nom, milieu social, langue parlée, etc.
6. Pourquoi l'expérience de la fusée européenne est-elle intéressante (du point de vue européen, au moins)? Parlez de la participation de la France à ce projet.
7. Que pensez-vous des lycées français dans le monde? Cette standardisation internationale vous paraît-elle être une bonne chose? Expliquez.
8. Pour un jeune Français, les Peaux-Rouges vous paraissent-ils avoir une attraction aussi forte que pour les jeunes Américains (dont c'est le pays d'origine)? Qu'est-ce qui, d'après vous, leur donne cet intérêt universel?

Situation / Dramatisation

1. Vous êtes des touristes américains, dans un autocar qui vous fait visiter toute la France. Un de vous sera le guide, et d'autres (seront) les touristes. Vous posez des questions sur les divers langues et dialectes parlés dans la région que vous traversez. Le guide y répondra. Par exemple, sur l'origine de la langue, sur les frontaliers, les bilingues, trilingues, accents, coutumes, etc.
2. Vous allez jouer le rôle de deux professeurs qui se rencontrent à un congrès (*convention*). L'un(e) est professeur à l'Alliance Française de Rio de Janeiro, et l'autre est professeur du Lycée Français de Rome. Vous allez parler de vos institutions respectives, les Alliances Françaises et les lycées, et de leur rôle.

3. Vous êtes un(e) Canadien(ne) français(e). Expliquez les raisons qui vous font choisir pour ou contre le séparatisme québecois. Un « adversaire » prendra la thèse opposée pour animer le débat. Servez-vous de raisons ethniques, philosophiques, psychologiques, sociales et économiques pour les arguments des deux côtés.

Liste d'artistes canadiens français
Chanteurs / Chanteuses

Angèle Arsenault, Jacques Blanchet, La Bolduc, Breton-Cyr, Pierre Calvé, Hervé Brousseau, Jean Carignan, Robert Charlebois, Michel Conte, Dionne-Brégent, Clémence Des Rochers, François Dompierre, Georges Dor, Claude Dubois, Diane Dufresne, Raoul Duguay, Jean-Pierre Ferland, Jean-Paul Filion, Charles-Emile Gadvois, André Gagnon, Michel Garneau, Claude Gautier, Pauline Julien, Jacques Labrecque, J.F. Lamothe, Félix Leclerc, Sylvain Lelièvre, Laurence Lepage, Pierre Létourneau, Claude Léveillée, Raymond Lévesque, Monique Leyrac, Jacques Michel, Monique Miville-Deschênes, Robert Paquette, Claude Péloquin, Paul Piché, Plume Latraverse, Michel Rivard, Raoul Roy, Les Seguin, Tex Lecor, Fabienne Thibault, Guy Trépanier, Gilles Valiquette, Gilles Vigneault... et beaucoup d'autres.

André Gaulin, « Guide Culturel du Québec » Mars 1980

Écrivains contemporains

Hubert Aquin, Victor-Lévy Beaulieu, Gérard Bessette, Marie-Claire Blais, Roch Carrier, Jean-Paul Desbiens, Réjean Ducharme, Jacques Ferron, Claude Galarneau, André Giroux, Jacques Godbout, Alain Grandbois, Germaine Guèvremont, Anne Hébert, Claude Jasmin, Michelle Laloude, André Langevin, André Laurendeau, Roger Lemelin, Antoine Maillet (Prix Goncourt 1980, le prix littéraire français le plus prestigieux), André Major, Gaston Miron, Jacques Poulin, Jacques Renaud, Normand Rousseau, Gabrielle Roy, Monseigneur Félix-Antoine Savard, Jean Simard, Jean-Yves Soucy, Yves Thériault, Michel Tremblay... et beaucoup d'autres.

Gilles Dorion, « Guide Culturel du Québec »

Dramaturges

Jean Barbeau, Marcel Dubé, Françoise Lauranger, Michel Tremblay... et beaucoup d'autres.

Alonzo le Blanc, « Guide Culturel du Québec »

Cinéastes-Metteurs en scène de cinéma

(Remarquez le nombre de femmes.) Denys Arcaud, Jean Beaudin, Michel Bouchard, André Brassard, Michel Brault, Gilles Carle, Louise Carré, Mireille Dansereau, Georges Dufaux, André Forcier, Jacques Godbout, Denis Héroux, Claude Jutra, Micheline Lanctôt, Jean-Pierre Lefebvre, Diane Létourneau, Jean-Claude Lord, Francis Mankiewicz, Pierre Perrault, Anne-Claire Poirier, Guy Simoneau... et beaucoup d'autres.

À cette liste, nécessairement incomplète, il faudrait ajouter les noms des peintres, sculpteurs, artistes de théâtre, de télévision, de cinéma, etc., pour avoir une image assez complète du monde artistique du Canada français.

Appendice 1
L'Éducation

Comme nous l'avons annoncé dans le chapitre 2, cet appendice est réservé à ceux qui voudraient en savoir plus sur l'éducation en France. Comme on y parle un peu de son évolution, de programmes, de statistiques et de noms d'écoles supérieures, il est évident que l'intérêt des pages qui suivent n'est pas général.

BUT ET PLACE DE L'ÉDUCATION

La dernière réforme majeure de l'éducation date de Napoléon Ier (1802). Il a fondé, entre autres institutions durables—le système métrique, le code légal qui porte son nom, la division administrative de la France en départements, etc.—la structure éducative qui est encore en place aujourd'hui. Au début du XIXe siècle, cette structure a inspiré presque tous les pays d'Europe, sauf l'Angleterre. Les réformes de l'éducation ont été très fréquentes, surtout après les événements de 1968 (voir les Notes culturelles, chap. 2).

La France prend son éducation très au sérieux, comme le prouve le fait que la France a non seulement un ministère de l'éducation, mais aussi un ministère des universités. Pour qu'une nation de seulement 54 000 000 d'habitants soit troisième au monde en constructions aéronautiques et deuxième en technologie nucléaire, obtenue sans aucune aide étrangère, son éducation doit être assez efficace. Elle est, bien sûr, souvent critiquée par les Français eux-mêmes. Cela s'explique d'abord par une tendance universelle, de la part des jeunes, à contester l'utilité de certains sujets à étudier. La spécialisation indispensable pour obtenir les technologies modernes, par exemple, en informatique, ne laisse pas de temps, à un futur ingénieur, pour apprendre le latin et le grec. Cela cause souvent une réaction en chaîne. En ce qui concerne la culture générale, dans tous les pays du monde, les programmes scolaires et universitaires deviennent de plus en plus faciles, pour s'ajuster aux résultats qui baissent.

C'est cette culture générale que la France voudrait continuer à offrir à sa jeunesse, pour que chaque étudiant puisse décider, après avoir suivi des cours dans presque tous les sujets, ce qu'il veut faire, suivant ses capacités, ses préférences, etc.

En France, le budget de l'éducation est le plus élevé de tous, même plus important que celui de la défense nationale. Il représente 18.5% du budget total français et 3.5% du produit national brut (GNP). L'éducation étant gratuite ou presque, même au niveau du supérieur, c'est le gouvernement national qui en a toute la responsabilité financière, sauf en ce qui concerne les livres.

LES PROGRAMMES

Examinons maintenant, à titre de curiosité, les programmes à divers niveaux.

Programme Primaire

Les élèves ont 27 heures de classes par semaine, distribuées ainsi :

- 10 heures de français
- 5 heures de calcul
- 6 heures de discipline d'éveil (qui (r)éveille son attention), comme l'histoire, la géographie, le dessin, les travaux manuels et la morale, c'est-à-dire les règles à suivre pour faire le bien et éviter le mal.
- 6 heures d'activités dirigées (gymnastique, etc.)

Parents regardant leurs enfants rentrant à l'école, le jour de la rentrée.

Programme secondaire (Premier cycle)

Le premier cycle existe dans les lycées et les C.E.S. (Collèges d'Enseignement Secondaire). Les élèves ont de 11 à 15 ans en 6e, 5e, 4e et 3e. Le second cycle n'existe que dans les lycées et va de 15–16 ans à 17–19 ans, pour les élèves de 2e ou seconde, de première et de terminale.

Les élèves ont 27 heures et demie de classes par semaine :

- 6 heures de français
- 4 heures de langues
- 1 heure d'instruction civique
- 3 heures d'éducation artistique

- 4 heures de math
- 2h½ d' histoire/géographie
- 2 heures de biologie
- 5 heures d'éducation physique

Education classique : Latin plus une langue vivante en 6e. Grec plus une autre langue vivante en 4e.

Education moderne : Plus de français, de math, de langues vivantes et de sciences physiques en 4e.

Les langues étrangères sont dominées par l'anglais. Quatre élèves sur cinq choisissent l'anglais comme première langue, et un sur trois choisit l'allemand comme deuxième langue.

Programme Secondaire (Deuxième cycle)

Une des innovations de ces dernières années a été un « service à la carte », un smorgasbord d'options pour contenter tout le monde. Le second cycle est, rappelons-le, pour les élèves (ou étudiants) de 2e, 1ère, et terminale. Dès la seconde, ou 2e, on a maintenant le choix entre une dizaine ou une douzaine d'options, dont certaines particulièrement faciles, et des options scientifiques « pour élite », où il y a une sélection sévère.

Dès quinze ans, l'étudiant du second cycle a le choix entre :

- A : des études littéraires, linguistiques ou philosophiques
- B : «   «   scientifiques, économiques ou sociales
- C : «   «   mathématiques et de sciences physiques
- D : «   «   de sciences de la nature et de mathématiques appliquées

Les diverses sections portent la lettre A, B, C ou D.

Le Baccalauréat

On se souvient que c'est l'examen qui marque la fin des études secondaires en France, en Suisse, en Belgique, en Italie, en Allemagne (Habitur), et en Espagne (bachillerato). Il est indispensable pour entrer dans les universités et dans les Grandes Écoles, pour entrer dans la plupart des administrations d'État, et pour un nombre de plus en plus grand de métiers ou d'emplois (voir Notes culturelles, chap. 2).

Exemples de sujets de baccalauréat

Philosophie, 4 heures d'examen :

- La nature est-elle un modèle?
- Dégagez (*make clear*) l'intérêt philosophique du texte suivant, de Pascal : « Rien ne nous plaît que le combat, mais non pas la victoire ».
- Peut-on dire avec Holderlin que : « Ce qui fait de l'état un enfer (*hell*), c'est que l'homme a voulu en faire son paradis »?

Anglais (sujet partiel) :

- *Explain the reasons why « exceptional weather » affects any individual and may create a sense of community between people who, in everyday life, are complete strangers.*

Identification du baccalauréat par lettre/ code et par disciplines étudiées...   conduisant vers des classes de :

A	Philosophie/Lettres	Classes préparant à littérature, lettres, études juridiques, politiques. Instituts Universitaires de Technologie. (I.U.T.)
B	Sciences économiques et sociales	Études de sciences humaines, économiques et politiques.
C	Maths et sciences physiques	Classes préparatoires aux études scientifiques et aux études médicales.
D	Sciences agronomiques et techniques	I.U.T. et écoles supérieures d'agronomie.
E	Maths et techniques	Classes préparatoires aux écoles d'ingénieurs, études scientifiques.
F	Section industrielle	
G	Section économique	
T_1	Brevet de techniciens	Études juridiques, économiques; maths et sciences physiques, de chimie, de biologie et de géologie; enseignement technique.

Les Cours Préparatoires aux Grandes Écoles

Une fois le baccalauréat passé, les étudiants savent, en général, dans quelle direction ils vont aller, pour continuer leurs études. Nous allons examiner plus loin les choix qu'ils ont à l'université. Mais une partie importante de ce million ou presque de jeunes gens de 18–19 ans choisissent une Grande École (voir, plus loin). Pour y entrer, il faut une ou deux années préparatoires. On ne peut y entrer que sur dossier, c'est-à-dire en consultant les résultats du candidat inscrits dans son dossier, et on n'accepte que les meilleurs, suivant le nombre de places disponibles.

Ces cours préparatoires sont donnés seulement dans le ou les lycées les plus prestigieux de certaines grandes villes. La première année s'appelle **mathématiques supérieures** (math-sup); la deuxième, **mathématiques spéciales** (math-spé). Ce sont donc une ou deux années de transition entre le secondaire d'où on sort, après le bac, au niveau de *college* sophomore, et l'université. Après deux années de cours préparatoires en math, on arrive à peu près au niveau et à l'âge du *Bachelor of Science* américain.

L'Enseignement Supérieur proprement dit

A. Les Universités ou facultés (voir Faux amis, p. 260)

Il existe 25 Académies, en France. Elles correspondent plus ou moins aux académies de l'époque napoléonienne, basées sur les anciennes provinces traditionnelles. Une Académie est une circonscription (*division*) universitaire. C'est aussi le siège des bureaux et des services administratifs qui la concernent. Elles comprennent 116 établissements sous le contrôle exclusif du Ministère des Universités, ce qui confirme à quel point la France attache de l'importance à l'éducation (supérieure). Nous savons déjà que les universités sont pratiquement gratuites et ouvertes à tous ceux qui ont été reçus au baccalauréat. On peut être aussi auditeur libre, dans certains cas, sans avoir à fournir de dossier. Le régime de l'Enseignement Supérieur, nous l'avons déjà vu, est particulièrement favorable, comparé à celui de la plupart des pays qui demandent le paiement de droits importants (*tuition*).

Le nombre des étudiants du supérieur a triplé en France, depuis 1965. Ce fait contribue à expliquer la révolution de 1968.

Il existe en France 68 universités dont la liste se trouve plus loin dans cet appendice. On trouve aussi 38 établissements publics nationaux à caractère administratif (*geared toward administration*). Dans l'ordre de leur importance, on distingue les études (de) :

- Lettres
- Droit et Sciences économiques
- Médecine et Dentaire
- Sciences et Instituts Universitaires de Technologie (I.U.T.)
- Pharmacie
- Ingénieurs

Paris, seule, a 13 universités et un I.U.T. En France, c'est la plus grande, avec 31% du nombre total d'étudiants. La deuxième est celle de Toulouse, parce que cette ville est le siège de l'industrie aéronautique et de l'espace. Là aussi se trouve l'École Supérieure d'Aéronautique (Supaéro), et l'École de l'Air, qui forme les futurs pilotes de l'armée de l'air.

B. Les Grandes Écoles et les grands établissements scientifiques

On y entre sur concours nationaux, qui ont lieu en juin de chaque année, et à des dates différentes, pour qu'on puisse se présenter à plusieurs concours de son choix. Ces concours sont extrèmement difficiles. Très peu d'étudiants seulement y sont admis. Il existe 18 écoles d'ingénieurs, ou grandes écoles d'ingénieurs. Polytechnique est celle qui a le plus de prestige. Elle forme **des hauts fonctionnaires d'État** (*high civil servants*). En majorité, la France est gouvernée et dirigée dans ses administrations ou grandes compagnies, par d'anciens **polytechniciens** (et d'anciens élèves de l'École Nationale d'Administration, E.N.A., mentionnée plus loin). Voici d'autres grandes écoles prestigieuses :

- l'École Centrale de Paris (et de Lyon)
- l'École Normale Supérieure (qui forme les futurs enseignants et professeurs)
- l'École des Arts et Métiers (il y en a 7 en France)
- le Collège de France
- le Conservatoire National d'Histoire Naturelle
- l'Institut National de Physique Nucléaire
- la Bibliothèque nationale
- l'École Supérieure d'Électricité (Supélec)
- les Écoles Nationales des Ponts et Chaussées (*public works*), des Mines, des Communications, etc.
- Le Centre National de Recherche Scientifique (C.N.R.S.), un des plus prestigieux.

Nous avons déjà vu que l'École Nationale d'Administration, l'E.N.A., est la plus fameuse école d'administration de France, et peut-être, du monde. Près de 50% des étudiants sont étrangers, ce qui montre à quel point elle est connue. Un ancien élève de cette école s'appelle **un enarque**, à cause des initiales E.N.A. de l'école.

La France offre aussi des écoles spécialisées pour handicappés et des écoles spécialisées pour tous leurs besoins. Enfin, Télé-Enseignement Universitaire a été créé pour les étudiants désireux de préparer un diplôme national, mais qui ne peuvent pas assister aux cours à l'université. Il faut, évidemment, une raison de force majeure, comme la santé, l'éloignement—la distance entre le lieu où l'on habite et l'école ou l'université—le travail, ou la situation de famille, pour y être accepté. Dix-huit universités et centres nationaux d'enseignement offrent ces possibilités.

La plupart des grandes écoles sont ouvertes aux femmes, y compris l'École Polytechnique. Seules Saint-Cyr, l'équivalent de West Point, l'École Navale et l'École de l'Air, n'ont pas encore d'élèves officiers féminins. Les femmes, par contre, occupent les deux tiers du nombre des étudiants en lettres. Cela indique leur désir de parfaire, de perfectionner, leur éducation générale dans les humanités, même si elles n'ont pas l'intention de travailler en dehors de leur maison, par la suite, plus tard dans leur vie.

Les Diplômes

Le Ministère des Universités a le monopole des diplômes décernés (*awarded*) à tous les étudiants, qu'ils viennent d'une université d'État, comme la plupart, ou d'une université privée—catholique, qui existe seulement dans quelques grandes villes. Ces diplômes et leur équivalent approximatif sont :

la Licence →   Bachelor's Degree
la Maîtrise →   Master's Degree
le Doctorat de troisième cycle →   Ph.D.

Le doctorat d'État, ou doctorat ès sciences/ès lettres, récompense des recherches techniques de valeur (**ès** est la contraction de **en les,** que l'on utilise surtout pour les diplômes. Ex. : la licence ès lettres).

Pour les enseignants existent le Certificat d'Aptitude au Professorat du Second Degré (C.A.P.E.S.), qui comporte des épreuves (*exams, tests*) théoriques et pratiques, après la licence. Enfin, l'agrégation, qui est un concours (*contest*) très difficile permettant aux professeurs agrégés d'enseigner dans les classes de choix telles que les terminales et les classes d'université. Comme pour les concours d'admission aux Grandes Écoles, on n'accepte qu'un très petit pourcentage de ceux qui passent le concours, suivant les disponibilités des postes vacants.

LES UNIVERSITÉS (Nombre de campus entre parenthèses)

Aix-en-Provence/Marseille (3)   Metz
Amiens   Montpellier (3)
Angers   Mulhouse
les Antilles/Guyane   Nancy (2 + 1 I.N.P.)
Avignon   Nantes
Besançon   Nice
Bordeaux (3)   Orléans
Brest   Paris (13 + 1 I.N.P.,
Caen   École des Hautes, Études de
Chambéry   Sciences Sociales)
Clermont-Ferrand (2)   Pau
Compiègne   Perpignan
Corte   Poitiers
Dijon   Saint-Étienne
Grenoble (3 + 1 I.N.P.)*   Strasbourg (3)
la Réunion   Toulon
le Mans   Toulouse (3 + 1 I.N.P)
Lille   Tours
Limoges   Valencienne
Lyon (3)

Les Choix d'orientation des étudiants (en pourcentages)

Sciences	16,4	Lettres	34,6
Médecine et dentaire	18,1	Pharmacie	3,5
Droit et sciences économiques	22,7	I.U.T.	4,7

*I.N.P. = Institut National Professionnel

Appendice 2
Les Faux amis

n. = nom
n.m. = nom masc.
n.f. = nom fém.

adj. = adjectif
v. = verbe
nn.m./f. = noms m./f.

FAUX AMIS À TEMPS COMPLET

The French and English words have the same spelling, but do not have similar meanings.

Mot français	Traduction	Mot anglais	Traduction
assistance (n.f.)	*attendance; audience; spectators*	assistance	*aide* (n.f.)
blouse (n.f.)	*smock*	blouse	*chemisier, corsage* (nn.m.)
car (n.m.) = autocar	*touring bus*	car	*auto, voiture* (nn.f.)
caution (n.f.)	*bail*	caution	*précaution* (n.f.)
chagrin (n.m.)	*grief, sorrow*	chagrin	*contrariété* (n.f.)
collège (n.m.)	*(private) high school*	college	*université (privée)* (n.f.)
commode (adj.)	*practical*	commode (furniture)	*commode* (n.f.)
coin (n.m.)	*corner, spot*	coin	*pièce* (n.f.) *de monnaie*
concurrence (n.f.)	*(business) competition*	concurrence	*accord* (n.m.); *coïncidence* (n.f.)
corporation (n.f.)	*(business) trade*	corporation	*société* (n.f.) *anonyme*

260

course (n.f.)	race	course	direction, voie (nn.f.)
déception (n.f.)	disappointment	deception	tromperie (n.f.)
disposer de (v.)	to have at one's disposal	to dispose of	se débarrasser de
douche (n.f.)	shower	douche	(sens de : hygiène, fém.)
dresser (v.)	to make a list; to erect	dresser (n.) (furniture)	commode (n.f.)
franchise (n.f.)	frankness	franchise (business)	concession (n.f.)
impair (adj.)	odd (no.)	impair (verb)	empêcher
lecture (n.f.)	(the) reading	lecture (n.)	conférence (n.f.)
location (n.f.)	rental	location	emplacement (n.m.)
pair (adj.)	even (no.)	pair (n.)	paire (n.f.)
précédent (n. & adj.)	which precedes	precedent	tradition (n.f.)
préjudice (n.m.)	harm	prejudice	partialité (n.f.)
récipient (n.m.)	container, receptacle	recipient	bénéficiaire, titulaire (nn.m.)
sensible	sensitive	sensible (adj.)	raisonnable
starter (n.m.)	(car) choke	starter	démarreur (n.m.) (auto)
susceptible (adj.)	overly sensitive	susceptible (adj.)	prédisposé
tentative (n.f.)	attempt, trial	tentative (adj.)	experimental, provisoire

FAUX AMIS À TEMPS PARTIEL

A. The French and English words have the same spelling, but in addition to the obvious meanings, the French word has more than the English one.

Mot français	Signifie en anglais...	Mais peut signifier aussi...
brave (adj.) (after n.)	brave (adj.)	good (people) : **braves (gens)** (before n.)
éducation (n.f.)	education (in school)	upbringing
expérience (n.f.)	experience	experiment

formidable (adj.)	*formidable* (adj.)	fantastic
important	*important*	considerable; of great consequence, magnitude
original (n. & adj.)	*original* (adj.)	He's a character. **C'est un original.**
pièce (n.f.)	*piece (part of)*	coin; room; (theater) play; (spare) part
plan (n.m.)	*plan* (n.)	map (**carte,** n.f.)
sage (n. & adj.)	*sage (wise)*	good, well-behaved (child)
siège (n.m.)	*siege (military attack)*	seat (chair, armchair)
situation (n.f.)	*situation*	position (job)

B. The English word has more meanings than, or different meanings from, the French word.

Mot anglais	**Le mot français (même orthographe)...**	ne signifie jamais...
boutonniere (n.)	**la boutonnière** (buttonhole)	*flower worn in buttonhole*
corsage (n.)	**le corsage** (waist blouse)	*flower worn by women*
fabrication (n.)	**la fabrication :** manufacturing	*falsehood, lie*
habit (n.)	**l'habit** (n.m.) = **le vêtement**	*habit (as in habit-forming)*
vain (adj.)	**(en) vain,** as in vain	*conceited :* **vaniteux**

C. Either the English or French word may have different or additional meanings.

actualité (n.f.) : *present time, moment,* <u>not</u> *actuality. Actuality =* **réalité** (n.pl.) **les actualités** : *newsreel, TV late news.*

actuel(le) (adj.) : *present,* <u>not</u> *actual. Actual =* **réel(le).** Ex. : Mitterand est notre président **actuel.**

caractère (n.m.) : *disposition* : **Elle a bon caractère, tu sais! caractère** never means *character =* **personnage** (n.m.) **de théâtre.**

charger (v.) : *to load, to assign,* <u>not</u> *to charge. To charge (money) =* **faire payer.**

contrôler (v.) (more often) *to verify. To control =* **dominer, avoir la haute main sur.**

économie (n.f.) : *savings* : **faire des économies.** *Economy =* **le système économique.**

envie (n.f.) : *yearning, desire* : **avoir envie de.** *Envy =* **l'envie** (n.f.).

faculté (n.f.) (**mentales,** pl.) : *mental capacity. Faculty* = **ensemble des professeurs. Autre sens : la faculté** = **la fac :** *university department.*

fatalité (n.f.) : *fate,* not *fatalities. Fatalities* = **victimes** (f.), *morts par accident.*

gentil (adj.) : *nice, pleasant,* not *gentle. Gentle* = **doux, douce.**

ignorer (v.) : *to be ignorant of,* not *to ignore. To ignore* = **avoir l'air de ne pas connaître; négliger.**

intéressant (adj.) (*for a price, a value*) : *worthwhile,* not *interesting. In other contexts, interesting* = **intéressant.**

modestie (n.f.) : *freedom from vanity,* not *modesty. Modesty* = **la pudeur.**

orientation (n.f.) : *trend, exposure (i.e., of a house). Orientation* = **briefing, mise au courant.**

passer (v.) **un examen** : *to take,* not *to pass, an exam. To pass* = **réussir à.**

passer (v.) **(du temps)** : *to spend,* not *to pass.* Ex. **Nous avons passé une soirée très agréable.** ·

perspective (n.f.) : *future prospects, view. Perspective* = **point de vue** (*fig.*).

plaisanterie = **blague, histoire** (n.n.f.) : *joke. To exchange pleasantries :* **avoir une conversation pleine d'humour.**

prétendre (v.) : *to claim, to require, to aspire,* not *to pretend. To pretend* = **faire semblant de.**

procès (n.m.) : *lawsuit,* not *process. Process* = **le procédé; le procès-verbal :** *the report; also, traffic violation, fine.*

propre (adj.) : *clean (after n.), own (before n.),* not *proper. Proper* = **convenable.** Ex. : **Françoise est un bébé propre; Jo a sa propre voiture.**

rester (v.) : *to remain, to stay,* not *to rest. To rest* = **se reposer.**

toucher (v.) : *to receive money, goods; to cash (a check); to reach someone,* not *to touch (a check, or get in touch with someone). To touch* = **toucher** (lit. & fig.). Ex. : **Elle a touché son chèque mensuel; Ma lettre les a touchés à temps.**

traitement (n.m.) : *civil servant salary,* not *treatment. Treatment (lit. & fig.)* = **traitement :** Ex. : **Il a reçu un traitement de faveur. Elle suit un traitement médical sévère.**

utilité (n.f.) : *usefulness,* not *(public) utilities. Utilities* = **l'eau, le gaz et l'électricité.**

veste (n.f.) : *a coat,* not *a vest. A vest* = **un gilet.**

Exercices sur les faux amis

Traduisez en anglais idiomatique, en faisant particulièrement attention aux mots en italique.

1. Pour aller à Versailles on prend *le car*? On peut, mais je préfère *une voiture de location.* Il y a des prix *intéressants* pour le week-end.
2. Ce prisonnier a été mis en liberté sans *caution.* Donc il faut prendre certaines *précautions* pour qu'il ne quitte pas le pays avant *le procès.*
3. J'ai eu un rendez-vous à *la faculté* à dix heures. Vous pouvez le *contrôler* en regardant mon agenda.
4. Ce monsieur ne porte pas de *gilet* mais il s'est *habillé* en *veste* de sport.

5. Que c'est *agréable* de retrouver ma *propre* maison propre et *convenable!*

6. Par *pudeur*, j'ai pris ma *douche* quand les autres étaient sortis de la *pièce.*

7. Je ne suis pas *susceptible!* Vous pouvez parler en toute *franchise.*

8. Dans cette *pièce le personnage* principal est une personne *douce, sensible,* de bon *caractère,* pas du tout vaniteux.

9. Ne sois pas si *susceptible!* Ce n'était qu'*une plaisanterie!*

10. L'année *précédente* on avait commencé ce *concours* qui est donc devenu *une tradition* annuelle.

11. À l'heure *actuelle,* j'ignore si j'*ai été reçu* ou non à l'examen que j'ai *passé* la semaine passée.

12. Le *car* est stationné de l'autre côté de la *place, car* c'est un jour *impair.*

13. Le professeur *prétend* que *l'assistance* à son *cours* est la plus nombreuse du *collège.*

14. J'ai *envie de rester* deux jours à la campagne pour *me reposer* un peu.

15. Cette *pièce* est *formidable* et elle se joue *actuellement* dans un petit théâtre près de *la Place* de l'Opéra.

16. C'est *formidable!* Il a gagné la *course* malgré *la concurrence redoutable.*

17. La vie à Paris est une *course* folle! Quelle *voie* doit-on suivre?

18. On fait beaucoup d'*expériences* dans *les cours* de chimie à *la Faculté* de Médecine.

19. Quel est le meilleur *endroit* pour faire cette *conférence? L'assistance* sera-t-elle *importante?*

20. Malheureusement je suis trop *chargé* moi-même pour offrir mon *aide,* mais le porteur *se chargera* de vos bagages.

21. Le secrétaire *dressera* un *procès*-verbal de ce *congrès.*

22. C'était un accident *grave* : douze *victimes* et des dégats *importants.*

23. Où est le *siège* administratif de cette *entreprise de service public?*

24. Sois *gentil!* Montre que tu as eu une bonne *éducation!* Sois *sage!*

Appendice 3
Liste des principales professions

PROFESSIONS LIBÉRALES

Santé

anésthésiste; un chirurgien/une chirurgienne; un(e) dentiste; un infirmier/une infirmière; un(e) kinésithérapeuthe (*physical therapist*); un médecin (une femme médecin); un(e) psychanalyste; un(e) psychiâtre; un(e) psychologue.

Sciences

aiguilleur du ciel (*air traffic controller*); archéologue; arpenteur (*land surveyor*); astronaute; chercheur/chercheuse (*researcher*), expert-comptable (*accountant*); géomètre; géologue (*geologist*); ingénieur; inventeur; laborantin(e) (*lab technician*); un(e) statisticien(ne).

Arts

un(e) architecte; un(e) artiste; un(e) artiste-peintre; auteur; un(e) bibliothécaire (*librarian*); un(e) bijoutier(ière) (*jeweler*); un(e) cinéaste (*usually, movie director*); commissaire-priseur (*auctioneer*); *compositeur*; un dessinateur/une dessinatrice (*artist*); un(e) dramaturge (*playwright*); écrivain; un(e) étalagiste (*window display decorator*); un(e) graphiste; un(e) illusionniste (*magician*); un illustrateur/une illustratrice; metteur en scène; un(e) photographe; réalisateur (de films); rédacteur/rédactrice (*editor*); restaurateur (d'art); un speaker/une speakerine (*radio, TV announcer*); une vedette (toujours fém.) (*a star*).

Diplomatie

un ambassadeur/une ambassadrice; un(e) attaché(e) d'ambassade, de presse, commercial(e), militaire; un(e) conseiller(ère) commercial(e); consul, -général, -adjoint; vice-consul; diplomate.

Profession française, différente de *pharmacist* aux États-Unis. Ici, on ne vend presque que des médicaments. On soigne aussi les petits problèmes de santé et les petites blessures.

Enseignement

censeur; un(e) enseignant(e) (*an educator*); un instituteur/une institutrice; professeur, proviseur (*H.S. principal*); un(e) surveillant(e).

Justice

un(e) avocat(e) (*court lawyer*); un(e) avoué(e) (*attorney specializing in procedure*); greffier (*court recorder*); huissier (*process server; court usher*); un notaire (*lawyer specializing in contracts, deeds, etc.*); juge.

Métiers—Artisanat—Petits commerçants (small business people)

agent d'assurance (*insurance agent*) = assureur; agent de change (*stock broker*); un(e) antiquaire; artisan; un(e) boucher (ère); un(e) boulanger (ère); un brocanteur (*thrift shop owner*); un(e) buraliste (*tobacco shop owner*); un cafetier; un(e) caissier (ère) (*cashier*); camionneur (*truck driver*); carrossier (*body shop or shop worker*); un(e) charcutier(ère) (*pork butcher or deli shop owner*); charbonnier (*coal deliverer*); cordonnier (*cobbler*); chapelier (*hat maker*); charpen-

Magasins de petits commerçants: Charcuterie Langevin (magasin se spécialisant dans la vente de viande de porc, saucisses, saucissons, jambons, pâtés, gibier (*sausages, salamis, hams, pâtés, game*).

tier (*carpenter*); chaudronnier (*coppersmith*); chef de cuisine; cheminot (*railroad worker*); un coiffeur/une coiffeuse (*hairdresser*); commissionnaire (*buyer*); confiseur (*candy maker*); courtier en bourse (*stock exchange dealer*); un(e) couturier(ère) (*clothes designer/manufacturer; seamstress*); un décorateur/une décoratrice; un dompteur/une dompteuse (*animal trainer*); éboueur (*garbage collector*); égoutier (*sewerman*); électricien; entrepreneur (*contractor*); un(e) esthéticien(ne) (*beautician*); un(e) fleuriste; fourreur (*furrier*); gantier (*glove maker*); garagiste (*garage owner*); un garçon (*waiter*); un(e) gérant(e) (*manager*); un(e) guichetier(ère) (*ticket window salesperson*); un(e) hôtelier(ère) (*hotel operator*); imprimeur (*printer*); joaillier (*jeweler*); une libraire (*bookstore operator/owner*); luthier (*maker of stringed instruments*); lunetier (*optometrist*); machiniste; maçon (*mason*); magasinier (*warehouse man*); maître d'hôtel, de ballet; mécanicien (*mechanic*); menuisier (*cabinet maker*); un(e) mercier(ère) (*notion store owner*); un(e) modeliste (*fashion designer*); un monteur/une monteuse (*fitter, film editor*); un(e) pâtissier(ère) (*pastry maker*); pedicure; une petite main (*seamstress*); peintre (*painter*); plombier (*plumber*); plâtrier (*plasterer*); plongeur (*dishwasher*); un restaurateur/une restauratrice; routier (*truckster*); une serveuse (*waitress*); un(e) teinturier(ère) (*dry cleaner*); tôlier (*sheet-iron worker*); tourneur/sur bois/sur métal (*lathe operator, of wood, metal*); un vendeur/une vendeuse = une demoiselle de magasin; verrier (*glass maker*).

Agriculture et élévage (*Breeding*)

un agriculteur (*farmer*); un apiculteur (*beekeeper, apiculturist*); un éleveur/une éleveuse (*breeder*); un(e) employé(e) de ferme = un garçon, une fille de ferme (*farmworker*); un(e) fermier(ère); horticulteur; pisciculteur (*fishery worker*); viticulteur (*vineyard worker, vine grower*).

Employés

une bonne (à tout faire) (*maid*); un commis (*apprentice*); une dactylo (*typist*); un(e) employé(e); une femme de chambre (*chambermaid*); un garçon de café (*café waiter*), de salle (restaurant waiter), de courses (*errand boy*); garde/gardien (*guard, keeper*); un inspecteur/une inspectrice de (police, taxes, etc.); un(e) représentant(e) (*traveling salesperson*); souffleur (*prompter*); un(e) secrétaire; un(e) standardiste (*PBX operator*); un(e) télégraphiste (*telegraph deliverer*); un(e) téléphoniste = demoiselle du téléphone (*operator*); un valet de chambre (*butler*).

Services publics—Politique—Armée

agent de police = sergent de ville (*uniformed policeman*); commissaire de police (*commissioner*); député (*congressman*); douanier (*customs officer*); facteur (*mailman*); gendarme (*country police*); marin (*sailor*); officier (de l'armée, de marine, d'aviation, etc.); percepteur (*tax collector*); sénateur; soldat; sous-officier (*noncommissioned officer*); sous-marinier (*submariner*).

Grades de l'armée (*Ranks*)

2e classe (*private*); caporal; sergent; sergent-chef; adjudant (*master sergeant*); adjudant chef, aspirant, sous-lieutenant (*2nd lt.*); lieutenant (*1st lt.*); capitaine; commandant; lieutenant-colonel; colonel; général de brigade (**), de division (***), de corps d'armée (****), d'armée (*****).

Grades de la marine

matelot; maître 1ère classe; second maître; premier maître; major; aspirant (*midshipman*); enseigne de vaisseau; lieutenant de vaisseau (lt.); capitaine de corvette, de frégate, de vaisseau; contre-amiral; vice-amiral; amiral; vice-amiral d'escadre; amiral d'escadre.

Métiers en voie de disparition (*lit., on their way to disappearing*)

aiguiseur (*knives, saws, scissors sharpener*); colporteur (*peddler*); drapier (*cloth merchant*); fripier/marchand d'habits (*clothes peddler*); guérisseur (*medicine man*); portefaix (*porter/peddler*); ramoneur (*chimney sweep*); rebouteux (*bone setter*); rôtisseur (*outdoor roasted food vendor*); vitrier (*glazier/peddler*).

Appendice 4
Prouesses, spécialités françaises

À la grande surprise des étrangers, et souvent des Français eux-mêmes, l'Hexagone s'est créé un certain nombre de spécialités industrielles, commerciales ou autres, qui représentent une orientation nouvelle pour le pays. Voici une liste de « succés » français, par ordre alphabétique.

- **Acier** La France exporte un pourcentage important de sa production de fer et d'acier.
- **Armes** Les industries de l'armement ont un côté immoral, mais leur seule excuse est qu'elles font travailler des centaines de milliers d'ouvriers. La France vient en troisième position, derrière les États-Unis et la Russie pour la production et l'exportation d'armes. Ce sont généralement des armes sophistiquées : systèmes de radars, fusées Exocet, vedettes lance-torpilles (*torpedo boats*), tanks, hélicoptères, etc.
- **Automobiles** La production annuelle varie entre 3 et 3,5 millions de véhicules, nombre légèrement supérieur à celui de la production allemande, depuis l'année 1974. La France produit plus en Europe et l'Allemagne plus dans le monde, ayant encore plus d'usines à l'étranger. Comme il n'existe plus que deux groupes de fabricants d'autos, en France, Renault et P.S.A. Peugeot-Citroën-Talbot (anciennement Chrysler France, Allemagne et Angleterre), certaines années l'une ou l'autre de ces compagnies bat le record européen de production.

    On appelle « parc automobile » le nombre total d'autos dans un pays. Le parc français comprend 23 millions de véhicules pour une population de 54 millions d'habitants. Il est à peu près à égalité avec celui de l'Allemagne (Parc : 25 millions; pop. : 64 millions). Par comparaison, les États-Unis ont un parc de 150 millions d'autos pour une population de 226 millions d'habitants.

- **Aviation**   En coopération avec d'autres pays du Marché commum, la France est le troisième producteur d'avions et d'hélicoptères (avions civils et militaires). La France est aussi le premier constructeur du monde d'*executive jets* Falcon 10, Falcon 20 et Falcon 50 avec plus de 600 fabriqués. Mais c'est une compagnie américaine qui les vend dans le monde, et une autre compagnie américaine qui les loue aux grands patrons de l'industrie.
- **Chemins de fer**   Nous en avons déjà parlé (voir Notes culturelles, p. 173). La France a vendu des turbo-trains aux États-Unis et à de nombreux autres pays, en particulier en Afrique.
- **Ciment**   Une des plus grosses compagnies de fabrication de ciment est française et multinationale. L'Hexagone possède des techniques de pointe (*advanced techniques*) pour le ciment précontraint (*prestressed*) et de nombreuses autres innovations dans le domaine de la construction en ciment.
- **Électricité**   L'Électricité de France (E.D.F.) est la plus grande entreprise du pays. C'est aussi un monopole d'État. L'E.D.F. a été la première à utiliser le courant à très haut voltage pour locomotives (électriques). Les maisons françaises marchent au 220V.

  Les très gros transformateurs sont aussi un excellent produit d'exportation pour le pays.
- **Espace**   Loin derrière les Américains et les Russes, les Français sont les troisièmes en recherche spatiale, technologie, lancement de satellites, fusées (Ariane), astronautes, etc.
- **Exploration sous-marine**   Les sous-marins de très grande profondeur (*depth*),

Le « Concorde » franco-anglais. Parce qu'il est supersonique, il arrive à New York deux heures AVANT de partir de Paris!

les laboratoires sous-marins, les expériences de plongée profonde, etc. (souvent des *joint ventures* franco-américaines) ont fait de l'Hexagone un des premiers pays dans cette technologie hautement spécialisée.

- **Fromages** Bleu, Brie, Camembert, Gruyère (que l'on appelle « fromage suisse » en anglais), Montrachet, Roquefort, etc., sont de « petits ambassadeurs parfumés ».
- **Grues de construction et Pelles hydrauliques** (*Building cranes and backhoes or excavators*) Les immenses grues que l'on voit sur les sites de construction d'immeubles et les pelles hydrauliques, sont des produits manufacturés pour lesquels la France est le premier constructeur et exportateur (grues et pelles hydrauliques POCLAIN).
- **Haute couture/mode** Les vêtements marqués du nom des couturiers très connus ou moins connus portent le « chic parisien » un peu partout et rapportent des devises étrangères (*foreign currency*) à l'Hexagone, en particulier aux États-Unis et au Japon.
- **Informatique** L'effort considérable de ces dernières années a un peu diminué la distance considérable entre les États-Unis et la France. Mais la France essaie de développer sa technologie et son équipement. Plusieurs compagnies à participation américaine, d'autres américaines à 100% en France, et enfin d'autres entièrement françaises ont bien évalué le marché immense qui s'ouvre devant elles, et sont en bonne deuxième position.
- **Médecine, pharmacie et recherches scientifiques** Les grands noms de la médecine française font principalement partie du passé (Laennec, Claude Bernard, Pasteur, les Curie, etc.). Mais, récemment, la France a fait des découvertes importantes, par exemple, en créant un sérum qui a permis les

Le T.G.V. à la Gare de Lyon (Paris).

Un mannequin de Christian Dior.

transplants d'organes. (Le plus vieux transplanté du coeur est un Marseillais, le seul à avoir survécu aussi longtemps.) Une nouvelle technique anti-conceptionelle (*contraceptive*), vient d'être découverte par un médecin français. À l'époque où elle avait encore des colonies, la France a fait avancer les découvertes contre les maladies tropicales telles que la lèpre, etc., suivant la tradition de l'aide aux pauvres et aux déshérités.

- **Métros**   Nous avons déjà vu que la France avait installé des métros modernes dans 37 villes de 23 pays.
- **Optique**   Le pays natal de Nicéphore Niepce et des frères Lumière (voir Notes culturelles, chap. 4) fabrique des caméras de cinéma et de télévision, considérées comme étant de haute qualité mais chères, comme la plupart des produits français. Les objectifs (*lens*) des caméras du premier voyage américain sur la lune (juillet 1969) étaient *made in France*.

- **Parfums** Il n'est pas besoin de rappeler que cette industrie ancienne a donné une réputation de qualité à l'Hexagone. Beaucoup de marques françaises sont maintenant établies aux États-Unis.
- **Pneumatiques** Michelin, la compagnie française de pneumatiques qui dit « We put America on radials » est devenue la deuxième plus importante et possède de nombreuses usines dans un bon nombre de pays. Depuis quelques années elle fabrique même des pneus pour les voitures de course de Grands Prix (Formule I).
- **Skis** Depuis l'époque où elle gagnait des championnats de ski, la France a conquis la première place pour l'exportation de skis.
- **Spéléologie** L'exploration des cavernes, des grottes, des rivières souterraines (ainsi que celle des volcans) est un « sport scientifique » dont les Français font une de leurs spécialités.
- **Téléphones** Malgré un réseau téléphonique qui était très en retard, la France a investi des milliards de francs pour avoir un des réseaux les plus modernes en 1984. Il était temps! La France installe aussi des systèmes téléphoniques ultra-modernes dans beaucoup de pays.
- **Usines clés en mains** C'est le « package deal » de la grosse industrie. On vend, par exemple à l'Arabie Saoudite, une usine complète de dessalement de l'eau de mer, ou une installation portuaire (*harbor installation*) à un autre pays, ou une fonderie/acierie (*steel mill, foundry*) ou encore une centrale atomique.

La France, paradis des spéléologues.

Cabine téléphonique moderne
(3 téléphones).

- **Verre et porcelaine**   Les portes vitrées St. Gobain, en verre épais, portent le nom de la compagnie multinationale géante qui les fabrique. Le verre dit « incassable » est aussi *made in France*. Les cristaux de Baccarat, ceux de Lalique, Gallé, Daum (vases, objets d'art, animaux, etc.) sont devenus des objets précieux portant tous des noms français. Les porcelaines de Limoges (par exemple Haviland) sont aussi connues dans le monde entier.
- **Voiliers de course**   Depuis une quinzaine d'années, la France occupe la première place quant au nombre de bateaux à voile de classe internationale pour les compétitions (plus de 25 000), et quant aux succès dans les courses telles que la course solitaire autour du monde.

    Un certain marin français, Eric Tabarly, un des champions internationaux de la voile, seul sur un bateau de compétition de plus de 70m (plus de 230 pieds), a traversé l'Atlantique en manoeuvrant son bateau de course expérimental de quatre mâts par commandes électroniques et ordinateur.
- **Vins et alcools**   Il est bien connu de tous que la France exporte de nombreux vins, en général de bonne qualité. Des noms comme Beaune, Mouton-Rothschild, Riesling, Cognac, Armagnac, etc., sont universellement réputés, comme le sont ceux de Grand Marnier, Cointreau, Bénédictine, etc.

ÉPILOGUE

Dans les pages qui précèdent, on vous a jeté à la tête beaucoup de faits, d'opinions, de notions et même de croyances. C'est à vous de juger si tout cela vous paraît plausible ou exagéré. Est-ce l'Hexagone de Jeanne d'Arc, de Napoléon et du général de Gaulle que l'on vous a présenté ? Est-ce bien la nation de mai 68, des crises de foie et de la fusée Ariane ?

C'est, en tout cas, une nation souvent mal connue et même quelquefois mal comprise. Alors que la popularité des transports aériens, de la télévision, du cinéma, de la radio et de la presse devraient rendre l'Hexagone transparent, ce n'est pas toujours ce qui se passe : la maison du Français, par exemple, est souvent un sanctuaire très fermé. C'est une des justifications de ce livre.

Si vous n'êtes pas convaincu que :

« Tout homme a deux patries, la sienne et puis la France »,

que :

« La France est la patrie commune à tous les peuples »

Si vous doutez...

...alors allez sur place, en France, vous rendre compte si :

L'HEXAGONE A SES BONS CÔTÉS

Lexique

The following abbreviations have been used in this vocabulary:

m.	masculine	*n.*	noun	*pres. part.*	present participle
f.	feminine	*adj.*	adjective	*inf.*	infinitive
pl.	plural	*v.*	verb	*fam.*	familiar

A

accouchement (m.) childbirth (delivery)

accroissement (m.) increase

accueillir to greet

acheter : —sur plan (m.) to buy before construction, in the blueprint stage

actuel(le) present **(faux ami)**

affairé(e) busy, bustling

affligeant(e) afflicting, sad

âge (m.) age; **le grand —, l'— avancé, le bel —** euphemisms for "old age"; **une personne âgée** elderly person

agir to act; **s'— de** to be a matter of, to be a question of

aïeul(e) grandfather, grandmother

aiguilleur (m.) **du ciel** air traffic controller

air (m.) air; **le grand —** open air; **— malin** mischievous attitude; **d'un petit — malin** with a mischievous attitude

aise (f.) ease; **à l'—** at ease, comfortable

ajouter to add; **s'—** to be added

allaiter to breastfeed

alléger to lighten; **— le coût** to reduce the cost

alliance (f.) wedding ring; alliance

allocution (f.) allocution, speech

amiante (m.) asbestos

angoissé(e) anguished, anxious, distressed

appeler to call; **on est convenu d'—** one agrees to call

argent (m.) silver; **l'— comptant** cash, money, **l'— de poche** pocket money, allowance

(l') Armorique (m.) former name for Brittany

arpenteur (m.) land surveyor

arriver : — au bout de ses peines to see the light at the end of the tunnel, *i.e.,* to see the end of a difficult period

arrondissement (m.) section of a city; municipal division

arroser to water

atout (m.) *lit.,* trumpcard; good point, credit

athlétisme (m.) athletics

atteindre to reach

attendrissant   moving, touching
attirer   to attract
(d')autant plus vrai que   all the more
   true since
auto-critique   (*f.*) self-criticism
autoroute   (*f.*) freeway
auprès de   by the side of; with
avide   hungry, greedy
à 22 (à vingt-deux)   at 22 after;
   reminds French person of **"22 v'la les
   flics!"** *Let's split! Here comes the
   fuzz! (slang)*
avoir : — beau   + *inf.* to do
   (something) in vain; **— du mal à**   to
   have a hard time (doing something);
   — du sang de navet   to be a
   weakling; **— le sang chaud**   to be
   hot-headed; **n'— que faire de**   to
   have no use for
avortement   (*m.*) abortion

B

bagage universitaire   (*m.*) university
   training
bagages   (*m. pl.*) luggage
baigneur   (*m.*) bather; swimmer
bailler   to yawn; **baillement**   (*m.*)
   yawn
baisser   to lower
bander les yeux   to blindfold
banlieue   (*f.*) suburb
baraka   (*f.*) Arabic for "luck," used in
   French
basque   (*m.*) language of the Basques
   (western Pyrenees)
battre   to beat; **coeur battant**   with
   heart pounding
Bavière   (*f.*) Bavaria
beau   beautiful; **avoir —**   + *inf.* to do
   (something) in vain
beaucoup (de)   a lot of; **Il en est —
   mieux ainsi.**   It's much better this
   way.
bec   (*m.*) beak; **la cigarette au —**
   (with a) cigarette hanging from the
   mouth
bégayer   to stutter

belle-fille   (*f.*) daughter-in-law
bénéficier d'un sursis   to be granted a
   postponement
berceau   (*m.*) cradle
besoin   (*m.*) need; **qu'ils en aient — ou
   non**   whether they need it or not
biberon   (*m.*) (baby) bottle
bibliothèque   (*f.*) library
bifteck   (*m.*) steak
bilan   (*m.*) balance sheet; **— de santé**
   health evaluation
billet   (*m.*) ticket; **— à tarif réduit**
   special discount train ticket
bistro   (*m.*) café; **— du coin**   corner,
   nearby bistro; café
bon-papa / bonne-maman   (*fam.*)
   grandfather, grandmother
boulotte   chubby, roly-poly
bourgeoisie   (*f.*) middle class; **la
   grosse —**   upper middle class
bouteille   (*f.*) bottle; **une bonne
   bouteille**   good quality (bottle of)
   wine
boutonnière   (*f.*) *buttonhole*
bulletin   (*m.*) **trimestriel**   quarterly
   report card
braconnier   (*m.*) poacher
brassard   (*m.*) *armband*
brave   good (*before* n.); brave (*after* n.);
   braves gens! good people!
bronzé   suntanned
bruit   (*m.*) noise
but   (*m.*) goal (*lit. & fig.*)

C

cabri   (*m.*) kid (young goat)
cadre   (*m.*) surroundings; frame
Caen   city in Normandy (pronounced
   like **quand**)
caisse d'épargne   (*f.*) state-run savings
   bank
calculatrice   (*f.*) calculator
Calvados   (*m.*) **départment** of
   Normandy; **calvados**   (*m.*) brandy
   made from apples
camion   (*m.*) truck; **— de
   déménagement**   moving van

candidat (m.) candidate, applicant; **— reçu** admitted applicant; **— retenu** selected candidate

cantine (f.) cafeteria

caoutchouc (m.) rubber

capacité (f.) **en beaujolais** the quantity of Beaujolais wine that a French person can drink

capacités (f. pl.) **(de quelqu'un)** someone's capabilities **(faux ami)**

caravane (f.) (house) trailer

caressant(e) caressing, affectionate, cuddly

cartable (m.) bookbag, satchel

carte (f.) **de voeux** (m. pl.) greeting card

carrière (f.) career

casquette (f.) cap

casse (f.) (from **casser** to break) junkyard

catalan (m.) dialect of Catalonia (region of Barcelona, in northeastern Spain)

cauchemar (m.) nightmare

cavale (m.) poetic word for "mare"

céder to yield

célibataire (m.) bachelor

Celte Celt

censeur (m.) school principal

cercueil (m.) coffin

c'est alors que it is at this moment that . . .

chacun son tour (m.) now we are even

chagrin (m.) sadness, grief

chaîne (f.) chain; (TV) channel

chambre d'amis (f.) guest room

chandelle (f.) former word for "candle"

charger to load, to charge; **un programme chargé** heavy program, course load

(se) charger de to take charge of

chauvin chauvinistic

chevelure (f.) hair; **— châtain clair** light auburn hair

cheveux (m. pl.) hair

(oh) chic! Bravo! exclamation expressing pleasure

chômeur (m.) unemployed person

chouette! great! (colloq.)

cimetière (m.) cemetery

complet (m.) suit; **— trois pièces / mi-saison** light (between seasons) three-piece suit

comprend includes; **y compris** included

compte tenu de . . . taking . . . into account

concerner to involve, to interest

congé (m.) holiday; **— de maternité** maternity leave

connaissance (f.) knowledge, acquaintance; **faire la — de / faire — avec** to get acquainted with

conseiller to advise

consonance triviale (f.) commonplace sound

constater to realize, to note

conte (m.) story; **— de fée** fairy tale

contestataire (m.) antiestablishment person

contravention (f.) (traffic) ticket

copain / copine friend, pal

cornemuse (f.) bagpipe

Cornouaille (f.) Cornwall

cortège (m.) burial procession

cote (f.) rating; **(avoir) une cote plus élevée** to have more prestige, class

cotiser to pay dues, Social Security contributions; **se —** to make a collection; to subscribe

couche (f.) diaper; **couches de rechange** change of diapers

coudre : — au revers (m.) to sew on the lapel

coup : un — de fil / téléphone phone call; **un — de soleil** sunburn; **un — de vieux (donner / prendre un...)** to cause (someone) to age suddenly

coupure (f.) break; midday closing (of offices, factories)

courant (e) current; common

courrier (m.) mail

coutume (f.) custom, mores

cousin (e) germain (e) first cousin

crèche (*f*). baby-care center, nursery

croulant (*m.*) (*from* **crouler** to crumble) *young people's slang for "older" people*

cuivre (*m.*) copper, brass

cure (*f.*) cure in a spa

cyclisme (*m.*) bicycling

D

débarquer to land; **Vous débarquez!?** (*lit.,* Have you just landed?) Where have you been!? (*Sarcastic*)

débaucher to fire, to lay off; **la débauche** (*f.*) debauchery; firing (*when used with* **embauche** (*f.*) hiring)

débile of weak intelligence or health; extraordinary (*slang*)

(se) débrouiller to manage, to get along well

décéder to die; **décès** (*m.*) death

décerner to award

déchaîner (*lit.,* to unchain) to unleash

déferler (une vague) to break (a wave)

(se) défoncer to get high (on drugs) (*slang*)

défunt(e) defunct, deceased

dégourdi(e) "with it," confident, precocious, cunning, astute, knowing (your) way around

déjeûner : — **sur le pouce** (*lit.,* on one's thumb) to eat and run

délirant(e) delirious

demandeur d'emploi (*m.*) job-seeker

déménagement (*m.*) moving (house)

démoiselle d'honneur (*f.*) bridesmaid

dépassé(e) (*from* **dépasser** to pass) outmoded

(se) dépenser (*lit.,* to spend oneself) to devote oneself to

dépôt (*m.*) bus depot; police station

(le Grand) Dérangement (*lit.,* great disturbance) *uprooting of Acadians by the British* (1765–1775)

dès from; — **l'âge de** from the age of . . . on

descendre : — **dans le Midi** to go down to southern France

deuil (*m.*) mourning; **porter le grand** — to wear full mourning clothes (black)

(en) deux roues on bicycle, moped, motorcycle; on a "two-wheeler"

deviner to guess

devise (*f.*) motto

(se) dévouer to devote oneself to, to make a sacrifice, to volunteer

diminué(e) diminished

dingue! great! crazy! (*colloq.*)

dire to tell, to say; **À qui le dis-tu!** You're telling me!; **Il ne croyait pas si bien** —. He did not know how right he was.; **Tu m'en diras des nouvelles.** You're in for a treat.

disparaître to disappear; to die (*euphemism*); **disparu(e)** deceased

disponible available

disposer (de) to have at one's disposal (**faux ami**)

dizaine (*f.*) ten or so

domaine (*m.*) realm; field, area; estate

donner: — **à teter** / — **le sein** to breastfeed

dortoir (*m.*) dormitory

dot (*f.*) dowry

douane (*f.*) customs; **le douanier** customs officer

doublé *dubbed* (*sound*); **se faire doubler** to be passed, overtaken

douceur angevine (*f.*) good, sweet life (in the Angers area) *Last line of sonnet by Du Bellay (1522–1560).*

doué (*m.*) bright, gifted, made for

douter to doubt; **s'en** — **bien** to be well aware that; **(se)** — **de** to suspect, to half-expect

doyen(ne) senior member; dean of a university

draguer to chase the opposite sex (*acceptable slang*)

dramaturge (*m.*) playwright

drogue (*f.*) drug(s), narcotic(s)

E

échouer   to fail

école maternelle   (*f.*) nursey school

écolier(ère)   student from elementary school to university

un(e) Écossais(e)   Scottish person

écureuil   (*m.*) squirrel

éducation   upbringing, rearing, training **(faux ami)**

égarer   to misplace; **égaré(e)**   lost

un(e)élève   student of (elementary and secondary schools)

(s')emballer   to run away (for a horse); to get excited

embauche et débauche   (*f.*) hiring and firing (see *débaucher*)

embouchure   (*f.*) mouth of a river or mouthpiece of a wind instrument

émotif(ive)   emotional

enceinte   pregnant

encombré(e)   cluttered

(s')enivrer   to get drunk

ennuyer   to bore, to annoy; **(s')ennuyer**   to be bored

entasser   (*from* **tas**   pile, heap) to pile up

enterrement   (m.) burial; **l'— de la vie de garçon**   *lit.*, the burial (end) of bachelor life

entourage   (*m.*) circle of friends, relatives

entreprise   (*f.*) undertaking; concern; **grande —**   large firm

épatant(e)   terrific

épater   to flabbergast, to stun

époux(se)   spouse

épuration   (*f.*) purging, purifying

équilibrer   to even up; **s'—**   to become even

équitation   (*f.*) *horseback riding*

escrime   (*m.*) fencing

essai   (*m.*) attempt, trial; **à l'—**   on a trial basis

essor   (*m.*) (*lit.*, flight, upsurge) great progress

un(e) estivant(e)   summer vacationer

étaler   to spread; **étalement**   staggering (of vacation periods)

étant donné que   considering the fact that

ethnie   (*f.*) racial background

être   to be; **— sur son 31**   to be in one's Sunday best; **y — pour quelque chose**   to have (a lot) to do with; **si ce n'était de / pour**   were it not for; **— sans coeur**   selfish, heartless; **— légion / très nombreux**   plentiful

un(e) étudiant(e)   university or (young) adult student

éviter   to avoid, to prevent

extra!   great! (*colloq.*)

F

Faculté   (*f.*) school (within a university)

facultés   (*f. pl.*) faculties (mind); **les — sont diminuées**   the faculties are diminished

faire (la) connaissance (de / avec)   to get acquainted with; **— l'âne pour avoir du son**   to act like a jackass to get something, to play dumb with a purpose; **— la cour**   to court; **— la grève**   to strike; **— la journée continue**   to work (*i.e.*, 9 to 5:30) with short lunch; **se — à**   to get used to; **se— bronzer / dorer / brunir**   to sunbathe, to get a tan; **se — du mauvais sang**   to worry about: **Fais voir!**   Let me see!

feuille d'érable   (*f.*) maple leaf (as on Canadian flag)

feuille de paie   (*f.*) paycheck data; paycheck

feuilleter   to thumb through

faire-part   (*m.*) announcement; **— de naissance**   birth announcement

fiançailles   (*f. pl.*) engagement; **bague de —**   engagement ring

(s'en) ficher   to not care about (*slang*)

fille-mère   (*f.*) unwed mother

fisc   (*m.*) taxes; French IRS

fond (m.) bottom, back, far end; **au —** at the bottom; after all; altogether; in view of the facts; **vers le — (d'une pièce)** toward the far end (of a room)

à force de after many trials; by dint of

Flamand(e) Flemish person

flic (m.) cop (slang)

flotte (f.) fleet, navy

foi (f.) faith; **par ma —!** By Jove!

fourgon (m.) **mortuaire** hearse

fourrure (f.) fur, pelt

(s'en) foutre to not care about; **J'm'en fous, j'suis pas pressé** I don't care, I'm in no hurry (slang, very vulgar)

franglais (m.) combination of **français** and **anglais**; often careless or affected way of speaking French, using many English words

frappant striking (lit. & fig.)

frontière (f.) border; **un(e) frontalier (ère)** one who lives near the border

funérailles (f. pl.) funeral

G

gagner to gain; to earn; to win; **gagne-pain** (m.) job

gamme (f.) range, gamut

garçon d'honneur (m.) best man

garder : — son sang-froid to keep a cool head; **— toute sa tête** to keep one's mind intact

(se) garer to park (vehicle)

gars (m.) fam. for **garçon**; **(mon) gars** my guy

gâter to spoil

gâteux senile

gazon (m.) lawn; **— à tondre** lawn to mow

gêner to bother, to hinder

génial! great! (colloq.)

(sur les) genoux (m.) on (your) lap; pooped, tired out, (slang)

genre (m.) genre; style of literature or art

gens (m. pl.) people; **braves gens!** good people!

gonfler to inflate

goutte (f.) drop

(le) Grand Dérangement (lit., great disturbance) uprooting of Acadians by the British (1765–1775)

H

hantise (f.) haunting memory; threat

héberger to shelter

héritage (m.) inheritance

heure : heures (always f.pl.) **de pointe** peak (traffic) hours

hochet (m.) rattle

homologue (m.f.) counterpart

honneur : tout en ton — (very much to your) credit

horaire fixe (m.) fixed schedule

horloge (f.) (large) clock

hurler (de joie) to yell (with joy)

I

immobilier (n.m.) real estate business; **immobilier(ère)** (adj.) pertaining to real estate

importer to matter; to import; **qu'importe** so it be; what does it matter

impôt (m.) tax

infarctus (m.) heart attack

influer to have (a subtle or unknown) influence

informatique (f.) data processing

(s')inquiéter de to worry about

instituteur / trice elementary teacher

interdire to forbid

ivre drunk; **devenir —** to get drunk

J

jeter : — de la poudre aux yeux to give a "snow-job" (fig.)

jour : de nos jours nowadays

(au) juste exactly, precisely

K

kiosque (m.) **à journaux**   newsstand
klaxonner   to honk

L

langouste   (f.) spiny lobster, crayfish
(mon) lapin   pet (fam.)
liaison passagère   (f.) fling
Liban   (m.) Lebanon
logement   (m.) lodging, housing
loi   (f.) law; **par force de —**   made compulsory by law
loisir(s)   (m., more often in pl.) leisure activity
lune de miel   (f.) honeymoon (period)
lycée   (m.) secondary school in France; official French school abroad

M

mairie   (f.) town/city hall
main d'oeuvre   (f.) labor force; labor
maison de retraite   (f.) retirement home
mal :   avoir du — (à)   + inf. to have a hard time doing (something)
malgré (tout)   in spite of (everything)
maladroit(e)   clumsy, awkward
malin / maligne   mischievous, smart
malvenu(e)   unwelcome; **éviter tout bruit malvenu**   to avoid any ill-advised, uncouth noise
mandat   (m.) money order
(se) maquiller   to apply makeup
marcher au ralenti   to idle; to not do well
marginal(e) / aux   (adj. or noun) nonconformist(s)
mât   (m.) mast
maternelle   (f.) nursery school
matière   (f.) subject, course
matières (f.pl.) **premières**   raw materials
meilleur :   pour le — ou pour le pire   for better or for worse

même :   à même (le plancher)   even (on the floor)
ménagère   (f.) housewife
messe   (f.) mass (church); **— des morts**   funeral mass
mètre étalon   (m.) standard meter
mets   (m.) meal
metteur en scène   (m.) theatre, movie director
mettre : — du temps à + inf.   to take time (to do something); **— en vigueur**   to enforce
mieux   better; **il en est beaucoup — ainsi**   it's better this way
minet / minette   slicked-up young person in fashionable garb
mode rétro   (f.) nostalgia of things past
moeurs   (f.pl.) mores, customs
monème   (m.) minimal linguistic sign
(se) mouiller   to wet; to soil; to commit oneself (slang)
(au) moins   at least
(se) moquer (de)   to mock (something, someone)
moulin   (m.) mill; **— à vent**   (m.) windmill
moyenne   (f.) average

N

natation   (f.) swimming
nettement   neatly; decidedly, clearly
Nîmes   ancient Roman city in southern France
niveau   (m.) level
(se) numéroter   to be numbered

O

obligatoire   compulsory
obsédé(e)   obsessed
ordinateur   (m.) computer
oreille : avoir l'— dure   to be hard of hearing
orientation   (f.) vocational guidance **(faux ami)**

otage (m.) hostage
ouvrir : ouvrir un compte en banque
  to open a bank account

P

paiement (m.) **(mensuel)** payment
  (monthly)
palier (m.) staircase landing
palme (f.) (swimming) flipper
panaché(e) mixed (adj.); **un panaché**
  drink made of half-beer, half-
  lemonade (shandy)
pantoufle (f.) slipper
parcourir to skim over; to travel along
parcours (m.) distance covered
parier to bet
parmi among
passer : — au peigne fin to go over
  with a fine-toothed comb; **— un
  examen** to take an exam
patrie (f.) native land or country
pause-café (f.) coffee break
péage (m.) toll; toll booth; fee
pêcher (au ver) to fish (using worms)
peine : à — hardly; **arriver au bout
  de ses peines** to see the light at the
  end of the tunnel; **avoir de la —** to
  be sad; **avoir de la — à** + *inf.* to
  have a hard time (doing something);
  faire de la — à to cause someone to
  suffer, to hurt someone
pendant while; **— que tu y es** while
  you're at it
penser : Vous n'y pensez pas! It's
  out of the question!
pension (f.) small family hotel with
  fixed menu
petit(e) ami(e) boy/girlfriend
petit écran (m.) TV (screen)
petite annonce (f.) *want-ad*
pièce (f.) room; coin; part (mechan.);
  play (theater)
piéton (m.) pedestrian
pieuvre (f.) octopus; rubber luggage
  strap with eight hooks

pilule (f.) pill
pire worst
(se) plaindre to complain
plaire (*intr. v.*) *Ex.*: **Elle me plaît.**
  (*lit.*, she is pleasing to me) = I like
  her.; **(se) plaire** (*pronominal v.*) *Ex.*:
  Vous vous plaisez ici? Do you like
  it here?; **(se) plaire à** + *inf. Ex.*: **Il se
  plaît à tout critiquer.** He takes
  pleasure in criticizing.
planche (f.) board; **— à voile**
  windsurfing board
plaisanter to joke, to pun
plaisanterie (f.) joke
plein (à craquer) filled (to the
  breaking point), jam-packed
plein temps full-time
plomb (m.) lead (metal)
(la) plupart (du / des) most of the . . .
pneu(matique) (m.) tire; **— crevé / à
  plat** flat tire
poids (m) weight
poignée (f.) handle; **de portière** car
  door handle; **— de terre** fistful of
  earth
pompes funèbres (f. pl.) mortuary
portatif / ive portable
porte-bagages (m. invar.) luggage rack
portrait-robot (m.) composite drawing
posséder to possess; **bien — un sujet**
  to know a subject well
poste émetteur (m.) transmitter
  (station)
poste restante (f.) general delivery
potasse (f.) potash
pouce (m.) thumb; **manger sur le —**
  to eat and run
pouponnière (f.) nursery, baby-care
  center
poursuivre to follow; to chase; to take
  (someone) to court; **— (ses études)**
  to continue (one's studies)
poussette (f.) (baby) stroller
prêcher to preach, to exhort
préciosité (f.) preciosity (in Louis
  XIV's court)
prélever to withhold

prendre : — **en charge** to take charge of; to cover (*fig.*); — **soin de** to take (good) care of; **s'y** — to go about doing (something)

préposé(e) person in charge

procès-verbal (P.-V.) traffic ticket

présenter : — **sa candidature** to apply for a job; to be a candidate

presser to press, to squeeze; **se** — to be in a rush, to rush; **pressé(e)** in a rush, in a hurry

prestations (*f.*) allotments

(se) prêter (à) to lend itself (to) . . .

prime (*f.*) bonus

primeur (*m.*) early (grown) vegetable

un(e) proche close relative

programmateur (*m.*) (computer) programmer

promener to walk (someone, something); **(se)** — to take a walk, ride

promoteur (*m.*) **immobilier** real estate developer

(se) prononcer to be pronounced; to express oneself

propre own (*before n.*); clean (*after n.*); — **comme un sou neuf** (*lit.*, as clean as a new coin) clean as a whistle

protéger to protect

puériculture (*f.*) rearing of children by professionals

pur-sang (*m.*) thoroughbred

Q

quand même nevertheless

quel que soit whatever may (might) be

R

raffoler de to be terribly fond of (things or ideas)

rajeunir to become, look younger (again)

ramener to bring back; **(se)** — to show up (*slang*)

rapport (*m.*) written report

rater to miss; **avoir des ratés** (*m.*) to misfire, to miss (motor)

ravage (*m.*) harm; **faire des ravages** to take a toll

raviver to bring back to life

(être) récalé to fail

récréation (*f.*) school recess

recyclage (*m.*) in service (re)training

rédacteur / trice editor

rédaction (*f.*) composition (written assignment)

redoubler to repeat (a class)

réfléchir to ponder, to reflect, to think it over twice

(se) régaler (avec) to enjoy (something) immensely

régime (*m.*) — **de la séparation des biens** separate property settlement

régler (une question, une affaire, un problème) to settle

relation (*f.*) **d'affaires** (*f.*) business acquaintance

(se) relayer to take turns

(se) relever to rise, to become strong again

rembourser to reimburse; — **les déplacements au km** to reimburse for mileage

remettre : **(se)** — **à** + *inf.* to resume doing (something); — **à plus tard** to postpone

remplir : — **une demande d'emploi** to fill out a job application

(se) rencontrer to encounter, to meet; **(se)** — **à mi-chemin** to meet halfway

(se) rendre à to go (to)

(se) rendre compte de / que to realize

renfermé(e) uncommunicative

rentrée scolaire (*f.*) return to school

répandre to spill; to spread, to diffuse; **répandu(e)** common, frequently found

repeupler to repopulate (a country)

réseau (*m.*) **(de voix ferrées)** railroad network

ressentir to get the feeling

(se) retourner to turn around; to face a new situation

retraite (*f.*) retirement
retransmission (*f.*) broadcasting
réussir to succeed; — **à (un examen)**
  to pass (a test)
réussite (*f.*) success
revenir : ne pas en — (*always neg.*)
  to marvel at, to be stunned by
revers (*m.*) **de la médaille** the other
  side of the coin (*lit. & fig.*)
ride (*f.*) wrinkle
rival(e) / **rivaux** rival(s)
Rive droite / **gauche** Right, Left Bank
  (of the Seine, in Paris)
robe de mariée (*f.*) bridal gown
rubrique (*f.*) newspaper heading;
  section
Russes (*m.*) **blancs** White Russians,
  as opposed to Reds or Bolsheviks

S

sacoche de cuir leather purse (for
  men)
sale tour (*m.*) dirty trick
(se) salir to get dirty
sang (*m.*) blood; **pur —**
  thoroughbred; **avoir le — chaud** to
  be hot-headed; **avoir du — de navet**
  (*lit.*, turnip blood) to be a weakling;
  son — ne fait qu'un tour he/she is
  frightened to death
sans façon unceremonious, informal
sans gêne ill-mannered
sans-le-sou penniless
sans pareil unique
sans souci carefree
santé (*f.*) health
savant(e) (*adj.*) scholarly; **savant** (n.)
  scientist, scholar
sein (*m.*) breast; **donner le —** to
  breastfeed
sensationnel! (sensass!) great!
  fantastic! (*colloq.*)
sensible sensitive **(faux ami)**
sensibilité (*f.*) sensitivity
sentir to smell; to feel; **se — aux
  premières loges** to feel as if in front-
  row seats, i.e., directly involved

servir à to be used as/to
Sète Mediterranean port, west of
  Marseille (pronounced like **sept**)
shake-hand (*m.*) handshake
si bien que so that
siège (*m.*) seat
smoking (*m.*) tuxedo
société (*f.*) society; **— de
  consommation** materialistic,
  consumer society
soin (*m.*) care; **les soins** treatment
son (*m.*) sound
sondage (*m.*) **(d'opinion)** poll,
  survey
sortie (*f.*) exit
sorties (*f. pl.*) dating, going out
(se) soucier de to worry about
soufre (*m.*) sulphur
sportif (*m.*) **en pantoufles** armchair
  quarterback
stagiaire (*m., f*) trainee
sous-titre (*m.*) subtitle
styliste (*m., f.*) fashion designer
subir to be submitted to, to undergo
subvenir (à) to provide for
succession (*f.*) estate (of deceased
  person)
suite : (des) suites de (d'un infarctus)
  following (a heart attack)
suivre : — un cours to take a course,
  a class
supporter to bear, to tolerate;
  supportable bearable
surdité (*f.*) deafness
surpeuplé overcrowded (area,
  country)
surprenant(e) surprising
surveillant(e) study-hall teacher; **—(e)
  général(e)** assistant principal
survie (*f.*) survival
survivance (*f.*) survival
sympathique pleasant
syndicat (*m.*) a union; **appartenir à
  un —, être syndiqué** to belong to a
  union
syntagme (*m.*) any combination of
  monemes (minimal linguistic
  signs)

T

taille (*f.*) size; waist

talkie-walkie (*m.*) walkie-talkie

tantôt... tantôt sometimes . . . sometimes

tardivement belatedly, late

tendre to stretch; to tighten; **tendu** tense, taut, tightened

tenir : — **compte de** to take . . . into account; — **du miracle** to be considered miraculous

terrific! great! terrific! (*colloq.*)

tête-nue bareheaded

tête : **avoir / garder toute sa** — to have, keep one's mind intact

tire-lire (*f.*) piggy bank

tirer : — **un trait sur** (*lit.*, to draw a line on) to mark the end of (a unit of time)

tissu (*m.*) material, cloth

tonalité (*f.*) dial tone

toubib (*m.*) *Arabic word for "doctor," used in French*

tort (*m.*) wrong

tour (*m.*) trick; turn; **un sale** — dirty trick; — **de cartes** card trick; **à** — **de rôle** taking turns; — **de chant** singing engagement; — **de France** round-France bicycle race; — **de garde** guard duty

tourné(e) : **être bien** —**(e)** (*usually f.*) to have a good figure (*from* **tourner** to turn on a lathe)

tout en + *part. pres.* (all the) while + *pres. part.*

toxicomanie (*f.*) drugs, narcotics; drug addiction

trahir to betray

transistor (*m.*) transistorized/portable radio

travail : **à** — **travail égal** for equal work; — **mi-temps** half-time work

travailler : —**plein temps / à temps partiel** to work full-time/part-time; — **au noir** to moonlight

traversin (*m.*) bolster-type pillow (hard)

trinquer to touch glasses (for a toast); to suffer the consequences of

(se) tromper to make an error, to be mistaken

trot (*m.*) trot (horse); — **de souris** (*lit.*, gait of a mouse) an ever-so-light step

trousseau (*m.*) trousseau (*old-fashioned*)

trouver : — **chaussure à son pied** (*lit.*, the shoe that fits) to find exactly what one wants, the right one (companion); — **l'âme soeur** (*lit.*, the sister soul) to find the right one (companion)

Troyes city in northeastern France (*pronounced like* **trois**)

turbulent(e) turbulent, rowdy, boisterous

V

vacances (*f pl.*) vacation; **à quand les** — ! When is vacation time coming!? (*wishful thinking*)

vacancier (*m.*) vacationer

vachement *reinforcement for "very" (slang)*

vague (*f.*) wave

vahine (*f.*) *Tahitian word for "woman," used in French*

valable valid

vécu(e) (*p. part. of* **vivre**) lived, experienced

veiller to wake (to sit with, or watch over, a dead body); to go to bed late

vélomoteur (*m.*) moped

vénéré(e) venerated, respected

venir : — **au monde** to be born

vente (*f.*) sale; — **aux enchères** auction

venue (*f.*) arrival, coming; **la** — **au monde** birth

ver (*m.*) worm; **pêcher au** — to fish with worms

verser to pour

version (*f.*) version; — **originale avec sous-titres** original version with subtitles

veuf / veuve   widower, widow
victuailles   (*f. pl.*) victuals, vittles, food
(mon) vieux / (ma) vieille   friend (*fam.*); **Mon vieux!**   (*interj.*) Wow!
vie :   — commune à l'essai   living together on a trial basis
vieillard   (*m.*) elderly person
vif / vive   acute, sharp; lively
vingt-deux, v'là les flics!   Split! Here comes the fuzz!
vise (le topo!)   Get the picture! Dig that! (*slang*)
(de son) vivant   while alive

vivre ensemble   to live together (unmarried)
voeu(x)   (*m.*) wish; **faire un —**   to make a wish
(fais) voir!   Let me see!
voie-ferrée   (*f.*) railroad line
voiture d'enfant   (*f.*) baby carriage
(au) volant   (at the) steering wheel
vouloir :   qui veut que   which requires that; **comment voulez-vous que je**   + *subj.* how do you expect me to . . .
voyage de noces   (*m.*) honeymoon trip

Acknowledgments (*continued from p. xi*)

Photo, p. 16, © Monique Manceau/Photo Researchers
Photos, pp. 18, 22, courtesy Jacques Poletti
Cartoon, p. 23, courtesy Sergio Aragones
Photo, p. 25, Magnum
Daumier cartoon, p. 26, courtesy Jacques Poletti
Photo, p. 27, © Richard Frieman/Photo Researchers
Illustration, p. 29, courtesy Alain Malo
Photo, p. 30, © J. Pavlovsky/Rapho/Photo Researchers
Photos, pp. 31 and 35, courtesy Jacques Poletti
Cartoon, p. 39, courtesy Sergio Aragones
Cartoon, p. 41, drawing by Dorville, from *Visa pour l'Humour,* © Denoel-Gallimard, Paris
Photo, p. 51, courtesy Jacques Poletti
Photo, p. 54, courtesy French Government Tourist Office, New York
Photos, p. 55, courtesy Jacques Poletti
Illustration, p. 57, courtesy Jacques Poletti
Photo, p. 60, top, courtesy Renault; bottom, Liaison Agency
Photo, p. 61, courtesy Citroën Autos (P.S.A.)
Drawing, p. 65, courtesy Jacques Poletti
Cartoons, pp. 66, 70, 71, courtesy Sergio Aragones
Photo, p. 75, Jean Gaumy/Magnum
Cartoon, p. 80, courtesy Sergio Aragones
Cartoon, p. 82, drawing by Faizant, from *Les Vieilles Dames et l'Amour,* Denoel-Galli-mard, Paris. Reprinted by permission of Christiane Charillon
Photo, p. 83, courtesy Jacques Poletti
Cartoon, p. 88, drawing by Beck, from *Visa pour l'Humour,* © Denoel-Gallimard, Paris
Photo, p. 92, courtesy Jacques Poletti
Cartoons, p. 94, drawings by Faizant, from *Les Vieilles Dames et l'Amour,* Denoel-Gallimard, Paris. Reprinted by permission of Christiane Charillon
Photo, p. 95, courtesy Jacques Poletti
Photo, p. 96, Pierre Michaud/Rapho/Photo Researchers
Photo, p. 103, Philip Grundlehner, courtesy Holt, Rinehart and Winston Photo Library
Cartoons, p. 105, drawings by Faizant, from *Les Vieilles Dames et l'Amour,* © Denoel-Gallimard, Paris
Photo, p. 109, courtesy Jacques Poletti
Daumier cartoon, p. 113, courtesy Jacques Poletti
Photo, p. 114, photo A.F.P., Paris, of a sculpture by Paul Belmondo
Daumier cartoon, p. 114, courtesy Jacques Poletti
Photo, p. 116, Ciccione/Rapho/Photo Researchers
Photo, p. 117, courtesy Jacques Poletti
Cartoons, pp. 119, 120, courtesy Sergio Aragones
Photo, p. 125, top, A. de Andrade/Magnum; bottom, Rogers/Monkmeyer Press Photo Service
Photo, p. 126, courtesy French Government Tourist Office, New York
Photo, p. 127, courtesy "Le Lingousto," Soliès, Var, France

News clipping excerpt, p. 129, *l'Express*, Feb. 19, 1979, © 1979 *l'Express*

Photo, p. 131, courtesy French Government Tourist Office, New York

Photo, p. 132, courtesy Heliogravure Lescuyer, Lyon

Photos, p. 133, top, courtesy French Government Tourist Office, New York; bottom, courtesy Air France

Photo, p. 134, courtesy Jacques Poletti

Excerpts, p. 135, from Michelin Guide, *France*, 1982 edition, courtesy Michelin

Photo, p. 139, J. Pavlovsky/Rapho/Photo Researchers

Illustration, p. 141, courtesy José Caire

Daumier cartoons, pp. 145, 146, 147, courtesy Jacques Poletti

Cartoons, pp. 148, 150, courtesy Sergio Aragones

Illustration, p. 149, courtesy José Caire

"Stances à un cambrioleur," p. 152, © 1972 by Éditions Musicales, Paris

Photo, p. 157, courtesy French Government Tourist Office, New York

Excerpt, p. 160, from *Un Certain Monsieur Blot* by Pierre Daninos (Paris: Hachette, 1960), reprinted by permission of Pierre Daninos

News article, p. 161, courtesy *Le Journal Français d'Amérique*, San Francisco

Cartoon, p. 163, courtesy Sergio Aragones

Map, p. 164, © Éditions ERKA, Paris

Cartoon, p. 166, courtesy Sergio Aragones

Photo, p. 166, courtesy Jacques Poletti

Drawings, p. 171, courtesy Cécile Poletti

Photo, p. 172, courtesy Jacques Poletti

Photo, p. 174, courtesy French National Railways

Photo, p. 175, courtesy Jacques Poletti

Photos, p. 179, top, © P. Barbier/*France Illustration*; bottom, © Beryl Goldberg

Photo, p. 180, courtesy Jacques Poletti

Excerpt, p. 181, from *Parler Croquant* by Claude Duneton (Paris: Éditions Stock, 1973), reprinted by permission of Éditions Stock

Cartoon, p. 181, courtesy Sergio Aragones

Photo, p. 183, courtesy Jacques Poletti

Drawings, pp. 187, 190, courtesy Cécile Poletti

Excerpt, p. 191, from *La Folle de Chaillot*, © 1945 Jean Giraudoux

Drawing, p. 192, courtesy Cécile Poletti

Photo, p. 194, courtesy French Embassy Press and Information Service, New York

Photo, p. 199, © Librairie Ernest Flammarion, Paris

Cartoon, p. 204, courtesy Sergio Aragones

Photo, p. 206, courtesy Pierette Voldoire

Photo, p. 207, courtesy Air France

Excerpt, p. 208, from *Mots d'Heures: Gousses, Rames*, by Luis d'Antin Van Rooten; © 1967 by Courtland H. K. Van Rooten. Reprinted by permission of Viking Penguin, Inc.

Sketch "Caen," p. 209, by Raymond Devos. Reprinted by permission of Raymond Devos

Drawing, p. 212, courtesy Jacques Poletti

Photos, p. 216, courtesy Jacques Poletti

Drawings, pp. 218, 221, 222, courtesy Jacques Poletti

Photos, p. 224, courtesy French Government Tourist Office, New York

Photo, p. 228, courtesy City of Montreal Public Relations

Photos, pp. 229, 238, courtesy Canadian Government Travel Bureau

Cartoon, p. 240, courtesy Sergio Aragones

Drawing, p. 242, courtesy Jacques Poletti

Photo, p. 243, courtesy French Embassy Press and Information Service

Cartoon, p. 245, drawing by Chaval, *from Histoire de France et de s'amuser*, © Chaval.

Cartoon, p. 248, drawing by Piem, *Le Figaro*, Sept. 18, 1978; © *Le Figaro*

Photo, p. 247, Alain Nogues/Sygma

Photos, pp. 254, 266, 267, courtesy Jacques Poletti

Photo, p. 270, courtesy Air France

Photo, p. 271, A. Brucelle/Sygma

Photo, p. 272, courtesy Christian Dior Furrier

Photo, p. 273, Maestra/Sygma

Photo, p. 274, courtesy Jacques Poletti